現代
自治選書

［増補版］

日本の地方自治
その歴史と未来

宮本 憲一 著

自治体研究社

『増補版　日本の地方自治 その歴史と未来』目次

第4章　戦後地方自治の展開　*115*

第1章　地方自治とはなにか

一、平和・環境・分権の潮流と変容

国民国家の再編成と分権

一九八〇年代に現代史の転換を告げる大きな変化が起こりました。それは中央指令型社会主義体制の崩壊と中央集権型福祉国家の危機が明らかになったことです。この両体制に共通した中央集権の弊害の批判として、地方分権への改革が世界の潮流となり始めました。これと軌を一にして、経済のグローバリゼイションが始まり、重化学工業中心の産業構造が大きく変わり、金融・情報資本主義といえるような多国籍企業が支配する世界経済が発展しました。この市場経済の中に、中国をはじめとする途上国が編入されました。冷戦の終結によって、平和が到来し、世界の政治は地球環境問題を共通の目標として取り上げました。そして、このためには先進国だけでなく世界市場に参加して急激な経済成長によって、主要な汚染源となりつつある中国・インドなど途上国を地球環境政策に巻き込まざるを得なくなりました。一九七二年の国連人間環境会議では、環境保全の先進国と経済開発優先の途上国が対立して、地球環境保全に関する合意が得られなかったのです。しかし急速に発達した環境科学によって、このまま経済成長が続けば、温暖化や水問題などで地球は重大な危機に陥ることが明らかとなりました。

途上国の経済発展を認めながら、その汚染を抑制して、地球環境を維持することが世界政治の焦点になったのです。

このような状況の下で、先進国の政治は変化しました。一九七〇年代後半、イギリスは深刻なスタグフレーション（不況＝スタグネーションの下でインフレーションが進行するので両者を合わせた名称）に見舞われ、伝統的なケインズ主義の財政による景気政策が功を奏さないどころか、経済危機を促進しました。サッチャー政権はケインズ主義福祉国家の政策を大逆転し、市場原理主義で国営・公営産業の民営化、公害防止・労働保護などの規制緩和、福祉・所得再配分税制などの大きな政府をやめて、小さな政府にするなどの改革をしました。同時に、炭鉱などの国営企業や官公庁をはじめとする労働組合の運動を弾圧しました。他方、低家賃公営住宅の建設をやめ、これを民間に払い下げ、また国営企業の株式を公開して、一部の労働者に取得させて、財産所有の中間層をつくり、彼らが再び社会主義へ回帰することを望まないような政策をとりました。これらの政策は、福祉を切り捨て、貧富の格差を広げることになりましたが、民間資本に新しい投資先を生み出し、イギリス資本主義を蘇生させました。

このような政策は、新自由主義＝新保守主義といわれています。アメリカではレーガン政権が規制緩和を中心に新自由主義的改革をすすめ、サッチャー政権と組んで軍拡競争によるソ連の経済破綻を促進しました。レーガン政権は所得再分配的な税制をやめ、減税政策で小さな政府にし、分権化で「競争的地方自治」をすすめました。伝統的な連邦補助金による福祉政策をやめ、規制官庁の環境庁を縮小して、環境行政を三〇年前に戻したといわれる政策をとったのです。新連邦主義といわれるように、軍事外交以外の連邦政府の内政を縮小して、各州に権限を委譲したが、それは地方自治をすすめるのでなく、財政縮減競争をさせるものでした。こうして新自由主義の流れが、日本の中曽根政権以後の政治に反映しました。新自由主義の分権化は先進国に広がっただけでなく、この傾向に同調する世界銀行は途上国に対し市場経済を優先させ、経済開発の効率化のために分権化を促進しました。

この新自由主義の流れと並行しながらも、独自に民主主義の基礎としての住民自治を進めようとしたのが、EUです。一九八五年、ヨーロッパ評議会閣僚委員会は「ヨーロッパ地方自治憲章」を採択しました。そしてこの憲章は最初の多国間協定として一九八八年九月一日にEU加盟国四四カ国中四一カ国が署名、三八カ国が批准して発効しました。これについては、第6章で詳述します。これはEUの成立によって、国民国家の権限が通貨発行権をはじめEUに移譲されたことに伴い、内政の権限を基礎的自治体中心に再編成しようとしたことを意味します。この分権は新連邦主義ともいわれるが、レガノミックスの新自由主義の改革と異なり、基礎的自治体に近接性の原理と補完性の原理で内政の権限を集中する分権改革です。これまで中央集権国家であったフランスやイタリアも行財政の分権改革を行っています。イタリアは二〇〇一年憲法を改正して分権を進めました。このEUの改革は、経済・財政危機のために新自由主義の影響を受け、民営化や規制緩和を進めてはいますが、アメリカや日本に比べれば、住民自治という民主主義による分権といってよいでしょう。

一九九二年、ブラジルのリオデジャネイロで二〇年ぶりに国連環境開発会議が開かれました。この会議では、環境と経済成長が調和する持続可能な開発が人類共通の目標として採択されました。とくに差し迫った危機回避として、地球温暖化ガスの抑制と途上国の貧困対策への先進国の援助が約束されました。この会議で、軍縮の問題が協議されなかったことは大きな欠陥ではあったが、環境問題の国際協定が実現する歴史的な会議となりました。この会議で決められた持続可能な社会の実現はすぐに地球規模では難しいが、ＥＵは一九九〇年代にそれを足もとから実現するためにSustainable Cities Plan（持続可能な都市計画）を立てました。そして、それにもとづいて各地にGreen Cityといわれる環境都市が生まれています。

このような状況の下で、一九九〇年代には二一世紀は平和・環境・自治の世紀を迎えるのではないかという期待が広がりました。

二〇〇一年九月一一日、多発テロによるニューヨーク世界貿易センタービルの崩壊が起こりました。アメリカのブッシュ政権は、十分な調査と、中近東諸国との国際協議をしないまま「テロとの戦争」に突入しました。これよって、平和・環境・自治の期待とは反対の方向に向かって米国と支持国の政治の歯車は回り始めました。しかしこのような方向を抑制し、人類の理想を実現しようとする動きも進んでいます。

日本の分権改革と自治の相剋

この間、日本の状況はどうだったのでしょうか。一九九三年六月、国会は全党一致で「地方分権推進に関する決議」を行い、その実現のために一九九五年七月「地方分権推進法」にもとづき地方分権推進委員会を設置しました。全党が一致して提案したのは、東京一極集中の弊害を是正するためには地方分権が必要だという理由でした。この委員会の答申に基づき、政府は「地方分権推進計画」を閣議決定し、一九九九年七月、四七五本の法律を束ねて「地方分権一括法」を国会に提案しました。議会はこれに付帯条件を付けて可決し、新地方自治法は二〇〇〇年四月から施行されました。

この改革で最も大きな成果は、機関委任事務が廃止されたことです。機関委任事務は、明治地方自治制度ができたときに制定された制度で、地方団体が自治体として独立の法人となることによって、政府の事業に反対し、国策の施行ができなくなることを防止するためにつくられたものです。この制度は、知事や市町村長を政府の下部機関として事務を委任するもので、この事務を拒否あるいは修正することはできません。戦前には、機関委任事務を拒否した首長は政府によって免職にされていました。地方議会がこの事務を否決すれば、首長は再議し、場合によっては議会を解散できるのです。戦後は政府の罷免権はなくなり、拘束力は弱くなりましたが、大田昌秀沖縄県知事が基地継続使用容認の代理署名を拒否した事件のように、機関委任事務を拒否すれば、裁判になり、最高裁で国の代執行が認められています。戦後憲法によって、地方自治が明確に認められたのにこの機関委任事務が存続したことは大きな欠点であり、これが国庫補助金制度とともに、地方自治を制限し、中央集権を進めてきたといってよいでしょう。分権改革ではこれを廃止して、法定受託事務としました。

この分権改革では、ＥＵの地方自治憲章が参考にされていました。しかし同時に新自由主義の小さな政府論の政策が入り、日本的なあいまいさを持っていました。最も大きな問題は、地方自治を行うに足る財政の確立でした。小泉内閣は「三位一体改革」によって、この問題を処理しようとしました。補助金を廃止して、その代りに地方税の充実を図り、地方交付税交付金を整理するという方針でした。分権改革のピリオドを打つはずの三位一体改革によって、地方財政は危機に陥りました。全国一律の水準を維持するために最も重要な教育補助金が削減され、地方税財政交付金が大幅に縮小されたのです。これは、新自由主義の構造改革をすすめる小泉内閣が小さな政府論で国家財政の緊縮のために地方分権改革を利用したためです。

これと前後して、分権に伴う自治体の行財政能力の強化と効率化のために市町村合併が行われました。この合併の是非を巡って空前な数の住民投票が行われたことで分かるように、合併に対する疑義が多く、政府は合併を進めるための交付金や地方債を用意し、府県の介入を進めたのですが、当初の予定通りに合併はできませんでした。これまでの合併は、地方自治の発展を阻害したにせよ、公教育の前進などの成果がありました。しかし今回の合併は、財政の緊縮は進みましたが、住民生活にとっての成果はほとんどありませんでした。

このようにいま日本の地方行政は分権改革によって、多くの新しい課題が生まれています。地方自治は自立した住民の自治を基礎に、団体の自治=分権が進められるのです。日本の分権改革では、この住民自治が置き去りにされています。

二〇一一年三月一一日、東日本大震災と原発事故、さらに第二次安倍内閣の登場は戦後最大の政治危機を生んでいます。何よりも、二〇一五年九月の集団的自衛権を認める安保法制の成立は、立憲主義に違反し、戦後の日本の国是であった平和主義と基本的人権を放棄することになりました。沖縄県の辺野古基地建設は、この戦争準備体制と不可分の地方自治の侵害です。安倍内閣は、改憲によって戦後体制を転換しようとしています。これに対して安保法制を廃案にし、憲法を守る市民の運動が、組織動員でなく個人の責任で参加する市民革命のように大きく広がっています。辺野古基地反対のオール沖縄の運動は、まさに地方自治の本旨に基づく抵抗です。これらの問題は第7章で述べますが、日本の地方自治の歴史に残る大きな転換が来ていると思います。改めて地方自治とは何か、その歴史と未来を考える時が来ているのです。

二、地方自治の理論

「地方自治の本旨」

ここでは、いまみてきたように、分権だけでは不十分だということを考えるために、改めて、地方自治とはなにかを考えてみましょう。

現代の国民国家は資本主義市場制度と市民社会を基礎として、民主主義にもとづく政治形態をとりました。国民国家では地方自治は基本的な政治理念とされています。封建時代は地方分権制でしたが、国民国家はその割拠制を廃し、全国を経済的に統一市場とし、言語や学力をふくめて市民社会の標準化をすすめ、全国同一行政をおこなう中央集権体制を確立しました。そして、行政事務の効率化や地方政治の安定のために地方自治制を施行しました。国民国家と地方自治の内容は市民革命によって、民主主義と人権を確立したイギリス、フランスやアメリカなどと、上からの改革によって近代化をすすめた日本や韓国の場合では、ちがいがあります。

日本の地方自治については、次の章でくわしくのべますが、明治二一～二三（一八八八～一八九〇）年、市制町村制・府県制郡制によって、近代的地方自治制を発足させました。これはアジア最初の近代的地方自治制ですが、明治憲法には地方自治の規定はありませんでした。当時の地方自治の実態は天皇制の下での地方名望家（地方有力者とくに地主）の自治であり、それを中央官僚による地方支配機構が統御するというもので、住民の統治機構ではありませんでした。戦後の新憲法は第八章に地方自治を規定しています。第九二条では「地方公共団体の組織及び運営に関する事項は、地方自治の本旨に基づいて、法律でこれを定める」としています。戦後同じように制定された韓国憲法にはこの「地方自治の本旨」という理念が明記されていないので、民主化がおくれたと盧隆熙《ノユンヒ》ソウル大学名誉教授（行政学）が指摘しています。

それほど重要ないみをもっているのですが、では「地方自治の本旨」とはなにかと問われると、必ずしも明確でありません。星野光男『地方自治の理論と構造』によると、占領軍の中では地方主権論（住民自治論）と中央統治のための分権論（団体自治論）とが対立し、その妥協の産物として、どちらにもとれるように「地方自治の本旨」ということばがつくられたとされています。(2) 日本の憲法学会も杉原泰雄『地方自治の憲法論』によれば、戦争放棄の九条に関する議論ほどには地方自治について十分な検討がされていないといいます。(3) 星野光男は「地方自治の本旨」に関して日本の学界における三つの説を紹介しています。

第一は、「承認説」で、国の承認または許容によって、地方自治の権限がきまるというもので、これは内務省以来の政府の解釈です。すなわち「地方自治の本旨」とは「一地方の利害に関するところの多い国の事務、または全国的利害関係の少ない国の事務はこれを各地方の手に委ね、自主的自立的にこれを処理せしめ、中央政府はなるべくこれに関与しない趣旨」（自治省編『地方自治法詳解』による)。

第二は制度的保障説で、国が憲法によって制度的保障をしたというものです。田中二郎は「地方自治という観念そのものが最初から国家の存在を予定している相対的な観念であり、地方自治の本旨はその固有性にあるのでなく、それは国家とともに相対的に発展生成することに求めなければならない」(田中二郎『地方制度改革の諸問題』)とのべています。

第三は固有権説で「地方自治権は人間の基本権ないしこれに類似する固有の権利であり、国家以前に存在し、原則は無制限」というのです。星野光男はこの学説をとり、金森徳次郎と同じように、地方自治は個人の基本的人権と同様ないみをもっているとしています。

「充実した地方自治」

杉原泰雄はこれまでの地方自治論者の多くが、民主的中央集権説で、中央政府が民主的であれば民主主義が確立するとして、承認説や制度保障説をとっているのに反対して、「充実した地方自治」を提唱しています。これは憲法の抽象的な地方自治の本旨の内容を明確にして、こんごの地方自治運動の目標を明示しようというのです。杉原はそれを四つの原則にまとめています[4]。

(1)充実した住民自治の原則――地方公共団体の事務は、住民の意思に基づき、住民のためにおこなわれることを求めます。

⑵充実した団体自治の原則――地方公共団体に法人格を認め、かつその事務は、地方の状況を熟知しない中央政府から独立して、地方公共団体が処理することを求めます。

⑶地方公共団体優先の事務配分――住民に近い地方公共団体に優先的に公的事務の配分を求めるもので、より包括的な団体＝都道府県はより小さな団体＝市町村で効果的に処理できない事務を補完的に担当し、中央政府は地方公共団体では効果的に処理できない全国民的な性質・性格の事務やその存立にかんする事務のみを担当することを求めるものです。近接性の原則＝Principle of proximity、補完性の原則＝Principle of subsidiarity ともいいます。

⑷事務配分にみあった自主財源配分の原則――自主財源の保障なしには地方自治は機能できないので、これを保障するのです。

杉原は、「充実した地方自治」はこの四原則をとりこんだ地方自治の保障とそれを要石とする国家の体制としています。この体制においては、⑵⑶⑷からも明らかなように、自治体は自治行政権のみならず、自治立法権をもち、中央政府とともに、公的事務を分担する地方政府と位置づけられるとしています。私もこの「充実した地方自治」が、日本国憲法のもとめる「地方自治の本旨」と考えます。

団体自治と住民自治

行政学では地方自治の内容を団体自治と住民自治の二類型に分けて説明しています。団体自治というのは国と地方団体の関係で、法人としての自治権をみとめるが、地方団体は国から独立せず、国の権限とは矛盾しない権限を保持します。住民自治は住民の固有の権利として、自治体への参加を基本として、住民がみとめるはんいで、地方団体が自治権を行使します。したがって、地方団体が住民の意志に反する時には、それを拒否し、改革する抵抗権がみとめられています[5]。

これまでの教科書では、住民自治はアングロ・サクソン型で、団体自治は大陸型といわれたのですが、近年の動向は必ずしもそういえなくなっています。この二つの自治についての説明はわかりやすいのですが、現代の地方自治は杉原説のように「住民自治を基礎として団体自治が確立すること」としたいと思います。日本政府の分権は、住民自治をすすめるというのでなく、行政改革の一環として団体自治を部分的に強化しつつあるといってよいでしょう。

さいきんの地方自治論をめぐっては、補完性の原理がとりあげられています。これは第６章で紹介する「ヨーロッパ地方自治憲章」に依拠しています。補完性原理をめぐる解釈では国と地方（府県と市町村）の役割分担をしめすという考え方と、地方公共団体優先の事務配分原則、とくに基礎的自治体優先の原則をしめすという考え方があります。私は廣田全男と同じように基礎的自治体優先の原則と考えています[6]。

地方自治はなぜ必要なのか

では、地方自治が現代社会において、なぜ必要なのでしょうか。機能面からみましょう。

第一は内政とくに地域固有の問題や個人サービスに関連する事務は中央政府では処理できません。処理しようとすれば、効率が悪くなります。つまり現実性と行政効率という点で地方自治が必要なのです。二〇世紀の福祉国家以後、全市民を対象とした保育・介護・医療・保健・教育などの行政が増大しました。一九世紀の社会政策は所得保障を中心とした救貧対策でした。この間は生活保護のように国家が一律に所得保障をするのが合理的でした。ところが、人権の確立がもとめられると、貧困者だけでなく、全市民を対象とする福祉が多様化しました。たとえば、かつて、保育所は貧しい母子家庭のための救貧施設でした。しかし、いまは、すべての勤労世帯が保育所の受益者になっています。老人介護や身障者のケアも、救貧行政から市民全体への福祉（全面福祉）へとかわりました。家族や伝統的な地域共同体（農村共同体や都市下町共同体）が崩壊し、都市化がすすむと、この自治体などがおこなった社会サービスの分野はきわめて広くかつ予算を必要とします。

所得保障は国で基準をきめうるのですが、この市民福祉の分野は、それぞれ地域特性があり、便益が地域に限定され、現物給付をしなければなりません。そこで地方自治体の役割が大きくならざるをえません。

第二は地方自治は民主主義の小学校といわれるように、住民が身近な政治に参加することによって、学習し、体験し、政策判断をし、さらに政策提言ができるのです[7]。民主主義の基盤をつくるといってよいでしょう。現代の国家は生産や生活の全領域にわたる行政をしていて、その多くが地方自治体の手でおこなわれています。したがって、住民が自治権を行使すれば、国家をうごかすことも可能です。たとえば、第4章で紹介する三島・沼津・清水二市一町の石油コンビナート反対住民運動は国の地域開発をストップさせました。現代では身のまわりの生活環境を守るということが、「小さな政治」でなく「大きな政治」になるのです。そのいみではもし、住民が地域の政治に習熟して、政策提言ができるならば、地方自治は「民主主義の大学院」といってもよいのではないでしょうか。

第三は中央政府の政治や行政にたいする制御機能です。自治権をもつ地方政府は中央政府が専制におちいることを防ぎ、誤った政策を制御、阻止、改革をすることができます。民主主義は立法・司法・行政の三権分立によるチェック・アンド・バランスによって支えられているといわれます。さらに、地方自治が民主主義を支えるチェック・アンド・バランスの役割を果たすのです。もし、地方自治体が国政に異議を申したて、あるいは代替案を実行する権限がみとめられているならば、チェック・アンド・バランスを超えて、チェック・アンド・イノベーション（革新）をおこなうことができます。

軍事・外交は中央政府の権限ですが、もし戦争行為や特定目的の外交について自治体の同意がいるという制度をつくれれば、中央政府の専制的行為はより制約をうけることになります。

軍事政権や開発独裁国家が地方自治をみとめないのはこの第二、第三の機能によっています。沖縄には膨大な基地があり、そこには自治体の行政権限がおよばないか、制限をうけています。二〇〇四（平成一六）年八月に米軍宜野湾基地のヘリコプターが沖縄国際大学に墜落しました。この時、米軍の捜索のために、自治体も大学当局も現場に立入りができないという自治の侵害が公然とおこなわれました。軍事政権でなくても外国軍隊の基地は地方自治を否定することをしめしています。地方自治が民主主義と人権を守る基盤あるいは必要条件だということは、沖縄をはじめ、米軍基地所在地の地域の実態をみれば明らかでしょう。

第四は地方政府が統治権をもつ独自の権力として、また財政権をもつことによって地域の環境・経済や文化などの独自のニーズを実現しうるということです。たとえば、大型のスーパーが立地しようという時に、その都心の商店街の発展を考えて、規制する権限は、自治体にあることがのぞましいでしょう。環境保全のための完全循環社会をつくるためには、自治体が汚染源を規制し、企業や家庭にリサイクリングをすすめねばなりません。都市計画や地域開発の権限も中央政府よりは自治体の行政にまかせるべきでしょう。景観の保全などは、地域によって条件がちがいます。現代社会は生活様式を画一化する傾向にありますが、地方ではそれに満足できず、地域に応じた独自の多様な社会的ニーズが高まっています。

これまでの地域開発は外来型開発といって、大企業の工場の誘致、高速道路、空港、港湾、新幹線あるいは干拓やダムのような政府の大規模公共事業を導入し、それに地域経済の運命をあずけるという方法がとられました。しかし、このような開発は、利益は中央の資本に吸い上げられ、地方は中央の行財政にますます依存します。そこで、これにかえて、地域の資源、環境や文化を生かして、地域住民が独自の計画により開発をするような内発的発展の道がとられはじめています。このような内発的発展のためには、産業政策、財政政策、環境政策や文化政策について、自治体が決定権をもつことが必要になっています。グローバリゼーションで、経済が国際的に分野を広げる一方で、地域独自の経済社会発展をもとめるための分権が、ヨーロッパですすんでいるのは、この内発的発展の必要からです。

共同社会的条件創設・維持・管理の主体としての自治体

地方自治の概念をめぐっての学説を紹介しましたが、では地方自治とはどう定義すればよいのでしょうか。

「地方自治は住民が生産と生活のための共同社会的条件を創設・維持・管理するために、社会的権力としての自治体をつくり、その共同事務に参加し、主人公として統治することである」。

いうまでもないことですが、国家が成立する前に自治体がありました。古代ギリシャの都市、中世ヨーロッパの自治都市をみれば、自治体が人間社会の統治の形態として、先につくられていたことがわかります。山田公平は大著『近代日本の国民国家と地方自治』の中で、人間社会の基礎として、地域的公共関係を維持管理するために、住民の統治する自治体が存在しているとのべています(8)。

先の定義でのべた共同社会的条件は、地域的公共関係と類似の概念で生産・生活のための社会的基盤と生態系の一員として生存しうる自然環境のことをさしています。社会的基盤というのは、住宅、生活環境、生産のための資源などですが、現代では社会資本といわれ、上下水道、エネルギー施設、教育・福祉、医療、交通、通信手段など多様な施設とサービスをふくんでいます。これは資本主義の発達とともに都市化工業化がすすみ、近代的人権の確立が要求されると、多面的に拡大するといってよいでしょう。近代化とともに自然環境は破壊され改造されます。しかし、人間は自然生態系の一部であり、良好な環境（きれいな空気、水や美しい緑）がなければ生存できません。また文化を維持発展させるためには、自然との共存がもとめられます。都市や農村では公園・運河のみならず里山をふくめて、自然は人工的に改造されています。このような人間が手を加えた自然は、放置すれば荒廃し消滅するので、住民がつねに維持管理しなければなりません。このように人間社会は共同社会的条件を創造・維持することが必要であり、このために自治体をつくったといってよいでしょう。この場合に地域権力が有力者に統治されるのでなく、住民が主人公として統治するのが地方自治の本旨であるといってよいでしょう。

地方自治の三面

かつて、西川清治は地方自治は三つの側面があるのだといいました。私なりに脚色してみましょう。

第一は地方自治制度とそれにもとづく公権力の政策です。これまでの研究者の論文は大体において、この制度論あるいは政策論でした。第二は地方自治運動です。この場合の運動というのは広い意味で世論もふくめています。第三は第一の地方自治制度にもとづく政府・自治体の行財政と第二の地方自治運動がぶつかりあって生ずる地方自治の「現実」です。

これまでのこの章の説明は静態的でした。しかし、地方自治の理念、それ以上に現実はダイナミックにうごいています。そこで以下日本の地方自治の歴史をダイナミックに、地方自治運動に目くばりしながら、どのように現実はすすんでいったかをのべたいと思います。

（注）

(1)現代の状況を知る上で、三つの著書をあげておきます。チャルマーズ・ジョンソン、村上和久訳『アメリカ帝国の悲劇』（文藝春秋、二〇〇四年）。
テッサ・モーリス・スズキ、辛島理人訳『自由を耐え忍ぶ』（岩波書店、二〇〇四年）。
宮本憲一『日本社会の可能性―維持可能な社会へ―』（岩波書店、二〇〇〇年）。

(2)星野光男『地方自治の理論と構造』（新評論、一九七〇年、一九七四年増補版）。

(3)杉原泰雄『地方自治の憲法論』(勁草書房、二〇〇二年)。
(4)杉原泰雄前掲書五一~五四ページ。
(5)山崎正『現代行政の新展開』(勁草書房、一九九三年)。
(6)廣田全男「補完性原理と『地方自治の本旨』」(白藤博行ほか『地方自治制度改革論』、自治体研究社、二〇〇四年)。
(7)「……自由な民族力が内在しているのは、共同体《コミューン》においてである。共同体的な諸制度対自由の関係は、小学校対科学の関係と同じようなものです。共同体的な諸制度は、自由を人民の手にとどくところにおくのです。それらの諸制度は人民に自由を平和的に行使する興味をもたせるようにし、そして自由を用うることに習熟させる」、トクヴィル、井伊玄太郎訳『アメリカの民主政治』(一九八七年、講談社学術文庫上巻一二五ページ)。
(8)山田公平『近代日本の国民国家と地方自治』(名古屋大学出版会、一九九一年)。

第2章　近代地方自治制の展開

一、明治地方自治制

明治二一（一八八八）年、日本政府は市制町村制を公布し、ついで明治二三年、府県制郡制をしきます。これが日本の最初の近代的地方自治制です。西欧以外の国で、しかも自治の伝統が途絶えていた国が、この時期に早くも地方自治制をしいたということに非常に大きな意義があります。

自由民権運動の地方自治

この地方自治制はなぜできたかと言いますと、これは資本主義制度の発展や近代的統治構造の成立によっているのですが、同時に、日本人民の民主主義をもとめる運動に重要な要因があると思います。周知のように明治一〇年代に自由民権運動が起こるのですが、その自由民権運動では最初から地方自治の要求が掲げられています。たとえば、後に、自由党総裁となる板垣退助がつくった有名な土佐立志社という民権結社があります。板垣は明治七年に土佐へ帰り、旧土佐藩の同志とかたらって立志社を創設するのですが、彼は、人権というものを拡大するためには民会をつくらなければならない、と考えました。大変興味深いのは、この人たちは最初から地方の民会、地方の議会をつくって、そしてそれが国民的な議会へと発展していくという

図２－１　自由民権運動関係図

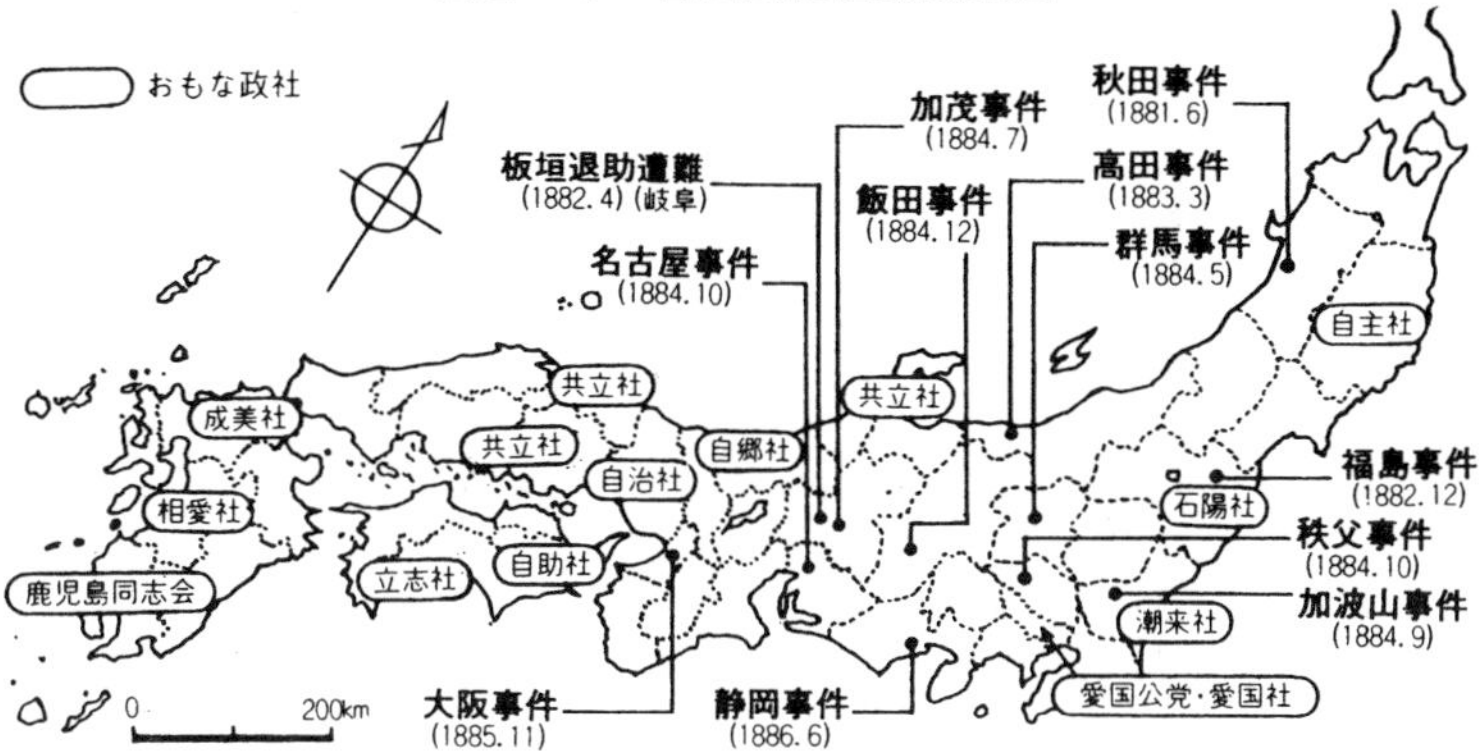

方向性を考えると同時に、まずその地域における経済の振興を図ったことです。経済がどこかに従属していては自治があり得ないと考えて、土佐経済の自発的な発展というものと、民会の設立というものをその綱領の中心に据えていました。

　自由民権運動では各地に民会をつくれと要求を出してくるのですが、これは立志社だけでなく、以後全国に広がっていきました。しかも単に主張しただけではないのです。明治一一（一八七八）年になると、高知県では自主的に土佐集会をつくります。自分たちの手で議会をつくってしまう。やはり革命的な状況がそのころあったことは間違いありません[1]。

　この傾向が全国に及ぼうとするので、そこで政府は自由民権運動が発展していくことに押されて、いつまでも地方に議会を開設しないまま中央政府が上から近代化を図っていくことは不可能だと考え、明治一一（一八七八）年に府県会を置くことを認めるにいたります。つまり自由民権運動の圧力の中で、初めて地方議会を置くことが認められたのです。府県会がいったん置かれると、その力は非常に大きくなっていくのであり、これを一つの拠点にして、府県の議会を根城にして自由民権運動が急速に伸びていく。これを歴史家は府県会闘争と言っているのですが、この府県会闘争を土台にして国会開設運動が要求されていったのです。地方自治が上からつくられるのではなく、下から要求されていくのです。しかしこれは藩閥政府と争いを引き起こしました。藩閥政府はこれをもてあまして、自由民権運動と国会開設運動をなんとかして分断させたいと考えるのです。明治の政治家は体制側、反体制側どちらも相当力量のある政治家がそろっていたのですが、藩閥政府の方にも大久保利通や山県有朋らすぐれた官僚政治家がいて、民衆の下からすすんでくる運動をそのまま認めてしまいますと、天皇制は瓦解すると考えました。そこで加波山《かばさん》事件（一八八四年）や、秩父事件（一八八四年）にみられるような大弾圧を加えます。一方で弾圧すると同時に、明治一七年反動と言われているのですが、府県会の機能を停止してしまいます(2)。

帝国議会開設の前に地方自治制をつくった理由

しかし、ここから先が、すぐれて日本独自の展開を含んでいました。日本の政府はこの時期、巧みというか弾力的でして、一種の実験をやったのです。左へ寄せてみると、地方で自治運動が起こってきて住民の力が強くなる。そこで大弾圧をしつつ、今度は右へ寄せたのですが、右へ寄せてしまうと、やはりこれはこれでまた安定しない。そこで、真ん中をとったわけです。それが明治地方自治制なのです。明治一〇年代には一種の実験をやったと思うのです[3]。

しかも非常に巧妙なことは、本来ならば自治制度というのはその国の政治行財政制度の根幹をなすものですから、帝国議会ができてからつくられていくのが普通です。ところが帝国議会ができる前につくった。それは帝国議会ができてしまうと、恐らくそれはまた、反政府側の勢力（その当時、民党といっていたのですが）に握られる可能性があると考えたからです。事実握られてしまうのです。第二回の帝国議会は政府の原案が通らず、軍事費さえも否決されてしまう力関係だったのです。

当時のこの騒然たる政治の流れからみると、地方自治の制度を、帝国議会創設の後でつくってしまうと、もう少し進歩的な地方自治制度ができる可能性があったといえます。そこで帝国議会発布以前に非常に急いで市制町村制をつくってしまうのです[4]。

この新しくできた明治地方自治制が適用されなかった例外があります。北海道と沖縄です。北海道は明治以後に本格的に植民されていった経緯からみて、ある程度やむを得ない面もあったのですが、一番問題なのは沖縄です。沖縄は三〇年間、明治地方自治制の完全適用をおくらされます。政府は、民度がおくれているということを理由にしていますが、政治的混乱をおそれたためです。

日清戦争が起こるまでは沖縄の支配階級が二つに割れていたのです。琉球処分まで、沖縄は琉球国でしたが両属といいまして、中国と日本＝薩摩藩の両方に進貢していました。沖縄の上流階級は中国の名前と日本の名前と二つ持っていたくらいです。だから明治維新が起こった後、どっちにつくかをめぐって支配階級が二つに割れたのです。近代派は日本政府につくべきだと主張し、復古派は中国政府（清国）につくべきだという。彼等は日清戦争が終わるまでどっちが勝つか、どっちが本当に強いか見ていたのです。そういう問題もあって、日本政府が沖縄を直接支配しようとすると、そういう反対勢力がありますからうまくいかない。それで沖縄の古い支配勢力に支配体制を任せて、そのかわり近代化もおくらせるという方針で、三〇年間自治制の完全適用をおくらせるのです。古い支配体制に妥協するために財政改革である地租改正もおくらせたので、宮古島などでは人頭税による深刻な収奪がつづき反乱がおこったほどです。このことは沖縄の近代化を考えていた人たちにとっては忘れがたい痛恨事で、沖縄は三〇年間近代化をおくらされたと言われているのです[5]。

府県制郡制も一八九〇（明治二三）年にしかれますが、実際には明治三〇年代まではこれに従わなかった地域もありました。そういう意味でいうと、明治時代の方がなかなか自由があっておもしろいと思うのです。明治政府が命令をしても、全然無視していた県すらあったのです。

明治地方自治制の性格

さて、では明治地方自治制の基本的性格はどこにあったか。一方では、自由民権運動が象徴するように、日本人が次第に政治的な自覚を持ってきて、民主化したいという要求があったから、ある意味でいうと、近代的地方自治をしかざるを得なかったという面があります。しかし完全に近代化してしまうと、天皇制は成りたちません。当時の経済の中心的基盤は寄生地主制です。農業人口が全産業人口の四分の三を占めていましたから、農業が主産業であって、それを寄生地主制という地主が支配している経済です。これにのっとった地方制度でないと政治は安定しないのです。そこで一方では資本主義化をすすめるために分権を認め、市町村に法人格を認めるという近代化をやりながら、同時に旧慣尊重といって、古い慣習も尊重し、この古い慣習的な支配権を握っている人たちに自治権を持たせたのです。「近代化」と古さとをどう調和させるか、というのがこの明治地方自治制の基本的な課題であったと言っていいでしょう。

制限つき等級選挙制度

次ページの図の「明治地方自治制の構造」をみてください。明治地方自治制の性格をよくあらわしているのが、制限つき等級選挙制度というものです。この制度の意味は、全部の住民に自治に参加する権利を与えない。一戸を構えている戸主で、二五歳以上の成年男子であり、地租、または国税二円以上納める者に選挙権を認めて、これを公民権と称しました。一般住民の

図2－2　明治地方自治制の構造

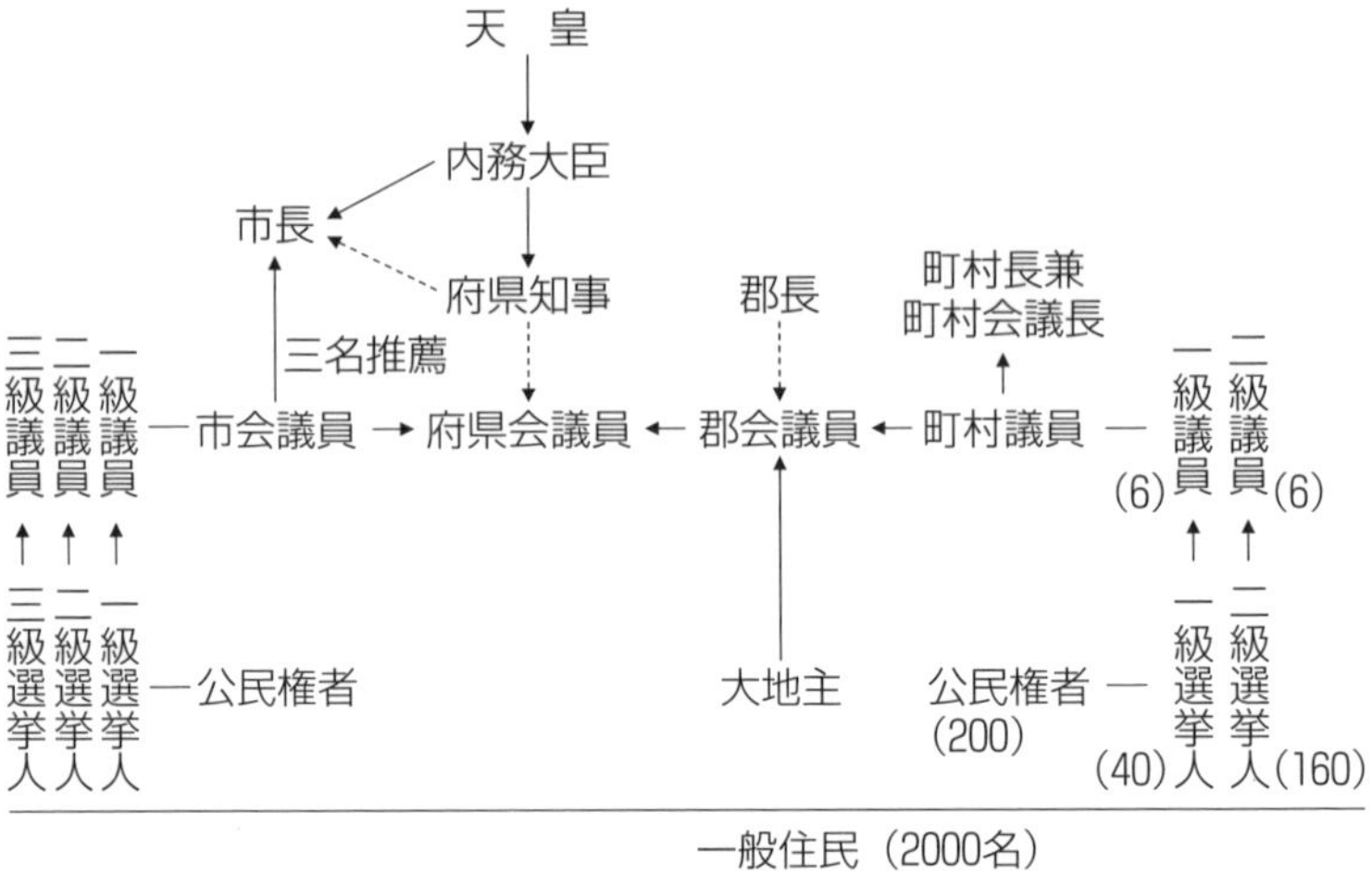

（注）（　）内は大正初期石川県金丸村の選挙の実例による人数。

中に公民権者をつくったのですが、それだけの制限をつけた。特に資格の要件で地租を納めているというところに力点があります。地租というのは今日の固定資産税に当たる土地に対する税金です。土地に対する税金を納めていれば無条件に公民権を持てた。ところが地租を納めていないと、直接国税二円以上納めていなければならないのです。直接国税というのは所得税と営業税です。所得税は今でこそ庶民が納めていますが、当時は所得税を納めているというのはごく少数で、資本家か大きな会社の勤め人で、かなりの役職を持っていなければ納めていませんでした。また、営業税といっても、零細な商店などは納めていないので、大きな店舗を持ったり、あるいは工場を持っていなければ直接国税二円以上を納めていませんでした。つまり、地主が最も優先されていたのです。土地さえ持っていれば必ず公民権者になれる。そして土地を持っていなければ、上層の商工業者でなければ公民権は持てないようにしてあったのです。

さらに公民権者に等級《ランク》をつけていました。選挙人を一級選挙人と二級選挙人とに分けていました。これはその村の地租や国税を合わせた納税額が仮に一〇万円としますと、それを五万円ずつに分けて、上から多額納税者を足していくのです。例えばAという多額納税者は一万円納めている、Bという多額納税者八〇〇〇円……と、それを足していって、多額納税者の納税額が五万円になったところまでを一級選挙人にするのです。だから少額の納税者が残りの二級選挙人になるのです。一級選挙人は多額納税者、言いかえれば大地主ということになります。大地主が一級選挙人になって、中小の地主は二級選挙人になった。あるいは大きな会社の経営者は一級になれます。そうでないなら二級というわけです。

石川県金丸村の実例

そしてこの二つのグループがそれぞれ同数の議員（一級議員と二級議員）を選ぶのです。先の図は、石川県金丸村の選挙実例ですが、一般住民が二〇〇〇人いて、公民権者が二〇〇人。一級選挙人は四〇人、二級選挙人が一六〇人です。四〇人の一級選挙人が六人の一級議員を選んで、二級選挙人が一六〇人で六人を選ぶ。だから多額納税者の一級選挙人は二級選挙人の四倍の権利をもっていました。

金丸村には非常に詳しい資料があり、全部の投票用紙が残っていました。それで調べますと、有効得票が一級議員の場合一・七五票でいいのです。一・七五票超えれば当選なのです。一九一三（大正二）年の一級議員は二票で当選している。二級はかなり激戦で十数票とらなければ当選しない。こういう差別がありました。

明治地方自治制の町村長

明治地方自治制を複選制というのですが、それはこの選挙の中には選挙が二つ含まれていて、公民権者全員ではなく町村議員が町村長を選ぶ制度でした。町村長は町村議会長を兼ねるのです。行政権と立法権の両方を持つ町村長を一二人の議員が選ぶのです。当時の議会の権限は大きく、税金は見立て割といって、課税標準や税率を議会で決定できましたから、どこかの派が多数をとりますと、自分の反対派から多額の税金をとるのです。だから議員の選挙はものすごい利害関係が絡んだものであったのです。

大正期の金丸村の例では、結局一二人の投票の結果、トップは六票で当選しています。六票で町村長に当選したのですが、一位当選者はこの村ではものすごい政争があって、町村長やるのはいやだと、辞退します。第二位が二票ですが、二票の人が当選してしまうのです。その当選した人にだれが入れたかを見ると、二人の一級議員が入れている。一級議員二人で町村長を選んでいる。この一級議員が何票で通ったかといったら、その二人とも二票ずつで当選しているのです。二×二＝四票で町村長を選んでいます。そういう状態でしたから、大地主がいかに大きい権力を持っていたかがよくわかります。

その頃の町村長に会って、当時の選挙について次のように聞いたのです。「今と違ってあなたのときはよかったんですね。四票で当選しているじゃないですか」と言ったら、彼はゲラゲラ笑って、「そういうけど、一級選挙人で二票を獲得するというのは難しいのです」と。一票は自分が入れたがあとの一票をとるのは、一級選挙人はみんな大地主ですから、ちょっとやそっとお金を持っていったって票をくれない。「買収の労力がうんとかかるからそんなにたやすくなかった」と言っていました。

「地主の自治」の政治的根拠

それはともかくとして、二〇〇〇人の人口があれば、今ならば六割は選挙権を持っていますから、一二〇〇人が選挙に参加できるのですが、当時は述べてきたように四票で町村長を選びました。これは決してそのときだけではなく、そういう習慣が続いていたのです。そういう意味で私たちは、この時期のことを「地主の自治」とよんでいるのです。

なぜそうなったか。帝国議会の議論の中にあるのですが、なぜ地主に特権を与えるのかといえば、それは恒産恒心主義によるというのです。一八七三（明治六）年の地租改正で地主ははじめて天皇から土地所有権を認められました。それまでは地主は封建領主のもとにあって完全な所有権がなかった。だから自分の土地を売りたいと思っていても売れなかったのが、天皇のおかげで明治六年に所有権が認められたので、地主は最も天皇に忠誠心を持っています。すなわち恒産恒心主義で、財産の有る者は忠誠心があり、特にその財産のなかでも土地の所有権こそがもっとも重要なので地主階級こそが日本の政治の社会的な柱であるとし、そこで地主に特権を与えたのです。これは明治政府の一貫した考え方で、地主制＝天皇制であったのです。

郡会・府県会

この一級議員や二級議員たちが集まって、郡会を選びました。郡会はそれ以外にも大地主が議員の四分の一を選ぶことになっています。町村会議員が四分の三を選んで、大地主が四分の一を選ぶ。大地主というのは地租一万円以上でだいたい田畑三〇町歩以上の所有者でした。郡会がまた府県会の議員を選ぶというしくみです。そういう意味では選挙がいくつも複合されているので、これを複選制といいます。いったん町村議員に選挙されるとそのひとたちは町村長を選び、郡会議員を選び、ひいては府県会にも影響力をもつ。それで複選制といっていたのです。

都市の方は全く同じ仕組みで三級に等級を分けていました。都市の方が明治政府にはこわい存在でした。だからできるだけ差別をつけて、大地主あるいは商工業者に特権をもたせようとしたので、三級にしたのです。市長は三名の候補者を推薦して、内務大臣が任命する仕組みになっていました。市長については市会には推薦権だけで選挙権はなかったのです。しかし事実上は市会の推す第一位の推薦者が任命されてきました。

府県知事は官選であり、天皇に任命され、直接には内務大臣の指揮監督を受けました。この府県知事が郡長を選びました。この官選郡長は直接的には町村長を選ぶことはできず、府県知事も直接には市長を選べなかったのですが、それでも間接的には町村長や町議会を郡長が支配できたのです。すなわち官選の郡長は町村長の懲戒権を持っていました。特に機関委任事務（後述）をめぐって懲戒権をもっていましたし、町村会についても解散権を持っています。選挙で選ばれた町村会議員を免職もできた。知事は郡会や市に対して同様の権限をもっていました。

ですから当時の中央政府の統制権というのは絶大なものであり、今とは違って、人事についても干渉が可能であったのです。

戦後は郡長という制度はありませんが、当時こういうエピソードがありました。郡長巡視というのがあるのです。毎年町村の行政がうまくいっているかどうか、郡長が巡視に行く。郡長巡視規定というものもありましたし、巡視のありさまを書いた文献も残っているのです。その当時の町村長に会って聞きますと、郡長の巡視がおこなわれると、今の天皇が来るときのようなものだと言っていました。今でも天皇が植樹祭に来たりすると急に道路を舗装します。それと同じで巡視道路に砂をまくのだそうです。舗装なんてことはその当時はできなかったから、郡長が歩くところだけ砂をまいたそうです。郡長が歩くときにはその指定された町以外の三役が全部ずらりと郡長のおつきとしてついて回るのだそうですが、巡視の途中で郡長の靴のひもがとけますと、郡長は黙ってパッと足を上げるのだそうです。そうすると後ろから町村長が駆け寄って、靴のひもを結んでやる。あるいは湖に釣りに行っていて、郡長が魚を釣ると、町村長がだまって鉤《はり》から魚をはずして、えさをつけてやる……というようなもので、郡長は完全なお大尽だったようです。それはなぜかというと、郡長が先に述べたような権限を持っているということだけではなく、そのバックに天皇がいて、天皇の官吏であるという、その力が極めて大きかったからです。

当時の地方自治制というのは、名望家、特に地主の地方自治と官僚的中央集権の結合したシステムであって、旧慣尊重と近代化という矛盾した性格の日本的な統一であったといえるでしょう。

地方財政への投影

こういうことは地方財政にも投影しています。当初の地方財政は歳入面では部落有林野などの市町村財産を第一次財産としていました。つまり財産で運営するというのが原則だったのです。それでも足らない場合には、国税や府県税の付加税を求める。一番大きかったのは、地租や営業税にたいする付加税です。市でいいますと、府県税である家屋税付加税、町村は戸数割付加税なのです。そこで道府県税は国税に縛られる。国税を一とすると、それの八割とか一・七倍とかという形で税金を取る。課税標準などは国税に統制されていたのです。この付加税でも足りなかったときには、独立税として特別税をとってもよいことになっていました。しかし収入の多い財源は全部国税でした。当時の地方税というのは三〇〇種類くらいあったのですが、電柱税、荷車税、犬税、芸妓税など、そんな細民課税（貧乏人にも課税する）でも取らないとやれないという状況だったのです。

義務教育をになう地方財政

支出の方も、これまた当時の地方財政というのは非常に大きな制約がありました。市町村を問わず、最大の費目は教育費でした。これは日本を近代化するために義務教育を全国画一的におこなおうとしたからです。義務教育の普及は日本の近代化の重要なテコになったのです。

イギリスのウェールズではまだウェールズ語を使っているようなことがあるのですが、日本はその点でいうと、画一的な教育を一挙にやってしまったのです。イギリスよりも先に文部省をつくりました。イギリスが文部省をつくるのは一九〇〇年です。日本はそれより先に文部省をつくって、中学令、小学令をしいて、全国画一の教育をして、義務教育の四年制をしき、次いで六年制にするのです。

なぜそうしたのかと言いますと、これには二つ理由がありました。一つは軍隊です。徴兵制をしくにともない、全国から農民が軍へ集まってくるのですが、軍隊というのは、同じ号令で同じように行動してくれなければ困るのです。ところが秋田県人と鹿児島県人というのは言葉が全然通じないので、まず標準語がどうしても必要でした。人々が概念をもつのは教育の結果です。第一回の徴兵制の軍隊は、まず集団として訓練するために一緒に足並みをそろえさせ、歩調をとらせ歩かせるのです。そのときの号令は、「右」と言うともう大混乱するのです。「右」というのがわからない。だから「右」「左」のことを「箸《はし》」「茶わん」といった。「箸」と言うと、本能的に右手が動くわけです。もちろん左ききもいるとは思いますが、歩調をとる号令を「箸」「茶わん」「箸」「茶わん」と言ったようです。

協同させるために学力が必要だっただけでなく、近代的武器を操作するのに学力が必要でした。その日本軍が日露戦争で世界最強のロシア海軍と陸軍を破るのです。日本海海戦の記録の中で最高の傑作、これは歴史上の戦争文学の中でも傑作といわれているもので、ブリボイという当時のロシアの水兵が書いた「ツシマ」という本があります。日本海海戦で、なぜ日本軍が勝ったかという中で、教育のことにふれている。ロシアでは教育水準が低かったから、近代的な武器を操作できないし、士官の命令というものがはっきり伝わらない。士官と兵士の間に教育ギャップが大き過ぎて、両者がうまくいってないことが書いてある。つまり、教育こそが短期間にロシアを追いぬいて日本に強力な軍事力をもたせたのであり、近代的軍隊というのは教育なくしては成立しないことが実によくわかるのです。

もう一つ、教育の普及をうながしたのは、産業革命による大工場制度でした。軍隊と同じように労働者が分業して協業するためのコミュニケーションは教育があってはじめて成立します。また、産業革命というのは常に機械が変わるのです。きのう使っていた機械がきょう変わることがある。変わったときに教育がないと動かせないのです。仕様書を見せて、今度来た機械はこうだといって、技師が説明するとそれを理解し、説明書を読みこなせて、それを応用してすぐにその機械を動かせなければ、近代的労働者ではないのです。

そういう意味で、必要な教育が強制され、標準語から始まって、読み書きそろばんがまたたく間に普及しました。日本の場合、明治三〇年代に文盲がほとんどなくなってしまうのです。

図2－3　明治初年の授業風景 文部省作成

これが日本経済の進歩と、近代軍隊の基盤だと思うのです。この重大な義務教育の費用は全部市町村に押しつけられました。なぜかというと、国家財政の方は軍事費を中心に拡大して、財源がないのです。そこで国家にとって必要だった教育を自治体に押しつけましたので、自治体が七転八倒する騒ぎになるのです。当時の農民は農業や農村生活には高い教育は不必要だと思っていたのに、非常に水準の高い教育が押しつけられてきたのです。

町村合併

しかし、当時の町村ではこの教育費の負担はきびしいものでした。そこで一つの方法として、日本的な解決方法を考えた。それが町村合併です。

当時、全国で七万近い市町村がありましたが、その全部の地域に高い水準の学校を置くと大変なのです。しかも近代的な学校をつくろうとしました。明治一〇年代には学校建設の規則が制定されています。詳細な規則で、学校とは生徒数によって大きさをきめなければならない、南を向いていなければならない、廊下はこの大きさで、便所はこの大きさ……と書いてある。便所の必要のない農村でもみんな画一的に便所のあるような立派な学校をつくらせたので、大変なお金がかかる。そこでこういうことを当時の農村にやらせたら到底教育は普及できないと考えたので、町村合併をやったのです。**表2－1**のように自然村を合併して行政村をつくって、そこに一つだけ学校を置いた。だから私たちは、昔おじいさんやおばあさんに言われたものです。「おまえたちは楽だ。おれたちは朝四時ごろから起きて二里ぐらい先の学校へ通った」と。それはそうなのです。町村を合併して中心部にひとつだけ学校や役場などの公共施設をおいて、周辺の住民はそこへ通うというやり方で住民の負担で行政をしていく方法がとられたのです。

表２－１　市町村数の変遷

	市	町	村	計
明治16(1883)	19	12,194	59,284	71,497
22(1889)	**39**	**(15,820)**		**15,859**
31(1898)	48	1,173	13,068	14,289
昭和20(1945)	205	1,797	8,518	10,520
28(1953)	286	1,966	7,616	9,868
※町村合併促進法(昭和28年)				
31(1956)	498	1,903	1,574	3,975
59(1984)	651	1,997	607	3,255

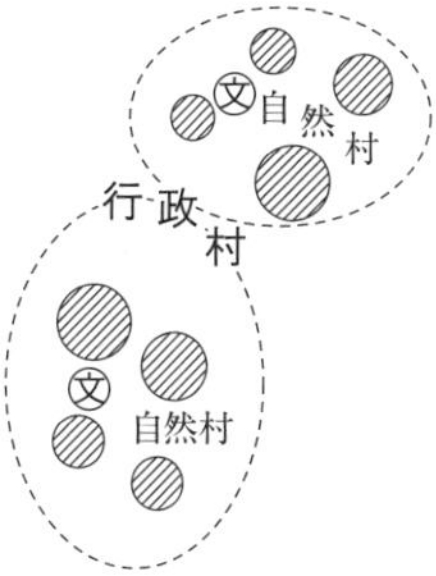

日本の自治は自然村＝共同体を失ってここでまたストップしてしまうのです。地方自治というのはそれぞれの生活基盤のある集落から自主的に起こってくるものです。そういうものを自然村と呼び、新しい上からの区画を行政村と呼ぶのですが、行政村をつくった結果として、日本は自主的な地方自治の発展が農村ではくいとめられてしまったのです。[6]

いずれにしても、二つの性格が地方財政にはっきりと出てきました。ちょうど政治の上でいうと、「地主の地方自治」に依拠したように、封建的な慣行や夫役《ぶえき》のような古い財政負担が日本の地方財政の重要な柱となりました。それから一方では、財政の支出において中央政府の要請が優先してしまったということです。

機関委任事務の導入

以上は客観的に分析した明治地方自治制の性格ですが、もう一つ非常に重要なことがあります。明治天皇制政府を支えた支配者の側から考えてみますと、この市制町村制は近代的な一面をもっていただけに無気味な存在でした。ちょうど軍政下の韓国では地方自治制ができなかったのと同じで、自治体をつくったら取り返しのつかない政治の混乱が起こるのではないかと、保守的な政治家は考えました。特に当時は元老院があり、元老院にいる旧弊の政治家たちから見ると、市や町村に法人格を与えるなどは、危険きわまりない。法人格を与えるというのは地方団体に自治と自由を認めるのです。ましてや、府県制を認め府県にもカッコつきではありますが、法人格を与えることになります。その長は官選ではあるけれども、いったん府県制の道を開いた場合に、反政府団体になるのではないかという危惧感を持って、元老院は絶対反対だったのです。それで草案者である山県有朋を「こんな危ないことをやるな」と責めるのです。山県有朋は大変な官僚で、ある意味では、日本の生み出した最高の官僚の一人だと思います。行政では山県有朋、それから財政では松方正義が日本の国家機構をつくるのですが、そこで山県はモッセの提案による機関委任事務をうけいれるのです。それまでこういう制度はなかったのです。

当時、モッセというプロシア人と、大森鍾一という後に京都府知事になる山県の秘書官の二人が市制町村制の草案をつくるのです。何か名案はないかと考えた。元老院を説得して、行き過ぎないような歯どめをしておく制度はないかと考えたときに、モッセは提案するのです。プロシアにあった機関委任事務の制度を市制町村制をしくと同時に制度化したいと考えたのです。

機関委任事務とは、いまでいえば、知事や市町村長、あるいは予算権を持っている上水道局長や教育長、そういう職制を政府の下部機関として任命し、その下部機関に国の事務を委任する、という制度です。

元老院が心配したのは、たとえば徴兵制をしいているのですが、徴兵の事務は現実には市町村役場にやってもらわなければならない。市町村の兵事係に委任するのですから、戦後の外国人の指紋押捺《おうなつ》問題のように、徴兵をいやだと拒否したら、国は困ります。こういうことは当時は発生しなかったと思いますが、もしもの場合を考え、そういうことができないように市町村長を下部機関として、国がどうしても必要とする事務を委任する、それに違反した場合には首長を解職してしまえばいいというのです。それからまた委任された下部機関は、議会で議員がいくら何と言おうと、絶対に議員が否定できないようにしておけばいいという考え方です。国がどうしても必要な事務は全部機関委任事務にすればいいということです。

こうして、モッセは機関委任事務の提案をして、明治地方自治制が発足してい

表2－2　戦前における国政委任事務
（単位：1000円、1934年度予算）

歳出項目	道府県	市町村
教育費	116,963	309,750
土木費	96,911	78,984
都市計画費	14,082	48,879
衛生費	17,540	26,720
社会事業費	7,319	9,043
勧業費	85,758	19,821
警察消防費	85,116	10,155
役所費	1,433	44,079
職員費	15,051	——
その他共合計	440,940	547,431
歳出総計にしめる割合	73.8%	42.1%

（注）　藤田武夫『地方財政』（大蔵省『昭和財政史』第14巻、東洋経済新報社、1954年）159－160ページより作成。

くのです。ですから歯どめを非常に巧妙につくったのです。一方で法人格を与えて「近代化」して市制町村制をしいておきながら、この機関委任事務で行政全体をしばっていくというものです。

表2―2は、一九三四（昭和九）年度における国政委任事務の内容を見たものですが、この表を見るとわかるように、道府県では実に七三・八％が国政委任事務です。市町村は四二・一％が国政委任事務です。こうして法人格を与えながら、実際上は国の出先機関にしてしまったので、ここに戦前の地方自治制の問題点があったのです。

明治地方自治制の歴史的意義

いったん地方自治を開くということは非常に重要な意味をもちました。制度をつくれば改革は可能になってくるのです。不完全であっても地方自治制度ができたことによって資本主義は前進し、民主主義もすすみました。だんだん地主制が揺らいで資本主義化がすすんでくると、資本家もふえますが労働者階級がどんどんふえてきます。労働者階級はこの自治の制度を踏み台にして、自分たちにも権利を与えよ、と主張し始めるようになりました。公民権をよこせという運動を始めるのです。地主にくらべて特権のなかった資本家がそれに同調する。結局、資本主義化がすすむにつれて、資本家と労働者が、デモクラシー運動の中でこの制度をもっと改革しようという流れになっていくのです。

一八九九（明治三二）年に、まず郡会議員選挙についての大地主の特権が廃止され、さらに複選制がすべて廃止されます。そして明治の終わりになると、郡制廃止要求が高まる。そしてついに一九二一（大正一〇）年には郡会は廃止されます。また制限つき等級選挙制も大きな改革をうけます。すなわちこの年には町村の等級選挙はなくなり、市は三級制が二級制になります。また納税要件も国税から地方税にかわります。(7)

二、第一次都市化と大正デモクラシー

社会運動の台頭

第一次世界大戦前後が日本の資本主義史上の一つの転換点になるのですが、まず一九一八（大正七）年に米騒動が起こります。ロシア革命の影響もあり、米価の高騰に怒った住民が米騒動を起こします。これは富山県の魚津市から起こるのですが、しかし一番激しく展開するのは、都市部でした。そこで政府とくに自治体は都市貧民対策を考えなくてはならないことがはっきりとしてきました。社会保障とか社会政策というのはこの問題を契機にして起こってきたといってもいいと思うのです。

地方議会占領のスローガン

一九二二（大正一一）年、日本農民組合が結成され、日本共産党が非合法ですが結成されます。この時期に労働運動の側でも、農民組合の側でも、方針の変更をする動きが生まれました。それまでは地方自治をそれほど重視していなかったのですけれども、この時点で農民組合は「地方議会の占領をせよ」という決議をします。これはどういうことかというと、当時小作

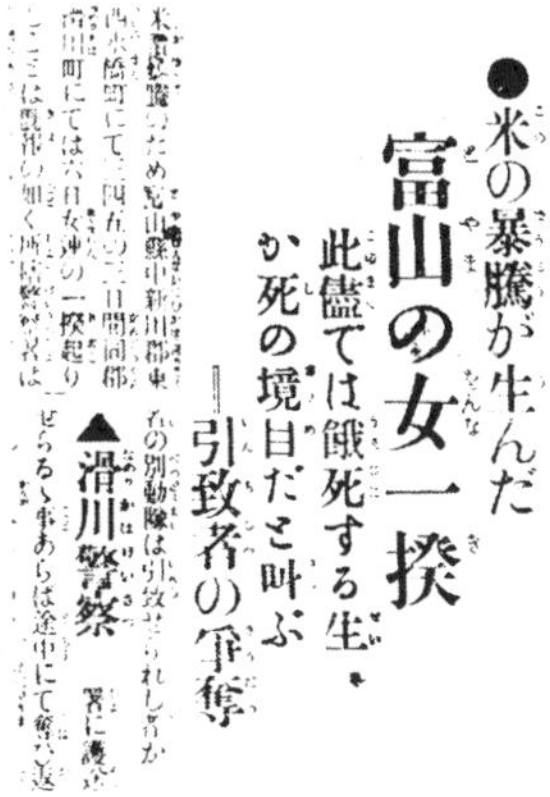

米騒動の第一報（上）と
名古屋の米騒動の情景

人の運動が非常に激しくなってきて、地租の軽減要求、小作人の土地所有権の容認の要求が出てくるのですが、結局こういう経済的な要求だけをやっていても小作人の地位は上がらないということで、「議会を占拠せよ」という要求が出てくるのです。

同時に労働組合の方も各地で、市町村議会に代表を送れという指令を出す動きになり、それは神奈川県、広島県、栃木県、福岡県などで、顕著でした。たとえば神奈川県の横廠交友会、広島県の広廠交友会、これらはいずれも軍事産業の労働組合が代表を議会に出す。それから栃木県には全日本鉱夫総合連合会が主体になってつくったものですが足尾立憲公民党、福岡県では九州民権党、これは福岡県八幡市（現北九州市）に本部を置いたもので、日本労働総同盟の援助を受けて動き出した機関ですが、こういうところが明快な選挙スローガンを掲げ、それぞれ「地方議会占領」へと向けて動き出し始めます。

先述のように一九二一（大正一〇）年に改革がおこなわれたときに、従来の選挙権の要件を直接国税納税者から地方税納税者に移すと、納税資格がゆるくなって労働者や小作人でも資格ができました。労働者や小作人が選挙に参加できるようになったのです。一挙に公民権者の数がふえ、そのこともあって、一斉に労働者や小作人が地方自治への参加を求めていくのです。

たとえば福岡の九州民権党はこういうことを主張していました。

「我らは無産階級の立場より政治、経済、社会における一切の弊制害悪を改善せんことを期す。

一、我らは民衆の基本権たる労働権、団結権、生存権の完全なる獲得を期する。

一、我らは議会行動によって、土地並びに生産分配諸機関の改善を期する。

一、我らは国際連盟を改造し、世界平和を維持し、もって全人類の共存共栄を期する。

一、我らは日本の無産者政党と提携し、既成政党の撃破を目指す。」

こういう綱領を掲げます。

この年改革が終わった直後の選挙に間に合いませんでしたが、千葉にも千葉民政党——これは野田町（現野田市）にある関東醸造労働組合の組合員が中心になって結成をしますし、関西民政党——これは兵庫県の尼崎市、西宮市付近の日本労働総同盟尼崎連合会を中心にした無産

上野公園に5,000人が集まった第1回メーデー（1920年5月2日）
（毎日フォトバンク＝PANA）

政党――をつくります。いずれもが土地所有、資本主義的生産関係の改革をおこなうべきであると主張し、基本的人権、労働権、教育や政治の改良をおこなって、国際的には世界平和を維持しようという目標を掲げていくのです。

小作人の方も先ほど述べたように、議会を占領しようというもので、その中で、「税金を廃止せよ」「草莽《そうもう》事業というものについても村民雇用をしろ」「公共施設を完備しろ」というような、いくつかの要求を掲げます。

そして、この選挙で、労働者と小作人が議員定数の二分の一以上占めた議会が、新潟では三議会、埼玉では六議会、京都で八議会、大阪では四議会、兵庫では八議会、奈良で一議会、三重で二議会、静岡で三議会、岐阜で二議会、徳島で一議会、岡山で三議会、和歌山で一一議会、宮崎で一議会、福岡で七議会、と全国で実に六〇議会も生まれたのです。これは新しい大正デモクラシーの波をはっきりと物語るものでした。

大正デモクラシーについては、昔はそれほど大きな問題として考えられませんでした(8)。信夫清三郎が『大正デモクラシー史』という画期的な著作を書くまでは、学会の中でもそれほどこの時期について正確な分析がなかったように思うのです。しかし、近年はどちらかといいますと、学会の若い人たちも、この時期の、特に両大戦間の時期を研究する人が非常にふえてきました。ある意味で言うと、戦後のデモクラシーを理解する原点みたいなものが、自由民権運動と並んでこのあたりにあると見ていいのではないかと思います。

とはいえ、大正デモクラシー史の中の地方自治関係の研究はまだまだこれからで、掘り起こしていきますと、この時期はまるで宝庫のようなものです。各地でいかにデモクラシー運動があったかということがわかってきて、当時の住民の民主主義をもとめる底力というものが、この時期を調べると出てくるような気がします。そういう点でぜひ、この本を読まれた読者が、自分の地域の大正デモクラシー史における地方自治を調べてみられることを勧めたいと思うのです。

大正デモクラシーの経済社会的基礎

この時期は、重化学工業化がすすみ、そして都市化がすすみます。第一次都市化の時代と言っているのですが、日本における最初の大都市化時代がはじまります。そのために根幹的な都市行政、つまり自治体行政というものが求められる時期に入ってきたのです。そこで、今日考えられるような地方自治に関連するいくつかの重大問題が出てきています。

大正デモクラシーの時代とは、私は、いろいろな問題が複合して出てきた時代だと思うのです。「発展段階重複説」というのが私の考え方で、日本の場合はイギリスと違って歴史の発展段階が重複してあらわれます。――イギリスの場合ですと、産業資本主義の段階があって、一八八〇年代に独占段階に入って、国際的には帝国主義の時代となり、一九二〇年代後半にその矛盾が露呈して国家独占資本主義＝福祉国家の時代に入るという、一つ一つは極めてわかりやすいステップで上昇していく。その特徴も明確で、どこからどう変わったかというのがわかりやすいのです。

ところが、日本の大正デモクラシーの時代、すなわち大正の終わりから昭和の初めにかけての時代は、産業資本主義段階が終わっておらずまだ続いています。と同時に、明治の終わりから独占資本主義も始まりかけていて、この時期には重化学工業化とともに独占資本の成立がはっきりしてくるのです。さらに、国家独占資本主義の諸要素が一九三〇年代になるとあらわれてきます。この時期の断面図をつくろうとして切ると、イギリスでは国家独占資本主義の段階の問題だけしか出てこないのが、日本の場合はすべて出てくるのです。しかも、この基底に半封建制も続いているのです。四つぐらいの段階が全部見えます。それで私は「発展段階重複説」と言っているのです。これまで大塚史学などの影響で日本の研究者は、資本主義の理想型としてイギリスを見て、イギリスから日本を類推してきたのですが、よく考えてみると、いまの世界のほとんどの国、ほとんどの発展途上国は日本と同じように発展段階が重複しているのです。インドネシアの現状をみれば原始共産制まで存続している。だから、アジアでいうと、イギリスの方が特殊で、日本の方が一般的なのかもしれないのであって、これからいろいろな意味で歴史の書き方というのは変わってくるだろうと思うのです。大正デモクラシーの場合もいろいろな要素が重複しているところに、面白さと難しさがあると思うのです。

たとえば、大正デモクラシーの中では、かなり開明的で自由主義的な資本家が、実業同志会とか国民党をつくって活躍します。それで政友会や民政党を揺さぶるのです。そういう意味では、ちょうど産業資本主義段階のイギリスにおける選挙改革で、コブデン＝ブライドなどの進歩的な資本家が活躍したような、そういう要素もあります。だからといって、では、大正デモクラシーは単なる自由主義段階のデモクラシーの要求かというと、そうでもない。もうすでに「米騒動」がはっきり示しているように、労働者階級の社会主義を求める、そういう体制変革の要求がこれと並行して出てきているのです。それらが二重になって大正デモクラシーなのです。そこに、大正デモクラシーのおもしろさ、そしてまた日本的な性格というものが私はあるように思うのです。

そういう意味で、戦後の改革や、あるいは革新自治体の問題を考えるときに、私たちはいつも大正デモクラシーの時期を思い浮かべるのですが、そういう重要な問題をこの時期は含んでいると思います。

大正デモクラシーの自治要求

大正デモクラシーの地方自治要求は、大きく分けて三つありました。一つは、普通選挙制度の要求です。これは単に国政レベルだけでなくて、地方自治レベルで要求されたところに重大な意味がありました。単に国政レベルで普選を要求したのではなくて、地方選挙についても普選を要求したのです。この要求は、先ほど言いましたように、一九二一（大正一〇）年に一部分実現して等級選挙制度が廃止され、公民権の資格制度も国税から地方税に変わるような改革になったのですが、それではもちろん住民は満足せず、運動を続け、ついに一九二五（大正一四）年、普通選挙制度が男子についてのみですが、実現します。

これは画期的な意味を持っていました。確かに普選が成立して以降の選挙では地方議会のレベルでも、無産政党が出現するようになるのです。

郡制・郡役所廃止

二つ目が、地方行政の改革で、これは二つに分かれます。農村部では、郡制・郡役所廃止の要求です。郡制というのは、明治時代の人為的につくった制度であり、なかなか定着しなかった。特に郡議会というものが余りに機能をしていませんでした。そこでこれは、一九二三年に廃止されました。

郡役所は先ほど言いましたように、天皇制が農村を支配する末端の一番重要な機関であり、郡長というのは大変な権力を一時期は持っていましたので、これを廃止することについては、明治の保守的な政治家は頑強に反対しました。しかし、この時期になると、郡長の力は、かつてのように強くありません。なぜかというと、小作人の小作争議がひじょうに強くなったからです。かつては町村ごとに、あるいはもっと小さな地区ごとに小作争議は起こるから、郡長が警察とともに駆けつけて、「まあ、そう騒ぐな、おれに任せろ」と言うと、その郡長の力で治まっていました。ところが、この時期になると争議は全県的に起こってきます。場合によっては県を越えた争議の規模になります。郡長が駆けつけたって、農民の代表の方は全然ビクともしない。郡長ぐらい何するものぞと思っているので、知事が出てこないと争議が治まらない。あるいは、知事に直属する――この前後から小作争議のための調整官ができるのですけれども、そういう者が出てこないと治まらない。そのようなわけで、郡役所という中間組織の持つ意味が失われていったのです。

『帝国議会誌』の中に非常に面白いことが書いてあるのですが、貴族院議員で元知事をしていた西久保弘道の貴族院での発言録が残っていて、こんなことを述べています。

――今や郡長は全くその力がなくなってきた。たとえば、ある事業を市町村にやらせなければばならない場合に、郡長はどうしているかというと、市町村長のところへ手土産を下げて、まず台所へ行って奥さんに手土産を渡して、「よろしく」と言ってから玄関へ回って入って町村長と相談をしている。それが今の郡長の姿だ——と。それは議場でも失笑を買いました。かつてのように、靴ひもがとけたらパッと足を出して町村長に結ばせたような郡長と全く違うのです。

全国町村会の設立

町村長は、この時期に全国町村会をつくります。この「全国町村会」は何のためにつくったかというと、郡役所を廃止するためにつくるのです。郡役所という中間機関が、権力を持って、デモクラシーを認めない。そんな「郡役所は廃止すべきだ」と言って「全国町村会」を結成するのです。だから「全国町村会」というのは補助金をもらうためにつくったのではなくて、むしろ、政府とたたかうためにつくられたのです(9)。

目的からいうと実に立派な組織で、『全国町村会史』という厚い本があるのですが、この本の初めの方を読むと感動します。どうしてこんなに昔の町村長は反政府の運動ができたのだろうかと。この時期に町村長はバッサバッサと懲戒免職や停職をくらっているのですが、平気なのです。知事にクビきられるのが、名誉だと思っているのです。そういう時期があったということは、非常に教訓的だと思うのです。

結局、そういうように「全国町村会」は郡役所廃止を目標として結成され、猛運動を展開していきます。郡長が実質的に小作争議も調停できず、ものを頼むにも、町村長のかみさんに手土産を下げていかなければならないくらいの情けない状態になって、しかも、政府の基盤であると思われていた町村長会に郡役所廃止を突きつけられているというので、政府もとうとう——これはかつて原敬が一番熱心でしたけれども——一九二六（大正一五）年に貴族院の絶対反対を押しきって、郡役所を廃止してしまうのです。

都市行政の発生と分権要求

一方、都市ではどうであったか。都市にはもっと大きな矛盾が押し寄せてきます。たとえば、この時期の大阪市の状況は驚くべき変化をとげていきます。つまり、都市計画、港湾、水道、電灯事業のような、都市化に伴う事業がどんどんふえていくのに税金がふえない。それで財政は危急存亡に陥っていきます。ですから、大都市は「分権自治」ということを強く要求するようになります。大阪市は税源がないかというと、あるのです。たくさんの税源を持ちながら、国税が吸い上げていってしまう。そこから、分権自治で返せという要求がでてきたのでした。また、重要な都市計画事業など、いくつかの重要な都市行政について府県や国が干渉する。たとえば、都市計画事業は内務省の管轄でした。そこでそういうことは望ましくないということで、都市行政官が中心になって強い分権の要求が出てくるのです。

図2－4　明治大正期大阪市歳出構成の変化

（注）『明治大正大阪市史』（第4巻，1933年）497ページ。

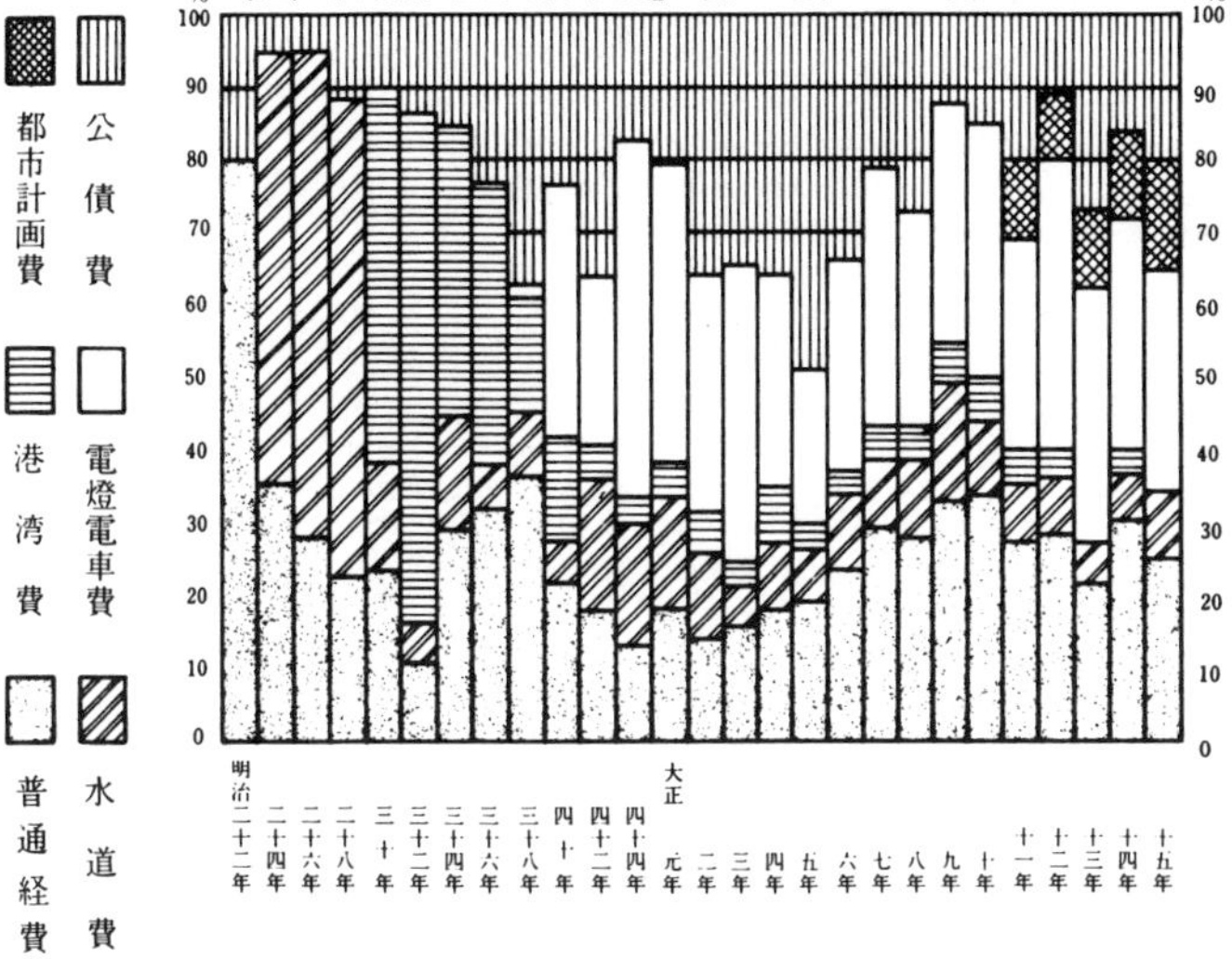

明治大正期大阪市歳入構成の変化

（注）前掲書505ページ。

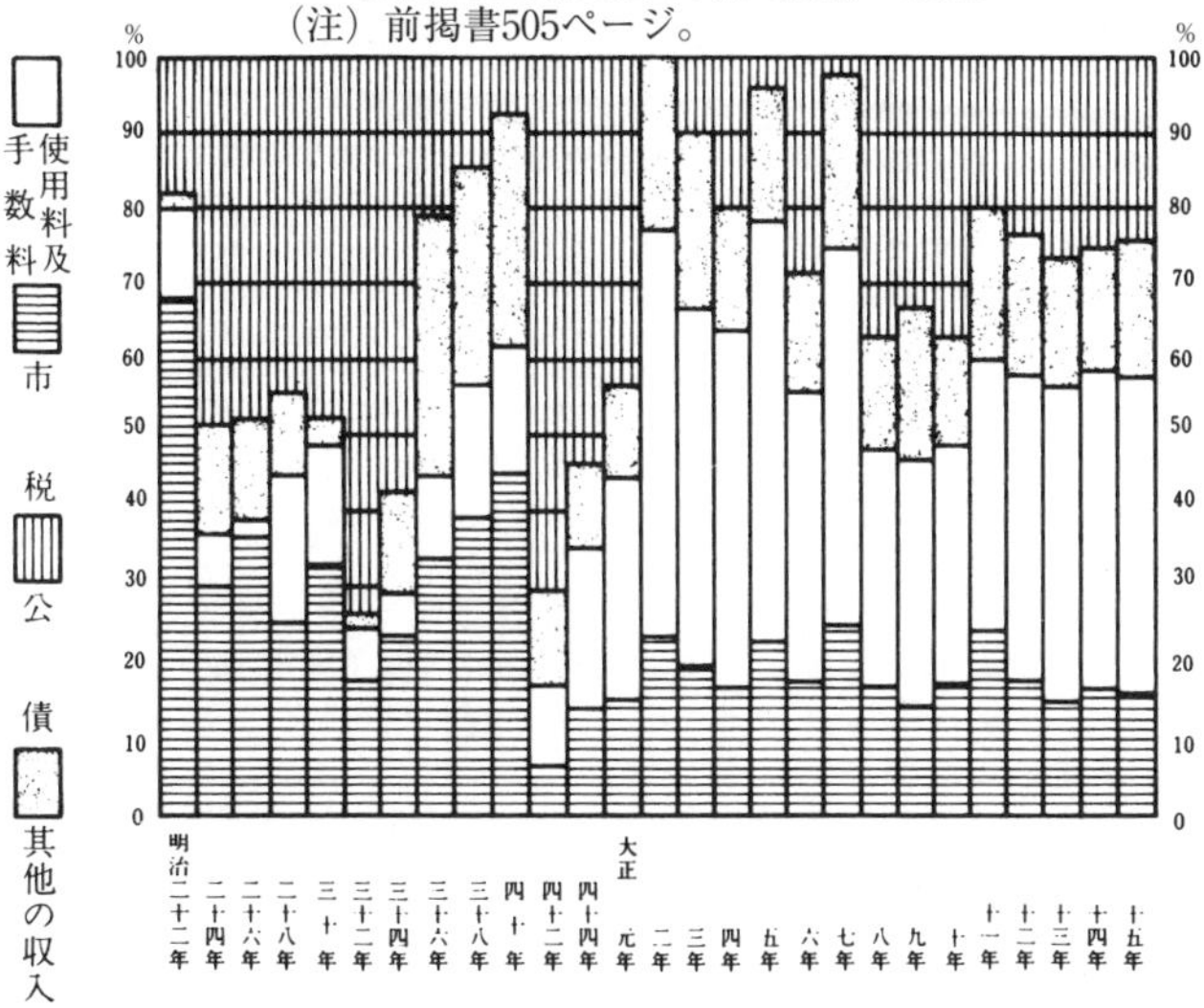

この時期は、第一次都市化と先に述べたように、急激に産業構造が変わり、そして都市に人口が集まってくるのです。ところが、住宅が建てられていないものですから、大変な住宅難に陥っていくなどの都市問題がおこってきます。またこの時期は大規模な公害が発生する時期です。一九二六（大正一五）年には大阪市は東京市よりも大きな都市でした。日本一の人口と日本一の産業を抱えていたのは大阪市です。そして、大阪市が都市問題や都市計画の先端を走っていたのです。この時期、大阪市では国税が全租税の六八・七%を吸い上げています。そして、府税が一六・八%でしたので、大阪市に落ちるのはわずか一四・五%に過ぎません。そして、この大阪市に落ちてくる税金の中でも特別税といわれている独立税は全体の四・二%なので、教育費よりも少ないというひどい状態でした。そこで、**図2－4**にあるように、公債が急激にふえてきます。都市基盤整備の事業のためには公債を発行せざるを得なかったのです。

この期間中に財政の構造は非常に悪化をするだけではなくて、「一変する」と言ってもいい状態になるのです。たとえば、都市計画事業費は、一〇年間で八倍になってしまう。都市財政だけで府県財政や町村財政の規模を上回ってしまうのです。それだけ都市化がすすんで都市財政の地位が高くなったのです。歳出の規模で見ましても、一九一五（大正四）年から一九二五（大正一四）年の間に七〇〇〇万円から五億円と、七・一倍になってしまいます。都市の行政官は非常に危機意識を持つようになり、やがて「両税委譲」の要求へと高まっていくことになります。

進歩的都市行政官の登場

ところで、この時期に注目すべき都市行政官が何人かあらわれたことも特徴的です。その代表は、関一《せきはじめ》という人物でした。(10)この人は東京高等商業学校の教授、現在の一橋大学の看板教授でした。一橋の三羽ガラスと言われたのですが、交通政策、商業政策、工業政策などを担当していまして、高商を大学に昇格させようとして失敗しました。一橋にいることがおもしろくなくなっていたときに大阪市から勧誘を受けるのです。当時、大阪市の経済は発展をしていたのですが、政治は紊乱《びんらん》を極めていまして、市長は一年も続かないという状態にありました。池上四郎という大阪府の内務部出身の人が市長に推されて、それで、やっと大阪市政ははじめて行政的に安定するのです。

関　一（1873〜1935）

ところが、池上という人は警察―内務畑の行政の出身であったものですから、政治の安定には成功したのですが、大阪の将来を考えると、産業構造が変わり、どんどん都市化していくので、それに対応した都市をつくるには理論家が必要だと考えます。つまり、大阪の骨格をつくるためにどんな社会資本が、たとえば、港にしろ道路にしろ地下鉄にしろ、どういう社会資本をどういう順序でつくったらいいのか、社会政策をどうやったらいいかということで、どうしても理論家が欲しい。行政には理論が欠けているからというので、「社会政策学会」、当時これが日本では最大の学会で全国の経済学者が入っていた学会ですが、この「社会政策学会」の会長である京都大学教授の戸田海市にだれかいないかと頼みに行きます。それで、この戸田が一も二もなく「一橋に関というのがいる、この男以外にないのではないか」という推薦をしまして、それで、関が一九一四（大正三）年、大阪市の助役になって赴任するのです。

ところが、一橋は挙げて転職に反対します。何といったって、関は東京高商が大学になるときの学長候補なのです。一橋の教授をやめて助役になるのは、一橋の恥だと一橋の同窓会は絶対反対なのです。『関一日記』を見ますと、次のように書いています。「予ノ国家ニ貢献スルノ途ハ必ズシモ一橋ノ小天地ニ限ルモノナランヤ。自治制又ハ実業界ノ天地ニ自家ノ抱負ノ一端ヲ実行セントスルモ亦国家ニ尽ス所以ト云フベキナリ(11)」。

関一と並んで、すぐれた行政家で岡実がいます。この人は東大の岡義武名誉教授のお父さんです。彼は農商務省の局長から、毎日新聞の会長にその後なるのですが、工場法（一九一六年施行）を関一とともにつくった人です。だから、開明的な行政官なのですが、この岡実は関一のことをよく理解した人物でした。その岡が関に宛てて手紙を送っているのです。二、三年は鳴かず飛ばずで、漸進主義で、つまり、ゆっくりでいいのだけれども、「市制の根本的革新をなすべし」と書いてきたのです。その頃にはもう「革新」という言葉が使われていたのです。

それが関一には非常にうれしい言葉であったようです。関にしてみれば、四面楚歌でどこからも反対を受けているのです。その中で岡実だけがそう言ったので、自分はこれをモットーにすると日記に書いています。事実、関は、その後二〇年六カ月にわたって大阪市政を支えて根本的革新をやるわけです。

　関は大阪市の助役になってからも、『住宅問題と都市計画』（一九二三年刊）という日本の都市学の中では非常に大きな影響力をもつ著作を書きます。大阪の、今ある社会資本の骨格は全部この人がつくっているのです。たとえば、御堂筋《みどうすじ》というパリのシャンゼリゼと同じように非常に美しい通りがあります。大阪というのは乱雑な町なのですが、あの通りや中之島の周辺はきれいです。それから地下鉄御堂筋線を見るとわかるのですが、十数両の車両がホームにとまってもまだ余っているくらい構想雄大なものをつくるのです。東京には後藤新平という大ぶろしきの人がいて、後藤も関一と仲がよかったのです。後藤新平は震災後に「昭和通り」という道路をつくるのですが失敗してしまう。だから、東京には戦前の美しい道路はないのです。同じ時期に東京がつくった上野・浅草間の地下鉄（一九二七年開通、のち一九三九年までに渋谷まで全通）は御堂筋線にくらべて

後藤新平（1857〜1929）（時事）

みすぼらしくて、汚い。そういうものと比べると関一という人の都市計画の構想の雄大さというのがわかります。

問題はそれだけではなくて、この人の偉大さは、つぎのような言葉を遺していることです。「上を見て煙突の数を数えるだけではだめだ、下を向いて労働者階級の生活状態を見よ」と言っているのです。つまり、都市の繁栄というのは、普通の人は上を見て、煙突がたくさんふえてきて煙突から煙が出ている、それで都市が繁栄していると思っているかもしれないが、それは間違いなんだ、下を向いて都市労働者の生活状態がよくなっているということが都市の繁栄なんだ、という言葉を遺しているのです。関は日本で初めて市役所に「社会部」というのをつくって都市における社会政策に着手するのです。都市の労働者の生活状態の実態調査を初めて本格的に調べます。そして労働者住宅もつくる。保育所もつくる。さらに、大阪高商を大阪商科大学に昇格させ、シンクタンクとして大阪都市協会をつくる。それから、庄司光がいた大阪衛生試験所をつくって日本で最初の大気汚染観測を大正期から始めたのです。ですから、一般には大阪は戦前、煙の都だったと思われているかもしれませんが、大阪市は世界の中でもトップをきった公害行政をやるのです。それで、戦争が始まるころまでは大阪市のばい煙はどんどん減っていきます。そういうソフトな面でもハードな面でも、関は画期的な業績を残す。いわば今の革新自治体のはしりでした。

また関は分権主義者であり、都市社会政策論者です。彼は改良主義ですからマルクス主義には反対ですが、しかし、資本主義の自由な発展にも反対です。資本主義が自由放任されれば資本家の利益だけが優先されて労働者階級の生活は非常にみじめな状態になってくるのであって、ストライキというのは必要である——と、ストライキの権利を認めて労働者が生活向上をすることがなければ世の中はよくならないと考えていまして、そういう意味では社会改良主義で、都市を主体にした社会政策をしなければならないという考え方でした。道路中心の都市計画に反対で、都市政策は住宅中心の都市計画だといっているのです。

この時期にこういう人物が出てくるのです。ここが日本の大正デモクラシーのおもしろさで、こういう人が中央集権に反対して、自治体を軸にして都市計画や都市政策を構想しなければならないという考え方を出すのです。しかし、都市計画法（一九一九年）はできたものの住宅法はできず中央集権的なものでした[12]。

両税委譲問題

第三の大正デモクラシーの地方自治要求が両税委譲でした。

先ほど述べましたように、当時の地方自治の最も大きな経済的欠陥は、税源がなかった、独立税が少なくて、主要な税源を国税に握られていて財政権がなかったということです。そこで、大正時代の都市の要求は、両税——両税というのは、地租（今の固定資産税）と営業（収益）税（今の事業税）——を国税から地方税へ委譲せよという要求です。この財政改革の要求はまことに正当であったと思います。

関や岡は、これを都市計画の財源に充てたいと考えました。都市計画をしようにも、財源がないので、両税を都市計画の財源にしたいという要求を出すのです。岡実は、当時、東京市の顧問をしておりまして、有名な論文を書きます。「都市経営の革新」（一九二四年）という小さな論文ですが、しかし重要な意味を持った論文を書きます。そして国税から地方税へ委譲したら、いかに社会にとってプラスかということを主張しているのですが、この中で非常におもしろいことを言っています。

両税委譲をやると国家は困るのです。なぜかというと、二億円を超えるぐらいの税源がなくなってしまう。それで国は反対しているわけです。それに対して、岡は「それでいいではないか」と言いきる。つまり、両税を地方へ譲り渡したならば、国は軍縮をすればいい。もう一つは地方行革ではなく、中央の行政整理をやるべきだという主張です。不足財源は中央政府の行政整理と軍縮で賄えと言うのです。そうして、こう言っているのです。

——世界的にみていまや軍国主義の緩和、文化国家への移行がおこなわれるようになり、中央集権から地方への政務委譲の時代にはいった。しかるにわが国では中等教育・普通教育・実業教育の整備がおくれている。その他土木・勧業・衛生などの政務が多い。ところが一方、戸数割、家屋税、その他特別税に不合理で過重な財源が多い。そこで改革が必要なのである——と。

つまり、これは今日でも生きていることなのですが、地方自治を尊重すれば平和国家にならざるを得ないのです。地方自治を尊重すれば文化国家にならざるを得ないことを岡ははっきりと認めて、しかも積極的に主張しているのです。この主張はこの時期における都市行政家の見識の高さを思わせます。たいへん残念ですが、いま、地方の行政家の中にこれだけはっきりと、軍縮すればいいのではないか、平和国家と文化国家がこれからの理想なのだから、国家の財源を、例えば所得税を地方に譲っていいじゃないかというくらいの積極的な発言ができる人はいないのではないでしょうか。私はそういう意味で、この時期の地方行政家の志の高さというのは、関一や岡実を見るとわかるような気がします。

それだけに両税委譲についてなかなか国は「うん」と言わない。軍縮や中央政府の行政整理をしなければならないので抵抗するのです。

大正デモクラシーが実現した改革

このような大正デモクラシーの要求は、いったいどのくらい実現したのでしょうか。まず第一に、普選は実現するのですが、普選の年に治安維持法を施行します。すでに一九二五（大正一四）年一月から六月までの市町村会議員選挙において、労働者、小作人は市会選挙に三二名、町村会選挙に三四七三名もの候補者をたて、市会に二五名（総議員数の一・九％）、町村会において二七九四名（同二・四％）の当選者を出しました。労働者と小作人側の議員数が議員定数の三分の一以上を占めたものが全国において一二七カ町村、そのうち二分の一以上をしめたものが六〇カ町村におよびました。これは一九二一（大正一〇）年の改正の結果、労働者や小作人の一部が議会に進出できるようになったためで、これをさらにすすんで普選にすれば、市町村議会がどんどん労働者や小作人の手で占領されていきますので、治安維持法をしいて歯どめをかけたのです。当時の衆議院で議論になっていたのは、〈普選から婦選へ〉つまり、婦人参政権でした。政府はこれを認めませんでした。そして治安維持法を適用することによって労働者政党の運動の歯どめをする。つまり、一歩後退二歩前進をはかったのです。

第二に行政機構改革の面では、一九二六（大正一五）年に郡役所が廃止されます。これは天皇制の農村支配の下部機構を解体させた点では画期的なことでした。当時、郡役所廃止とならんで全国町村会や市長たちが要求していたのは、「知事公選」です。知事公選という要求は決して戦後出てきたものではなく、この時期に既に全国町村会が目標として掲げています。これはしかし、当時の天皇制下の内務行政にとってみれば致命傷になる改革の要求でした。知事を公選にしてしまうと、地方支配の足がなくなってしまう、それで何とかして、地方行政改革は郡役所廃止までにとどめたいと考えたのです。ここで歯どめをして、これ以上は進ませないということを彼らは一生懸命工作するのです。そこで、郡役所の廃止後、そこにあった権限を府県に吸い上げ府県を強化して警察力を初めとして機能を集中させ、それを広域行政の根幹にしようと考えます。しかし、民衆の側もそう簡単に、この知事公選の要求が実現しなかったからといって納得したのではありません。

知事公選を掲げた民衆運動＝長野事件

一九二六（大正一五）年七月一八日「長野事件」が起こります。それまで各都市に置かれていた警察署が、郡役所廃止にともなって統廃合される。そこで、警察が廃止されることに対する反対運動がおこりました。警察や郡役所があったために、ある程度雇用者があり、一定の村経済が支えられていたのが、郡役所・警察署廃止でなくなるのは困るということで、長野県屋代町（現在の千曲市）の町長、助役、町村会議員、消防署長が辞任するのです。続いて、下高井郡の一町一七村の同じ役員が辞任したのがきっかけで事件が発生しました。はじめはこういう有力者による保守的な要求から始まるのです。一見、警察を助けるような要求から起こるのですが、実は、この背後に、こういうような事態を住民に相談なくやるのは、知事が官選であって、住民の意向というものを全く聞かないでやってしまったことが遠因ではないかという、そういう反対世論が広がっていくのです。そういう雰囲気の時に、背後に有力な民衆の指導組織があらわれるのです。

長野県という所はおもしろい所で県民は進歩的なのです。もともと山間部で土地も少なく農業も貧しいので、果樹をつくったり蚕をつくったりして早くから商業的農業をやっています。気候が悪く、狭い土地の中でも利益を上げようとしている所なのです。ここの農民はラジオを一番先に利用した地域で有名です。ラジオを桑畑や果樹園の所へ引いておいて横浜の市況を聞いているのです。それで、値段が上がりそうになるとパッと電話して取引をするというぐらい進歩的であったのです。(13)

下伊那の青年会史の中にあるのですが、そのころ夏期大学的なものをやっていました。この辺の農村の青年の本棚には、河上肇や西田幾多郎ら当時の第一級の研究者の本がならんでいたというくらい意識が高かったのです。そういう意識の高い青年会であったにもかかわらず、知事はこの県の青年会を統合しようと考えました。当時は「青年会・処女会」といっていたのですが、それを県が網をかぶせて県の社会教育の団体に組みこもうとします。それに対して自主化要求がでてくる。もともと青年会や処女会は自主的なもので、勝手に知事が、下部団体に入れるのは反対だという、そういう反論を青年たちがしはじめているところへ、戦後の共産党書記長徳田球一と戦後の社会党委員長鈴木茂三郎を中心にした「政治研究会」というのが、東京に本部がありますが、長野県内に下伊那、安曇《あづみ》、北信の三支部をつくるのです。そういう青年会の動きをみて、徳田、鈴木や佐野学も期待して当時の共産党の指導者や、あるいは労農党の指導者があらわれてきて、実に二〇〇名の会員が、この地方にできるのです。そういう左翼の基盤がひそかにつくられてもいました。

特に警察署廃止に反対した屋代町には「政治研究会」の県協議会があり、その会員は、これから共産党をつくるか、それとも農民運動に入るかを決めようとしていたのです。もともとこの地域は長野県の東の方、佐久、中野とか更埴《こうしょく》（現在は千曲市）とか、あのあたりになるのですが更埴壮士と言われた自由民権運動の伝統のある地域でした。そういう素地もあって、この政治研究会と青年会が基盤になって、一斉蜂起をするのです。「長野県議会を占領せよ」ということで、数千名の群衆が長野市に押し寄せます。一九二六年七月一八日のことですが、屋代町、岩村田町、中野町の三町の町民が長野市の県議会へ押しかける。このとき、屋代町の町民四〇〇名、岩村田町――現在は統合されて佐久市になっている――が七〇〇名。これが青年会の指導のもとにそれぞれ屋代町の町民は白たすき、岩村田町の住民は赤だすき、さらに少しおくれて中野町民が白と赤の二つのたすきを両肩からかけて、のぼりを立てて行進した。そののぼりの中に「知事公選」をうたうのです。「立てよ県民、聞け義憤の叫びを、陰謀政治を排撃せよ」、「知事公選」。その次に「専制政治の打破」というのを掲げていました。

もう亡くなられましたが、戦後に更埴市長となった当時の指導者の若林忠一さんに聞きますと、この「専制政治打破」とは天皇制打破だったのだそうです。「天皇制打破」と書いたら危ないので、天皇の専制とも知事の専制ともよめるように「専制政治打破」にしたというのです。三町の住民たちがアメリカ独立の歌のメロディーで次のように歌いました。

「天は許さじ良民の、
自由を圧する逆政に、
正義義憤の血はほとばしり、

ここに立ちたる屋代町」
「歴史を無視する暴政を、
民意をくまざる暴政を、
この暗雲を打開すべく、
ここに立ちたる屋代町」

こういう歌を歌って気勢を上げた数千名の群衆は長野県議会を占領します。さらに警察署長官舎を包囲して、署長をぶん殴る。それにとどまらないで、だんだん抑えがきかなくなりまして、知事官舎を包囲して、知事を殴打し瀕死の重傷を負わせました。本当は県議会を占領して、そこで当局と対峙して、要求を掲げながら闘争するつもりであったのが、一揆のように暴力的な形になってしまいました。指導者も予想しなかった事態となり、このままでは騒擾《そうじょう》事件で全部検挙されると思って、デモ隊は一斉に引き上げました。残念ながら、初めの計画どおりにいかなかったのです。

しかし、警察はガタガタになってしまいました。警察署長もどこに行ったかわからない。そこで全県から警官を長野市に招集するのです。その警官が到着する列車が入ってきたときに、デモ隊の列車がちょうど去っていく。長野駅ですれ違ったのだそうですが、だから、全県の警察が到着したときに現行犯でつかまえたのは、酒を飲んでうれしくなって取りのこされた酔っ

長野事件

ぱらいの老人など三名にすぎなかったのです。

いずれにしても、民衆が知事公選を要求したという事実は全国に衝撃を与えるに十分でした。知事公選で大衆運動が起こっている、その意識の高さに恐怖心を持った政府としては、大弾圧をかけるのです。三町に長期間多数の警官を駐在させて、参加者を騒擾罪で検挙する。デモ隊は数千人いたのですが、誰が参加したかわからない。それを拷問や脅迫をして割り出してほとんどの指導者をつかまえる。検挙者は一〇〇〇名に及ぶ。そして、起訴一一四名という空前の騒擾事件にしました。報道は一切禁止をしましたし、この資料は全部一時期は秘密にしておりましたので、新聞や雑誌に出るのは随分後になるのです。しかも、警察の方は「知事公選」の要求は伏せてしまい、「警察署廃止事件」ということにして、事態を糊塗しようとしたのです。「知事公選」のスローガンがいかに衝撃的であったかを物語ります。

それにしても、長野事件は非常に大きな意味があった事件でした。つまり、その当時の民衆の自治意識を象徴する出来事であったのだと思うのです。幸いにして、裁判の資料や若林さんからのヒヤリングの資料が全部手元に入り、長野県の県立歴史館に寄付しました。当時の裁判所長に私は、今から二十数年以上前ですけれども、この事件が埋もれているのはおかしいと思いまして資料の閲覧を頼みましたら、当時の裁判所長は非常にいい方で、速達で「すぐ来い」と返事をくれました。これは廃棄処分にしようとちょうど思っていたところなので、あなたが持っていってコピーをとっていいからというので、この記録のコピーがあるのです。それを読みますと、大正デモクラシーというのは大変なものであったということがわかります。

私がここで強調したかったのは、知事公選制というのは、敗戦後に占領軍がつくったのではないということです。住民のこれだけの根強い動きの中ででき上がったのであって、戦後もし、占領軍が要求しなかったとしても、恐らく日本人はこれをつくったにちがいない。そういうものだということを、ここでは特に言いたかったのです。

両税委譲の挫折—都市・農村間のくさび

大正デモクラシーの第三の地方自治改革要求は、両税委譲だったと先に述べました。これはある意味では地方自治権確立の決め手になるものであったのです。これも政府を追いつめていったのですが、結果としては自治体は負けるのです。なぜ負けたのか。

最初は、農村部の全国町村会も、都市の行政官も一致して、両税委譲＝国税から地方税への委譲を主張していたのです。ところが、主張の内容に実はズレがありました。十分に両者の間に統一がなかったのです。つまり、都市の方は、都市問題を解決する財源として欲しかったのです。膨張する財政支出を賄う財源であったのです。ところが農村の方はどうかというと、当時の教育費を中心に地方経費が増大し過ぎて戸数割などの地方税が重税に陥っていて、なんとかして税金をまけてもらいたいと考えていたのです。だから、税金をまけてもらえるならばその代替財源は何でもよかったのです。必ずしも税源をもらわなくても、国庫補助金をもらってもいいのです。このように都市計画など都市政策を自主的におこなうための税源として両税委譲をのぞむ都市団体と、地方税負担の軽減の財源として両税委譲を要求した農村団体との間のちがいにくさびが打ち込まれたのです。

政府は義務教育国庫負担金を一九一八（大正七）年につくりこれを活用しまして――これは現代資本主義に固有の財政調整制度として最初の根幹的補助金になるのですが――これを年ごとに重点的に農村へ配分してしまう。それで農村の要求を満足させてしまうのです。農村は、地租や営業税をもらったって、それほど税源はふえないだけでなく、また重税になる。だから、税源をもらうよりも国から国庫負担金をもらえばいいと考えていたので、そこで両税委譲の要求を引っ込めてしまうのです。その背景の下で、政府の方は、一九二九（昭和四）年、衆議院をすでに通っていた両税委譲の法案を貴族院で葬ってしまうのです。だから、都市団体の要求は取り残されるかっこうとなります。

一九八四（昭和五九）年の補助金一律カット反対のときとこれは同じです。最初は地方六団体が一致して反対に回ったので、自民党は困りました。全国の市長や府県知事が、それぞれの地区選出の自民党議員を脅かしたのでしょう。「補助金カットするなら、この次、当選させないぞ」と。その反対がどこで曲がったかは、藪の中にあって不明のところがありますが、しかし客観的にみれば、農村目当てに代替の財源を出して都市との間にくさびをうちこんだためといってよいでしょう。つまり、地方交付税一〇〇〇億円、建設公債四八〇〇億円という財源を出した。これは主として農村対策なんです。地方交付税一〇〇〇億円もらったって、大都市部の市町村や府県は、基準財政需要額では実際の支出額の七割ぐらいにしかあたらない。こんなものもらったって財源にならない。しかし農村部はいいのです。建設公債も同様です。そこで、六団体の中でも農村部の動きが弱くなる。自民党は農村政党ですから、その基盤のところを押さえ込めたのです。

補助金一律カットがあれよあれよという間におこなわれてしまったのは、都市と農村の団結がなかったからではないでしょうか。これは大正時代以来の日本の地方行政では最も重大な点で、都市と農村の間にくさびを打ち込まれたら必ず自治体側は政府に負けます。それが両税委譲問題の結論です。今日でもそうです。都市と農村両方の要求が違っていてもいかにして統一するかということを考えないと、地方財政改革は絶対にできません。それを大正デモクラシーは教訓として教えているのです(14)。

戦後改革への主体的条件

さて、大正デモクラシーは残念なことに、恐慌から戦争の過程で挫折を余儀なくされていきます。この挫折をした理由は「都市と農村の対立」と言いましたが、それと同時に、言うまでもないのですが、満州事変をはじめとして、昭和恐慌、満州事変の中で政府が地方財政を統制しなければならないということが、この財政改革を阻んだ基本的な理由の一つでした。

しかし、戦前の歴史で重要なことは全国町村会が最後まで抵抗したことです。全国町村会は一九三三（昭和八）年に、「ファッショ政治排撃決議」というのを提出します。そのくらい勢いがあったのです。ですから、戦前のそういう勢いというものが戦後改革のエネルギーになっていることを私たちは忘れてはならないと思います。

戦後は、この大正デモクラシーができなかったことを、結局、成しとげたと思うのです。戦後改革というのは、日本の人民の歴史的なエネルギーのもとででき上がったので、占領軍が上から命令したからできたというものではないと思うのです。戦前の明治地方自治制にしても、地方行財政学者は、「あれはプロシアの直輸入だ」、あるいは「外圧でできたのだ」と評価するのですが、私はこの見方に反対です。いくら外圧を加えられたからといっても、制度というのはそう簡単にできるものではない。自由民権運動をはじめとする住民たちの自治を求める声があって、はじめて明治地方自治制はできた。戦後の改革でも占領軍が命令したから改革ができたのではない。ここで述べたように、大正デモクラシーではほとんどの要求は全部出ていたのです。これが、その後の天皇制政府の手でねじ曲げられたわけですから、それが戦後の天皇制政府が打倒されると同時に実現する可能性があったと考えるべきだと思うのです。占領軍は初期においては、たしかに民主化の後見人的役割をしたようにみえますが、占領軍の本質から、反動的な限界をもっていたのです。したがって戦後改革を定着させていくのは人民の力ではないでしょうか。

（注）

(1)自由民権百年全国集会実行委員会編『自由民権運動と現代』（三省堂、一九八五年）参照。

(2)私は『石川県議会史』の第二章「行財政」において、明治一〇年代の県行財政について詳述しました。この時期は、公共土木事業や学校教育などの、主要な行財政のあり方や会計規則などが決定し、明治地方自治制のソフトな部分については試行錯誤しながらもほぼ決定します。それだけでなく、近代的な産業のあり方（精肉業者や茶業の基準や公害の防止など）や生活様式（たとえば道路の管理やゴミ処理など）についてもこと細かく県令や条例によって規定しています。したがって、従来の制度を中心とした考察では、日本の地方自治制は明治二一～二三年を中心にしているが、明治一〇年代をみることによって、地方行財政の運営や地域経済と行財政の関係があきらかになるのではないでしょうか。

(3)内藤正中『自由民権運動の研究』（青木書店、一九六四年）。

(4)山県有朋の「市制町村制に関する元老院会議演説」（一八八八年一一月二〇日）
……若シ此法案ヲ実施セサランカ啻ニ地方自治制度設立ノ精神ヲ失フノミナラス、国家ノ基礎ヲ鞏固ニシ、他日帝国議会開設ノ後善良ナル結果ヲ見ンコトヲ期スル政略上ノ目的ヲ達スルヲ得サルニ至ラン。

若シ各地方ニ於テ此法ヲ実施セハ果シテ如何ナル景状ヲ呈スル歟。蓋シ財産ヲ有シ智識ヲ備フル所ノ有力ナル人物コソ議員タルノ地位ヲ占メン。此等ノ人民ハ国家ト休戚ヲ共ニスルモノニテ、随テ社会ノ秩序ヲ重ンスルハ当然ナルカ故ニ、其地方共同事務ヲ処理スルニ力ヲ致シ、今日ノ如ク漫ニ架空論ヲ唱ヘテ天下ノ大政ヲ議スルノ弊ヲ一掃セン。加之自ラ責任ヲ負フテ現ニ地方共同政務ニ当ルトキハ、自ラ実際ノ事務ニ練熟シ政治ノ経験ニ富ミ来ルカ故ニ、他日帝国議会設立ノ時ニ至リ其代議士タル者ハ勢ヒ斯人ニ在リトセサルヲ得ス。之ヲ今日民間ニ政論家ト自称シ行ハレサルノ空論ヲ唱ヘ、纔ニ一身ノ不平ヲ漏シ動モスレハ社会ノ秩序ヲ紊乱セント企ツル蠢愚ノ徒ニ比セハ霄壌モ啻ナラサル可シ……。

(5)『沖縄県史』（一九七〇年）第二巻参照。

(6)宮本憲一「明治大正期の町村合併政策」（島恭彦他編『町村合併と農村の変貌』有斐閣、一九五八年）参照。

(7)明治地方自治制については、近年多くの研究書が出版されています。代表的な文献をあげておきます。
山田公平前掲『近代日本の国民国家と地方自治』この著書は明治地方自治制研究の到達点をしめす力作です。

藤田武夫『日本地方財政制度の成立』（岩波書店、一九四三年）。

大石嘉一郎『日本地方財行政史序説』（御茶の水書房、一九六一年）。

亀卦川浩『明治地方制度成立史』（柏書房、一九六七年）。

高寄昇三『明治地方財政史』（第一～第四巻、勁草書房、二〇〇〇－二〇〇四年）。

(8)近年は大正デモクラシーの研究は数多くあります。代表的なものをあげます。
信夫清三郎『大正デモクラシー史』（日本評論社、一九五四年、第二版一九七八年）。

今井清一『大正デモクラシー』(中央公論社、一九六五年)。

金原左門『昭和への胎動』(『昭和の歴史』第一巻、小学館、一九八三年)をあげておきます。

この時期の都市化と都市政策については、
宮本憲一『都市経済論』(筑摩書房、一九八〇年)。

柴田徳衛『現代都市論』(東京大学出版会、一九六七年)。

また地方財政に関しては、
藤田武夫『日本地方財政発展史』(河出書房、一九四九年)。

坂本忠次『日本における地方行財政の展開』(御茶の水書房、一九八九年)。

持田信樹『都市財政の研究』(東京大学出版会、一九九三年)。
(9)全国町村会編『全国町村会史』(一九五八年)。
(10)関一については、アメリカのオレゴン大学のジェフリー・ヘインズ教授が次の大著を書いています。J.E.Hanes "The City as Subject｜Seki Hajime and the Reinvention of Modern Osaka" (University of California Press, 2002). 宮本憲一監訳『主体としての都市―関一と近代大阪の再構築』(勁草書房、二〇〇七年)。
宮本憲一『都市政策の思想と現実』(有斐閣、一九九九年)。
(11)関一研究会編『関一日記』(東京大学出版会、一九八六年)六七ページ。
(12)石田頼房『日本近現代都市計画の展開』(自治体研究社、二〇〇四年)第四章参照。
(13)青木恵一郎『長野県社会運動史』(一九五二年)、『下伊那青年運動史』(国土社、一九六〇年)、『長野県史・近代史料編』第二巻(3)政治・行政(一九八四年)。
(14)宮本憲一「大正デモクラシーと地方自治」(島恭彦・宮本憲一編『日本の地方自治と地方財政』有斐閣、一九六八年)。

第3章　恐慌・戦争と地方行財政

―明治地方自治制の崩壊―

一、恐慌と地方行財政

世界大恐慌と現代資本主義

一九二九（昭和四）年恐慌は、資本主義の永久繁栄の幻想をうちくだきました。それは典型的な過剰生産恐慌としてはじまり、世界の資本主義国のすべてをまきこみました[1]。これまでの恐慌は過剰資本の整理の期間がすぎれば、物価や賃金の下落を利用して生産が回復するのが常でした。しかし、今回は物価水準と賃金水準の低落はつづいているのですが、一九三二年になっても、生産は低水準をつづけ、失業は増大しました。二〇年代の繁栄を謳歌したニューヨーク市では、飢餓に苦しむ子どもが、ゴミ箱をあさって歩くような状況でした。とくに農村の恐慌は深刻でした。もはや資本主義の活力は失われ、内的な回復力にたよっては死滅することが明らかとなりはじめました。

各国の政府は金本位制を停止し、赤字公債を発行し、インフレ政策をとって財政による景気回復策をはじめました。この危機の過程で国家が生産や生活の全過程に介入をしはじめました。資本主義国は、対外的には植民地・後進国および社会主義国にたいする侵略戦争と戦争準備をおこない、経済の軍事化をすすめる一方で、為替管理をおこなって関税壁を高め、ブロック経済化をすすめようとしました。対内的には社会政策や公共事業による福祉政策をおこなう一方で、危機のはげしい日本のような国では、社会主義政党や労働組合への弾圧をすすめました。こうして現代資本主義といわれるような体制が生まれたのです。先進資本主義国ではアメリカのニューディールやイギリスの福祉国家のように、社会改良の前進がみられましたが、経済危機が深刻で民主主義の弱いドイツ・イタリア・日本ではファシズムが生まれました。そして、第二次大戦へむかって動いていくのです。

この時期から各国の地方行財政にはっきりとした特徴が生まれました。

第一は行政の中央集権化です。これまで、社会政策や公共事業などは、地方の小規模の任意事業でしたが、この時期から大規模な国家的義務事業にかわりました。統制経済の発展とともに、ＴＶＡのように地域経済の国家的開発もこころみられるようになります。

第二は国庫補助金制度を基軸とする財政の中央集権化です。イギリスでは一九二〇年代に社会福祉行政の進展とともに、国家財政の比重が大きくなり、補助金は地方財政の中心となりました。連邦制をとり地方自治をたてまえとしていたアメリカも、一九三七（昭和一二）年を転機にして、連邦財政が州・地方財政の規模を上回りました。恐慌対策としての一時的な救済補助金が恒久的な行政補助金にかわるのです。日本では一九二七年には地方歳出が国庫歳出の一・一三倍でしたが、一九三七年を転機にして国庫歳出が地方歳出を上回り、一九四一年度には国庫歳出が地方歳出の二・三倍と飛躍的に大きくなります。一九三二年には後述の時局《じきょく》匡救《きょうきゅう》事業が恐慌対策としてはじまります。これは国庫補助金によっておこなわれるのですが、やがてアメリカと同じように臨時的な補助金から恒久的な補助金制度となっていきます。一九四〇年の地方分与税制度によって、現代資本主義の地方財政制度は完成したといってよいでしょう。

第三は住民自治の権利の抑圧です。資本主義の危機が深まると、支配層は民主主義の旗をすて、ファシズムを容認するようになりました。日本の政府は大正デモクラシーの地方自治の成果をふみにじっていくことになります。住宅政策・公害対策などの中止や労働権などの人権の侵害が公然とはじまります。

この恐慌の時期に日本では、古典的な自由資本主義による改革をすすめる井上財政とケインズ主義的なフィスカル・ポリシーをすすめる高橋財政との劇的な対立がみられました。地方行財政はこの中で大きくゆれうごきます。

金解禁政策と地方行財政

自由資本主義は金の自由な移動によって、国際経済の調整をはかる金本位制に支えられていました。しかし、第一次世界大戦によって、各国は封鎖経済をとりましたので、金本位制を一時停止していました。終戦とともに、各国は金本位制に復帰していたのですが、日本は戦争ブームが去って、戦後恐慌があり、関東大震災そして金融恐慌と経済危機をくりかえしていたので、なかなか金本位制への復帰ができませんでした。

一九三〇（昭和五）年一月、井上準之助蔵相は金輸出解禁をおこないました。この金解禁政策は大きくいって二つの目的がありました。ひとつは米英のドル・ポンド体制に加入することによって、為替相場を安定させ、米英と協調し、アジアにおける帝国主義国としての権益を確保し、拡大しようというのです。第二は金本位制の機能によって、オーバーローンとインフレ含みの財政金融制度を改善し、物価や賃金を切下げ、生産性の低い中小企業や農業あるいはそれと関連した弱小商業・銀行資本を整理しようとするものでした。

この自由競争原理にもとづく金融の近代化・経済合理化政策は世界恐慌のただ中におこなわれました。いわば心臓病の患者を、寒風の中で走らせるようなものでした。中小企業・農業は恐慌と金解禁政策の二重の圧力で大打撃をうけ、国民生活にたいする影響もかつてない深刻なものになりました。井上財政は日本財政史上初めてといってよいほどの緊縮財政をおこないました。地方財政については一九三〇年度実行予算では、新規事業中止、継続事業も一部きりすてました。一九三一年度予算では国と地方の官吏俸給の一〇％減俸をはじめ、前年度にくらべ、実に二〇％ちかい歳出圧縮をおこないました。

恐慌の深化は地方財政を破局にみちびきましたが、井上蔵相は金解禁政策を中止しませんでした。

農村財政の危機と教育財政

農村財政の危機は、教育財政の危機となってあらわれました。栃木県では俸給のかわりに米俵をもらい、長野県では村当局が給与の二割減俸をおこなおうとして、同盟休校事件をおこしました。数カ月から一年以上も教員俸給の支払いがおくれる町村がでていました。政府は先の官吏減俸分をまわして、義務教育国庫負担金を八五〇〇万円に増額して、救済をはかろうとしました。全国町村会は一九三〇年八月、臨時総会をひらいて次のような決議をしました。

「1．国民負担の軽減を図ること、(イ)公務員の減俸を行うこと、(ロ)恩給法の改正を行うこと、(ハ)行政組織の根本的整理を行うこと。

2．国民生活の安定を図ること、(イ)地方の状況に応じ、道路、港湾、河川の改修、耕地の改良、開墾、干拓等の事業を興すこと、(ロ)特別なる損害を蒙りたる産業に対しては相当救済の途を講ずること、(ハ)農漁村民並に地方中小商工業者の負債整理の道を講ずること、(ニ)地方における失業救済の途を講ずること。

3．教育制度の改正を行い、以て教育の実際化と教育費の節減を図ること。

4．各種産業団体の統制を行い産業の振興を図ること[2]」。

政府の地方財政救済措置の効果がなかったことは、一九三二（昭和七）年六月の帝国教育会調査にみられます。この調査では二三八四校中、五八七校が教員俸給未払いとなっています。

一九三一年九月一八日満州事変がぼっ発しました。これは民政党政府の米英協調外交への不満をいだいて、危機の解決を対外的侵略にもとめた軍部の策謀でした。三日後、イギリスは金本位制を停止し、その影響は各国におよびました。わが国では金解禁政策に協力を誓ったはずの財閥銀行がドル買いに走りました。このため正貨（金など）が流出し、これをショックとして民政党内閣はつぶれ、その後をうけた政友党内閣は一九三一年一二月金本位制を停止しました。五・一五事件によって、犬養首相は海軍将校と右翼によって暗殺されて、政党内閣は終りをつげました。さらに一九三二年二月、井上準之助は右翼の血盟団により暗殺をされました。

高橋財政の構造

この危機に国民の期待を背負って蔵相として登場したのは、すでに政界を引退し、首相経験もある高橋是清でした。高橋蔵相は一九三二年度予算から四年間の予算編成にあたりました。高橋財政は三つの柱からなっていました。第一は軍事費の膨張です。一九三一～六年度にかけての六年分の満州事件費と軍備改善費は二五億円にのぼりました。これは当事の年予算の一・五年分にあたり、軍事費の一般会計にしめる割合は四七％に高まりました。軍事費は主として都市の工業の救済資金となり、重化学工業化と産業の高度化をすすめ、軍需ブームとなりました。

第二は一九三二年から三年間に支出された時局《じきょく》匡救《きょうきゅう》事業《じぎょう》費《ひ》です。その総額は八億六〇〇〇万円、年予算額の四〇％にあたりました。これは農村救済の土木事業を中心として、農村の

高橋是清（1854～1936）（時事）

負債整理と農村経済の回復を目的としました。この事業は地主・中農の救済と農村政治機構の安定をはかるものですが、日本版ニューディールとよばれています。

第三は、満州・朝鮮を中心とした植民地投資です。高橋財政は管理通貨制の下で、為替をダンピングさせて、輸出の増進をはかりました。世界的に貿易が沈滞している中で、日本だけが低為替・低賃金を武器に、輸出高を一九三二～六年の間に約二倍にしました。植民地投資による市場の拡大はこれと一体になってすすめられました。

この三つの柱を中心にして、高橋財政は井上財政を一変させ、緊縮から拡大へとむかいました。民間経済は世界的に冷えこんでいましたので、高橋蔵相は赤字公債を発行し、さらにこれを日銀に引受けさせるというインフレ政策をとりました。一九三二～六年度間に発行された公債は三九億円にのぼり、このうち赤字公債は二四億円、一九三五年度末には公債現在高は約一〇五億円になりました。当事の国民所得は一四四億円でしたので、破局にちかい状況となりました。

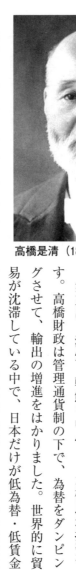

時局匡救事業

高橋財政の中でも注目されるのは時局匡救事業ですが、その大部分は地方団体を主体としました。それは戦後の一九九〇年代の景気回復政策が、地方の単独事業に委任されたこととよく似ています。この事業の八〇％は土木事業でした。このうち国の直轄事業は三二％にとどまり、府県事業三四％、市町村事業が三四％でした。地方事業には国庫支出金がでていたとはいえ、地方の負担は約三億円にのぼっていました。これは当時の地方税収入の六〇％にあたるほど大きく、恐慌に苦しむ地方財政とくに農村財政には負担できるものではなかったのです。政府がこのためにとった措置は、一九三二〜四年度にかぎって、政府の許可がなくても、五〇万円以内ならば自由に地方債を発行できるようにし、預金部引受債の利子率を〇・六％引下げました。つまり借金財政で地方団体の事業をおこなわせたのです。

時局匡救事業を日本版ニューディールとして高く評価する人もいます。経済の軍事化にくらべれば、国民生活をうるおす面がありましたが、ニューディールとは異なって地域経済の開発にそれほど効果はありませんでした。

ニューディールの中心は、不況地域の開発のために、ＴＶＡという集権的な機関をつくり、大規模な多目的ダムによって、農業開発とともに電力事業をおこして、農村生活の電化をすすめ、化学工業を誘致し、その化学肥料で農業近代化をすすめるという総合計画でした。後には、この電力が原子爆弾をつくることに利用されるのですが、初期には「草の根民主主義」をかかげて、農民の参加をもとめるという地方自治を重視していました。

時局匡救事業はその国民所得にたいする財政規模からいえば、ニューディールに匹敵するかもしれませんが、農業用排水、耕地改良や開墾事業（約六万町歩）など小規模土木事業の寄せ集めでした。TVAのような独立の国営機関をつくるのでなく、議会で中野正剛代議士が批判したように、各省の従来の事業でとどこおっていたものを寄せ集め、中央官僚の統制のつよいものでした。当時の日本は欧米とちがい、失業者は都市に滞留せず、農村の実家に帰る傾向がありました。つまり家族主義が失業者を支えていたので、不況になると、都市ではなく、農村に失業者が還流するために、失業対策が農村中心になったのです。この時局匡救事業の中心の農村土木事業は、そのいみの失業対策で、事業費の七八％が平均一日七〇銭で労賃に支払われました。同時に恐慌の中で小作争議などが起こる可能性がつよいので、農村自治の再編成をおこなうために農村経済更生計画がすすめられました。これらの事業は中央官僚が部落会・町内会や産業組合・農事実行小組合を通じて、農家の自力更生をおこなわせようとしたものです。つまり、地主団体の救済をおこなおうとしたために、小規模事業になったといえます。

高橋蔵相は、赤字公債による景気政策はせいぜい二〜三年と考え、時局匡救事業も三年計画で、さいしょの二年間に大きな支出をしました。実際に世界的な低金利現象と政府の低金利政策によって、一九三四年までは公債の発行は順調でしたが、三五年にいたって消化が困難になりました。一九三五年度予算編成にあたり、高橋是清の後をうけた藤井蔵相は、インフレの抑制のために軍事費の膨張を抑制しようとして軍部と争い、結果としては敗北したのですが、その心労で死んでしまいました。このため、ふたたび老齢をかえりみず蔵相の地位についた高橋は非常の決意でもって、公債発行を抑制し、財政のバランスをとろうとします。この決意を促進したのは、国内では地方財政の危機でした。時局匡救事業費の公債負担で農村財政は危機を深め、恒久的な地方財政調整制度の登場は時間の問題でした。このためには軍事費などの国家経済の圧縮をするか、増税が必要でした。他方、満州経営のための資本の流出、為替ダンピングにたいする英米の圧力による輸出のゆきづまりから、国際収支は悪化していました。一九三三年三月、満州国承認をめぐって、日本は国際連盟を脱退しました。国際的孤立はつよまり、このため国際収支改善のための外資導入は不可能になってきました。

一九三六年二月二六日、軍縮による予算削減の首謀者とみられた高橋是清は暗殺されました。井上準之助の暗殺の時に国際平和共存主義は死滅しました。そして高橋是清の死は細々と命脈をたもっていたデモクラシーと資本主義的合理主義の死をいみするものでした。

二、補助金政策の確立

地域経済の不均等発展

前章でのべたように、一九二〇年代の第一次都市化とともに、地域経済の不均等がすすみました。分配国民所得の変化をみると、**表3―1**のように、農業所得は一九一九（大正八）年の二九％から、一九三〇（昭和五）年の九％へと激減しています。この結果、**表3―2**のように、東京府の課税所得額は鳥取県の八六倍、課税所得額にたいする地方歳出の割合は東京府の二九・八％にたいし、鳥取県は一二六・四％となっています。表のCグループ（農村府県）では、もはや財政的に自立不可能な状態になっています。にもかかわらず、国政委任事務は全国画一の水準でふえています。このため農民の税負担はふえ、一九二九年には田畑所有者の負担は営業所得者の平均二・七倍となっています。

このため各地で農民負担軽減の運動がおこり、一九三三（昭和八）年一月、全国町村会は地方財政調整交付金制度の実現を期すという決議をしています。

表３－１　分配国民所得の変化　（単位：100万円）

	勤労所得	農業所得	農業以外の個人業主所得	法人所得	その他所得	総　計
1919年	2,579 (20)	3,619 (29)	3,439 (27)	829 (7)	2,217 (17)	12,683 (100)
1923年	4,404 (38)	1,873 (16)	1,912 (16)	1,012 (9)	2,547 (21)	11,748 (100)
1926年	4,437 (33)	2,301 (17)	2,532 (19)	1,205 (9)	2,777 (21)	13,252 (100)
1930年	4,967 (42)	1,065 (9)	2,331 (20)	470 (4)	2,907 (25)	11,740 (100)

（注）（　）は割合（％）をしめす。
（出所）『日本経済統計集』日本評論新社、昭和33年、346～47ページより作成。

表３－２　貧富府県における経済力と地方財政（単位：100万円）

		課税所得（A）	歳出額（B）	租税収入（C）	B／A（％）	C／A（％）
A	東京	858	256	54	29.8	6.3
	大阪	443	342	38	77.2	8.5
B	愛知	122	73	24	60.0	19.4
	兵庫	210	85	31	40.2	14.7
	福岡	99	51	21	52.0	21.6
C	岩手	12	14	6	124.5	54.4
	青森	12	15	7	132.5	57.3
	鳥取	10	13	4	126.4	44.7

（出所）前掲、藤田武夫『地方財政』152ページ。

補助金の恒久的制度化

これより先、一九一八年に成立した市町村義務教育国庫負担金法は、教員の給与増額や校舎整備の充実とともに、市町村財政の負担軽減を目的としていました。つまり、日本最初の財政調整制度でした。配分方法は総額一〇〇〇万円の一〇分の一は資力薄弱町村に、残りの半額は尋常小学校正教員および準教員に比例し、半額は就学児童数に比例することにしました。しかし、農村財政の窮乏はこの程度の金額では解決できませんでした。第五四帝国議会には、全国から、この義務教育国庫負担増額の請願が殺到します。そこでは軍縮によって浮いた財源を教育費にまわせというのです。

政府はすでに、一九二三(大正一二)年にはその補助金を三〇〇〇万円に増額しました。そして、その配分の重点を義務教育の充実よりも財政救済に変更します。すなわち増額分の五三%は地方税負担軽減にむけ、資力の少ない特別市町村に優先配分しました。そして以後増額のたびに財政救済分の比重を大きくします。

一方、時局匡救事業以後、補助金の種類はふえ、金額も増大しました。もともと、わが国では補助金は明治地方自治制成立時から高率でしたが、それでも、一八九一(明治二四)年度、九三年度、九六年度三年度をのぞくと、第一次大戦まではほぼ全歳入の五%前後でした。第一次大戦後農村対策として勧業費を中心に増大していますが、それも大部分は臨時的なものでした。ところが**表3-3**のように一九三二(昭和七)年以後、金額の上でも約二倍となっています。とりわけ、道府県歳入にしめる国庫補助金の割合は、一九三〇年度九・六%から、三二年度一五・九%になっています。この増大の中で膨張のいちじるしいのは農林補助金です。農村県たる石川県を例にとると、一九二四(大正一三)年度から二〇年間で、補助金は件数にして一〇倍、金額にして八〇倍もふえています。

全般的財政調整制度へ

ところで特定補助金はその性質上、すべてを財政調整につかうことはできません。またその

表3－3　戦前補助金の変遷　（単位：100万円）

	（A）地方歳入	（B）国庫補助金及交付金	（C）都道府県補助補給及交付金	B／A（%）	C／A（%）
1926年	1,941	188		9.7	
1930	2,019	193		9.6	
1931	1,850	179		9.7	
1932	2,123	338		15.9	
1933	2,789	368		13.2	
1935	2,749	255	47	9.3	1.7
1337	2,782	277	40	10.0	1.4
1939	3,320	494	66	14.9	2.0
1941	4,250	640	60	15.1	1.4
1943	6,022	1,137	105	18.9	1.7

（出所）　大蔵省・日銀『昭和23年財政経済統計年報』より作成。

金額も特定経費以上にでることはできないので、おのずから制限されます。そこで目的をつけない全般的財政調整制度が、地方当局者からのぞまれるようになりました。

内務省は一九三二年、地方財政調整交付金制度要綱を発表しましたが、大蔵省などの反対にあい、実現できませんでした。しかし、地方財政とくに農村財政の窮乏は一刻の猶予もできぬ状況でした。一九三六年一〇月一日、内務省は臨時町村財政補給金規則を施行しました。これは財政の窮乏した町村の応急措置として二〇〇〇万円を補給するものです。補給金の八五％は標準財政力以下の財源一般窮乏の町村に交付し、のこりは人口が減少し、災害などの損害があり、町村債の負担が重く不在地主のために財源の乏しい町村にたいし、具体的事情をしらべて交付することになりました。

一九三七年七月、臨時地方財政補給金規則が公布

されます。これは道府県二七五〇万円、市町村七二五〇万円を交付するものです。この配分方法は、一部は課税力に逆比例し、一部は減税必要分に応じて交付するものです。一九三八年度は、三〇〇〇万円増やして、一億三〇〇〇万円を交付しました。一九三九年度はさらに増額して、道府県四五〇〇万円、市町村一億三〇〇〇万円、総額一億四八〇〇万円となりました。

このように臨時的な補給金制度が四年継続し、その実績の上に立って、翌年、地方分与税制度が誕生するのです。この臨時補給金は初期においては減税目的でした。しかし、戦争の勃発とともに、内政の多くが国から地方に委任されるようになりました。こうして、ナショナル・ミニマムを保障する制度として、財政調整制度が形成されたのです。(3)

三、戦時行財政とその破局

戦時下地域開発

戦時下、地域経済の危機と地方財政の不均等を是正するために、現在にまでつづく二つの政策があらわれました。ひとつは戦時型地域開発によって、地域経済そのもののアンバランスを是正する方法です。もうひとつは財政制度を改革して、財政力の不均等を是正する方法です。

戦時型地域開発は、一九三八（昭和一三）年三月、商工省の地方工業化の方針により、各県に地方工業化委員会が設置されました。この委員会が調査審議したのは、第一は工業資本の移入および工場誘致計画です。第二はその下請工場の助成振興策です。第三は農山漁村の未開発資源・動力を利用して地方特殊工業をおこす方策です。

ついで一九四一年一二月、政府は国土開発計画によって、地方の鉱工業開発の総合調整をおこなうことにしました。各県とも先の地方工業化委員会を廃止して、鉱工業計画委員会を設置しました。この委員会が調査審議した事項は、第一は工業立地条件の整備策と鉱工業開発振興助成策であり、第二は鉱工業と農業その他との関係を調整することでした。また軍需産業の工場誘致による地域開発とならんで、既存産業の転換、それにともなう企業整備・職業指導なども地方団体の仕事となりました。

このような戦時型地域開発は、一部工場の地方疎開を生みましたが基本的には地域経済の不均等を是正できませんでした。しかし、この地域開発によって、太平洋岸に重化学工業のための埋立地の造成が、千葉、川崎、名古屋、四日市、水島、大竹、徳山などではじまりました。ここには陸海軍の燃料廠、飛行機工場などが設置されました。これらの諸施設は未完成のまま、あるいは米軍爆撃によって壊滅したまま、戦後にうけつがれました。この戦時型地域開発によって造成された重化学工業の適地から、戦後の日本資本主義復活の根幹となったコンビナートが誕生したのです。そのいみでは戦後の地域開発は戦時地域開発の直接の後継者であるといえます。

新地方財政制度

大正末期以来の懸案の財政改革は、非常時の一九四〇（昭和一五）年に実現しました。この改革によって現代資本主義の財政制度は成立したといってよいでしょう。この改革の第一の原因は軍事費を中心とした経費膨張による慢性的な財源不足を解消して、弾力的な租税体系をつくることでした。このためには従来の収益課税を整理し、所得税と新設の法人税による所得課税中心の税制とするとともに、生産力増強のための経済政策的課税（租税特別措置をふくむ）を確立しました。

第二は地方財政危機を救済する財政制度の確立でした。地方税制の改革では戸数割が廃止され、市町村民税が設けられ、付加税率が整理されました。この改革では、地方税は従来の特別収入ではなく、第一次収入となりました。許認可事項の整理、部落協議費の整理も計画されました。その面では近代化ですが、舟税、自転車税、荷車税、犬税、牛馬税などの非近代的財源は残存しました。両税の委譲は実現せず、国税付加税はのこりました。また従来は都市計画法と道路法のみにみとめられていた受益者負担金が広くみとめられることになりました。

新地方税制度では、独立財源は保障されず、財政の不均等は是正できません。そこで財政改革の中心は地方分与税制度の確立におかれました。

地方分与税制度は還付税と配付税からなっていました。還付税は国税の地租・家屋税および営業税徴収税額全額であり、配付税は所得税および法人税徴収額の一七・三八％と入場税および遊興飲食税の五〇％との合計額でした。還付税は道府県に、配付税はその六二％が道府県に、三八％が市町村に配付されました。配付税の配分基準は道府県の場合は課税力を標準とした第一種配付額と財政需要を標準とした第二種配付額とによっていました。市町村の場合は第一種と第二種は道府県に準じ、第三種は以上二種の配付額が過少とみとめられる市町村で特別の事情のある場合に配付されました。この場合の財政需要の基準となったのは人口と学童数であり、他の行政の単位費用の計算は行いませんでした。

財政の中央集権の完成

一九四〇年の改革によって、財政の中央集権化が制度として完成しました。国税は所得税・法人税などの所得課税中心の体系にかわり、きわめて所得弾力性の大きなものになりました。国税収入総額（印紙収入をふくむ）は、平年度において、二七億円から三五億円に大幅な増収となりました。この国税改革と裏腹に従来、大都市の主財源となりつつあった所得税付加税は廃止されました。当然地方に移譲されるべき収益税は付加税あるいは分与税として中央政府の財政統制に服したままとなりました。

このため一九四〇年度道府県財政では、地方分与税は全歳入の一五％、国庫下渡金（義務教育国庫負担金）と国庫補助金および交付金が二四％で、国への依存財源は合計三九％に達しましたが、独立税は五・四％にすぎませんでした。市町村においては、戸数割廃止のために、独立税の比重はかえって減少しました。これにかわって地方分与税の地位が年々大きくなりました。**表3－4**は新地方税制の完成した一九四三年度と改正前の一九三九年度の地方税収入をくらべたものです。これによれば独立税が五二％から一五％に一挙にへっています。

表3－4　新税制による地方税収入の変化

（単位：100万円）

	1939年		1943年	
	金額	％	金額	％
国税付加税	272	31	385	39
独立税	447	52	151	15
財政調整資金	148	17	453	46
合計	867	100	989	100

（注）(1) 財政調整資金は地方財政補給金、還付税、配付税などであって、補助金はふくまない。
(2) 独立税には道府県付加税をふくむ。
（出所）大蔵省・日銀『昭和23年財政経済統計年報』より作成。

この改革では部落協議費の増額は禁止する方針でした。しかし、町内会・部落会の法制化とともに、それらの財政は地方財政の重要な部分となりました。また愛国心という道徳的強制によって、寄付金その他の税外負担がふえ、受益者負担の強化とともに、低所得者の負担を大きくすることとなりました。

行政機構の拡大と労務管理

現代財政制度の原型が戦時中にもとめられるように、現代の地方行政機構もこの時期に基盤がみとめられるといってよいでしょう。統制経済の進展とともに、地方行政機構は飛躍的に大きくなりました。都道府県では、社会保障（軍人遺家族の生活保障を中心に）、保健衛生（軍事力としての人的資源の保護）、土木事業（とくに軍事輸送のための交通手段の造成）、産業経済関係（産業構造の軍需産業への重点移行、配給・生産統制）などの部門が大きくなりました。これらの事務の増大とともに、徴税部門も大きくなりました。従来の農村役場は三役のほかには、書記が一人いるのが常態でした。補助金行政がふえ、統制事務がふえてくると、村役場でも書記は数名になり、やがて戦争末期には二桁の職員を要するようになりました。都道府県や市の役場機構は巨大となりました。

行政機構の拡大による職員数の増大は、彼等の身分を一変させました。かつて地方職員は天皇の公吏であり、農村部では書記の役は地主の次・三男が将来の村三役をめざす登竜門でした。ところが仕事量がふえ、職員数がふえてくると、上級職員は従来どおり天皇の官公吏として住民の支配者ですが、多数の中級以下の職員はそれらに支配される事務労働者にかわってきたのです。仕事は専門化し、農閑期の片手間仕事ではなく、役場を一生の職場として、一日中労働する職員が多くなってきました。戦争中の男子の出征・徴用の欠員補充として女子職員が大量に採用されるとともに、この公吏の事務労働者化は一層すすみました。

この結果、労務管理が必要となりました。戦時中の各種規則によって、役場機構の基準、執務時間、事務分担、吏員服務心得、休日出勤などが定められました。一九四三年一〇月、各都道府県は地方官吏および市町村吏員の幹部訓練をおこない、ついで翌年一月には、軍隊の「戦陣訓」にあたる「戦時官吏服務令」を地方吏員にも適用し、これに違反する者は懲戒の措置をとるべきことが定められました。

広域行政

二・二六事件を契機にして成立した広田内閣は、軍部と政界の要求に応えて、地方制度の改革にのりだしました。一九三六（昭和一一）年一一月五日、五相会議に提出された改革事項の中に州（または道）庁設置に関する問題がでています。先にみたように、軍需産業としての重化学工業の振興と国土開発のために、従来の都道府県は狭域にすぎ、統制経済としての単位としては小さすぎるというのでした。また国家委任事務がふえ、国の地方出先機関が多くなり、その事務は各省間で交錯し、また都道府県行政と国の機関とが競合しはじめていました。そこで行政の効率のために、地方出先機関と都道府県を統合する必要がでてきたのです。そこでこのような戦時の必要から、府県統廃合あるいは府県の上に道州制をつくるうごきがでてきました。しかし、この時点では内務省は知事のポストを失うことに反対し、また従来の強大な権限の侵害になるというので消極的でした。

一九四〇（昭和一五）年五月、「地方連絡協議会」が設置されました。これは物資の配給や物価の統制を中心に連絡協議するための組織でした。そして、一九四二年一一月二七日の閣議決定にもとづいて、生産力の増強その他緊急を要する時局事務の処理のために、必要ある地方に「地方各庁連絡会議」が設置されました。東京都制が実施された一九四三年七月一日に「地方行政協議会」が誕生しました。これは全国を九地方に分け、その地方の府県知事と財務局長、税関長、地方専売局長、営林局長、鉱山局長、逓信局長、鉄道局長、労務官事務所長などの各地方官庁の責任者でつくられ、この協議会の長は総理大臣の指名する地方長官でした。この協議会が処理したものは、(1)五重点産業（鉄鋼・石炭・軽金属・船舶・航空機）の生産拡充（主として資材の配給と労務需給）、(2)食糧の増産および需給の確保、(3)海陸輸送力の強化、(4)その他戦力増強と国民生活確保のための必要事項でした。

地方行政協議会は府県間および地方行政機関の間の割拠主義是正を目的としていましたが、従来の制度に手をつけたのでなく、改革としては不徹底でした。この協議会の特色は会長に指示権をもたせ、その権限をつよくすることによって、府県間の行政を統制しようとするもので、ここに地方団体の自治は終わりをつげたといってよいでしょう。戦争末期になると、地方行政協議会の所在地に地方出先機関を移転・統合し、行政区域を協議会にあわせる傾向がすすみました。

一九四五年六月、「地方行政協議会」にかえて「地方総監府」が設置されました。これは国土決戦体制にはいり、地方長官の支配する区域と軍管区域とを一致させ、軍の要求を地方行政に反映させることがすすんだためです。「地方総監府」設立の目的は米軍上陸によって、本土が寸断された場合、中央政府との連絡が断たれてしまうので、独立して地方が戦争を遂行できるように設置されたものです。すでに沖縄県では、島田叡《あきら》県知事をはじめ行政機関は軍の指

地方総監府を新設
権限を大幅委譲
"行政區域の道州制"實現
各般の行政統轄
六地方に副総監
北海道、香川に専任次長
三笠宮殿下 航空總軍參謀に
任北海道地方総監 熊谷憲一
任東北地方総監 丸山鶴吉
任關東信越地方総監兼 西尾壽造
任東海北陸地方総監 小畑忠良
任近畿地方総監 安井英二
任中國地方総監 大塚惟精

「地方総監府」新設を伝える「朝日新聞」(1945年6月11日付)

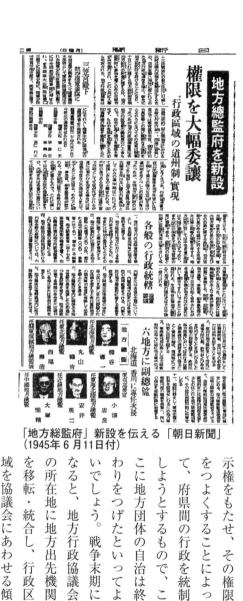

導下にはいり、知事以下多くの犠牲者をだしていましたが、この決戦体制によって本土の沖縄化がはじまろうとしていたのです。この地方総監府の下では府県は廃止されませんでしたが、この広域行政はさいきんの道州制の先駆といってよいのではないでしょうか。

部落会・町内会の法制化

一九四三年の地方制度改革によって、部落会・町内会は末端行政機関となりました。すでに一九三七年頃から、部落会・町内会は市町村住民の「精神的団結を図り」、国策を国民に徹底する「市町村の補助的下部組織」とし、同時に「国民経済生活の地域的統制単位」として整備されつつあったのです。

法制化された部落会・町内会は区域内全戸加入で、会長は市町村長選任、目的達成のために常会をおくことになっていました。そしてさらに下部組織として一〇戸内外の世帯による隣保班をつくりました。この末端組織は配給、転居、転入事務をはじめ、役所の伝達事項や窓口事務を代行しました。そして戦争の激化とともに、国民の精神統制の機関となり、防空・防衛の末端組織ともされるようになりました。この会の費用は一律世帯割でした。広域行政がすすむとともに、その裏面として、統制をすみずみまで強化するために、徹底した狭域行政がおこなわれたのです。この下部組織の制度は、戦後にひきつがれました。

戦争行財政の破局

太平洋戦争の開始とともに、地方財政にしめる直接間接の戦争関係費は増大しました。一九三七（昭和一二）年度地方財政中の戦争関係費は四九八〇万円（歳出総額の二％）から、四四年度には一八億六四〇四万円（同四四％）に膨張しました。これに反して国民生活に必要な経費は節約されました。

戦争の進展とともに社会サービスの必要は増大しました。企業整備による職業転換、疎開、戦災などは住宅建設の必要をましました。応召者・軍事雇用者の増大はその家族の生活保護の必要をふやし、戦傷者や爆撃による民間人の負傷者の増大は医療保障の必要を増しました。配給食糧の不足による栄養の悪化は国民の健康を破壊しました。しかし、これらの必要は満たされるどころか、事態は最悪の状況をしめすようになりました。投資はあげて軍需生産にまわし、住宅投資は史上最低となった昭和初年をさらに下回りました。公共土木事業は軍事目的以外は鉄鋼・セメントを節約し、応急のものに限られました。とくに治山治水事業の手抜きが戦争中から戦後にかけて、風水害や地震などの大災害の頻発を生むこととなりました。社会政策関係費の中で戦争目的に関係のないものは切りすてられました。

政治・経済・社会全般にわたる政府・軍部の統制は地方機関をかつてない大きな組織にしました。しかし行政は朝令暮改となり、その効率はいちじるしく低下しました。先の「戦時官吏服務令」にみるような厳格な労務管理をもってしても、職員の士気は低下し、事務は停滞しました。配給制度が存在し、生活・思想の統制が極限に達したにもかかわらず、相つぐ空襲の下では人口動態の把握という基礎的な行政すら、ゆきづまりをつげるようになりました。公共設備の不足とサービスの劣悪化は、生活物資の不足と戦費の増大とあいまって、国民生活を完全に破壊しました。地方財政は巨大な赤字債務を背負い、インフレの破局はせまりつつありました。一九四五（昭和二〇）年をむかえた時には、日本の地方行政は敗戦をまたずして、崩壊寸前の状況においこまれていました。

戦争の被害

日中戦争以来、太平洋戦争は国民をまきこんだ全面戦争であったために、残酷な史上最大の損害を生みました。原爆をはじめとする米軍の無差別爆撃と沖縄戦によって民間人の被害は約四〇万人（うち沖縄は約一二万人）にのぼっています。本土では九四％までが都市部で、とくに東京都は二一・七万人（本土の三二％）、広島県一四・七万人（同二二％）、長崎県六・九万人（同一〇％）、大阪府三・九万人（同六％）、兵庫県三・三万人（同五％）、愛知県二・七万人（同四％）、神奈川県二・三万人（同三％）となっています。とくにこれらの都府県では都心部に被害が集中しています。空襲被害は全国におよんだので、死亡者ゼロは石川・鳥取の二県にすぎません。

軍人軍属の被害は太平洋戦争のみで、死亡一五六万人、負傷三一万人で当時の軍人総数の三分の一になる損害を出しました。

戦災によって失われた日本本土の一般国富の被害は六四三億円で、国富全体の四分の一が失われてしまいました。建築物についてみると、全国で約二三六万戸、とくに都市部で二二六万戸を喪失しました。大都市の住宅は壊滅したといってよいでしょう。工場では生産設備の四分の一が破壊されました。とくに重化学工業や火力発電所の施設は四〇～六〇％が失われました。こうして、生産と生活が事実上マヒしたまま戦後をむかえたのです。[4]

（注）

(1)大恐慌に関する文献は数多い。ここでは日本の状況を解明したものとして次の文献をあげておく。
中村政則『昭和の恐慌』（小学館『昭和の歴史2』、一九九四年）。

東京大学社会科学研究所編『昭和恐慌』（東京大学出版会、一九七八年）。

川合一郎他編『講座・日本資本主義発達史論』第三巻『恐慌から戦争へ』（日本評論社、一九六八年）。

隅谷三喜男編『昭和恐慌』（有斐閣選書、一九七四年）。

岩田規久男編著『昭和恐慌の研究』（東洋経済新報社、二〇〇四年）。

(2)井上財政の新古典派経済学を評価したものとしては、日銀調査局『満州事変以後の財政金融史』や城山三郎の小説がある。これにたいして、井上を批判し、高橋財政のケインズ主義的財政政策を評価したものとして、長幸男『昭和恐慌—日本ファシズム前夜』（岩波現代文庫、二〇〇一年）がある。この両者の政策の限界を指摘したものでは、島恭彦『大蔵大臣』（岩波新書、一九四九年）、宮

本憲一「昭和恐慌と財政政策」（前掲『講座・日本資本主義発達史』）を参照。

(3)この時期の財政は、戦後財政の原型をつくっている。石田隆造『戦間期日本財政の研究』（青山社、二〇〇一年）、藤田武夫『地方財政』（大蔵省『昭和財政史』第一四巻、東洋経済新報社、一九五四年）。

(4)戦時下の地方行政制度の形成については阿利莫二「地方制度」（『日本近代法発達史』第六巻、勁草書房、一九五九年）、高木鉦作「広域行政論の再検討」（『現代行政の理論と現実』勁草書房、一九六五年）参照。また、この章の土台になったのは、宮本憲一「恐慌・戦争と地方行財政」（前掲島・宮本編『日本の地方自治と地方財政』）。

第4章　戦後地方自治の展開

一、戦後地方自治制の基本的性格

表4－1　市町村会議員選挙における選挙権拡大のあゆみ

制定	選挙権者の要件	選挙人	
		総数	対人口比
1888（明21）	地租を納める者または直接国税2円以上納める者	万人 412	% 10.3
1921（大正10）	直接市町村税を納入する者（町村等級選挙制廃止 市は3級→2級に）	752	13.2
1925（大正14）	男子普通選挙（男子25歳）	1241	20.7
1945（昭20）	完全普通選挙（男女20歳）	3688	48.7

改革の骨子

戦後の地方制度は新しい憲法体制の一環として生まれたものです。戦後の憲法は地方自治を本旨とし、それにもとづいて大きくいって次のような改革をしたといってよいでしょう[1]。

(1)　参政権あるいは参加という点では、完全普選が実現しました。婦人は参政権をもち、あらゆる制約が選挙制度の上ではなくなりました。今日では三カ月以上その地域に居住する成年男女はすべて選挙権をもち、二五歳以上の住民は被選挙権をもっています（表4－1）。治安維持法のような、思想信条にもとづく行為やその団体、個人の政治活動を弾圧する法律はなくなりました。それだけではなく、直接請求制度が導入されました。条例制定、首長や議会のリコールについて直接請求できる制度をつくったことは、議会制民主主義を補完する直接民主主義制の導入といってよいでしょう。この他に、公聴会や審議会などの諸制度もつくられました。

(2)　行政機構の改革として、もっとも大きかったのは知事公選制と府県の自治体化でしょう。知事公選にたいして保守党政治家はさいごまで反対しました。知事公選とともに、府県は国の下部機関あるいは市町村の指導支配機関ではなくなりました。市町村と同列の自治体となり、その行政機能が相違するにすぎないものとなりました。すなわち、府県は広域行政機関であり、市町村の連絡、補完および調整（行政水準の調整）をする機関とされたのです。政令指定都市制度によって大都市の自治権が拡充されました。

同時に内務省は解体されました。当面は地方財政の調整のための機関として、地方財政委員会がつくられました。その後自治庁などをへて、一九六〇（昭和三五）年に自治省となりましたが、実質はともかく、たて前は内務省と異なって、自治省は地方団体の連絡・調整機関にすぎません。

(3)　財政制度はこのような行政機構の改革の趣旨にしたがい、独立の法人として財政運営が可能なように改革されました。すなわち、市町村は固定資産税と市町村民税を中心に、道府県は事業税と道府県民税を中心にして独立税体系がくまれました。後述のように制限をうけましたが自治事務が定められ、起債権が確立しました。

また、画期的なことですが、ナショナル・ミニマム（国家的最低必要行政水準）が自治権を侵害することなしに維持できる財政調整制度として、地方財政平衡交付金制度（後に地方交付税交付金制度と改定）が導入されました。

これらはいずれも大正デモクラシーが要求していた改革が実現したもので、近代化と民主化がすすんだといってよいでしょう。しかし、制度上の近代化・民主化は実態とはちがいます。完全普選を導入しても、それ以前と同じように地方有力者が選挙され、府県は国の出先機関のように市町村を支配し、財政権の自治はなかなか確立しませんでした。真の地方自治が確立するには、それを担いうる住民の主体形成がなければならなかったのです。

それだけではありません。戦後地方自治制には次のような点で民主化あるいは現代化の不十分な点がふくまれていたのです。

戦後地方自治制の限界

戦後地方自治制は、現代資本主義といわれるような、もっとも中央集権的な経済制度の下でつくられ、しかも占領下という非常事態の中で生まれました。したがって、当然のことながら、地方自治制度とその施行の過程で大きな矛盾をその中にふくむことになりました。

なによりもまず大きな問題は、中央官僚機構の全面的な解体と民主的再編成をおこなわなかった点です。軍隊、国家警察と内務省は解体しましたが、それ以外の中央官僚機構は、占領行政の安定のためにのこされました。自治庁もまもなく復活しました。上からの改革の通弊として旧支配機構は利用され、「草の根保守主義」はそのまま温存され、それは次に述べる特定補助金制度の拡充とむすびついて、政権党の票田をつくりだすこととなりました。

戦後地方自治制の限界をしめしたのは、なによりも財政自治権が未確立なことでした。それは、国庫支出金、地方債、そして機関委任事務の三つの制度に集約的にあらわれています。

財政改革のおくれとシャウプ勧告

財政の改革は、ほかの行政機構の改革に比べて非常におくれてしまいました。ようやく一九四九（昭和二四）年、一九五〇年にシャウプ教授を中心とする使節団が来ました。シャウプ博士はコロンビア大学の教授であり、国際的にも有力な財政学者の一人でした。しかも彼は、日本に来る前にジャマイカで、日本の制度の実験をした上で来ているくらいの慎重さを持っていたので、シャウプの改革は戦後の改革の中でも最も光っており、日本財政史上でこれほどまとまった改革案は少ないと言ってもいいでしょう。

カール・S・シャウプ
（1902～2000）（時事）

シャウプ教授は占領軍の一員として来て、決して

シャウプ勧告の内容を伝える「朝日新聞」（1949年8月27日付）

研究者として来たわけではありませんから、おこなったことには限界があり、その本質は当時のドッジ・プランとセットになって日本資本主義を復活させるための財政制度をつくり上げることになったとみていいでしょう。しかし全体としては日本財政の近代化に大きな役割をはたし、中でも地方財政改革はもっともすぐれた内容をもっていたといってよいでしょう。それだけに勧告をそのまま実行することは日本政府にとっては反対であり、その一部の実行は阻止されたのです[2]。

シャウプが改革の中心としたのは、まず第一に国庫支出金の全廃です。国庫支出金を、補助奨励金を残して全廃するという案です。それにかえて平衡交付金制度を設けようとしました。日本の場合、行政が縦割りでひものついた補助金があるために地方自治の発展が阻まれていると、シャウプは考えました。そこで、地方団体が財源がなくてやらないようなことがあったら困るようなもの、たとえば私学に対する助成金のようなものは残しても、それ以外は原則としては全廃し、そのうえでこの財源をひものつかない平衡交付金へ繰り込むというのが勧告の内容でした。

もう一つは、市町村を中心にした行政責任の明確化と効率化を目的とした事務再配分です。これは機関委任事務の全廃です。前章で述べたように、機関委任事務こそ、日本の行財政の集権化をすすめ、中央統制をすすめる手段になっていたのです。その全廃を提案したのです。この考えかたを神戸《かんべ》委員会が受けまして、明快に全業務について検討した機関委任事務廃止論を出すのです。

もしもこの二つの改革が実現していれば、一時の混乱があっても、今ごろは随分地方自治は前進していたと思います。しかし、残念なことに、日本の中央官僚機構はこれに絶対反対しました。シャウプ勧告がおこなわれた一九五一（昭和二六）年度から国庫補助金は減るどころかふえていったのです。

一方、機関委任事務もそうです。機関委任事務はシャウプ勧告以後ふえていくのです。とくに問題なのは、住民の生活にとって重要なものがふえているということです。一九六五（昭和四〇）年から一九七四（昭和四九）年の間に、地域開発関係で三五件、都市政策関係三八件、それから消費者保護だとか、あるいはそれに類するものが非常にふえている。そういう点で言いますと、国民生活に関係の深いものが機関委任事務としてふえているのです。[3]

行政事務は下から決まってゆく

自治体の事務は三つに分けることができます。固有事務、団体委任事務、機関委任事務で、これらは旧地方自治法に明確に定められていました。国の事務をきめた法律はありません。だから、国家行政はどういうものであるべきかという法律はないのです。事務を定めた唯一の法律は旧地方自治法だけです。だから、国の事務というのは、今日おこなわれている事務のうちから旧地方自治法で決められている地方の事務を引いたものと、地方団体がやってはいけない事務、と法的には解釈されます。

地方自治の本旨からいって、事務というのは――これはシャウプが決めたことですが――日常生活で住民が必要とする事務、これを市町村がまず責任をもつ。残った事務のうちで、広域にわたっていて市町村だけではできないような事務は府県がする。それでも残った事務、軍事や外交というようなものが国の事務であるという考え方です。これはまことに明快です。事務を国が決めて、これは国の事務、これは府県の事務、市町村の事務と上から決めて、下してはいけないのです。つまり、行政というのは国が決めることではないのです。住民のニーズで起こってくるものなのです。住民がこういう事務をしてほしい。たとえば公害を防止してくれ、もっと自然を保護してくれという、そのニーズで公共サービスはきまるのであって、国が公害を防止しようと考えるから公害防止の行政が生まれるものではないのです。

シャウプの考え方は、あくまで住民のニーズ、つまり行政需要が起こってきたときに、それはまず市町村がやるという順序なのです。日本は戦後の憲法に従って、国家行政というものは定めていないのです。国家行政というのは自治体の行政を引いた残りの、外交と軍事と度量衡とか、つまり市町村や府県がとらなかった事務が国の事務となるのです。

そのような考え方を前提にして旧地方自治法の第二条に、事務の内容が規定されていて、それに従って地方事務というのは行なわれていたのであり、それは次の三つでした。

(1)地方団体固有事務（具体的例示がないので、法第二条の事務から(2)＋(3)の事務をひいた残りの事務）

(2)団体委任事務（法第二条八項、九項に規定し、別表第一、第二に例示）

(3)機関委任事務（法第一四八条の二項、三項に規定し、別表第三、第四に例示）

団体委任事務と機関委任事務はそれぞれ地方自治法の別表に、定められています。この団体委任事務は国から委任されるわけですが、地方団体にとっては自由に選択できるわけです。だから、地方議会の審議の対象となり、やりたくなければ予算を削っても構わないのです。ですから、固有事務と団体委任事務の二つのことを自治事務と言います。

それに対して機関委任事務は、前章で述べたように国の下部機関として委任されていますので、知事あるいは市町村長が、これを実行しなかったりあるいは削減したりしますと、行政裁判にかけられるのです。そして行政裁判でもってそれが妥当でないと判断されれば、処罰されるのです（旧地方自治法第一五一条の二）。

「裁判抜き代行」の重大性

ところが、一九八五（昭和六〇）年に出された行政改革審議会の案は、機関委任事務を約六〇項目ぐらい整理する一方で、その代償として行政裁判は手続上とらずに国が代行することになり、この考え方は地方制度調査会で多数決によって承認されたが法制化されなかった。もし通ってしまえば、知事などが機関委任事務を執行しない場合、これまでより簡便に国が代行できるのです。たとえば、一九八五年には外国人の指紋をとる問題でいくつかの首長が拒否して、法務省は困っていたのです。ああいう事件が起こったときに、これまでは、国が訴えて行政裁判にかけられて、その上で不当となってはじめて処罰されるかあるいは執行されるということになるはずなのですが、この改正はその手続きをやめて、自治体の首長がやらなかったら、かわりに国がやってしまうというのです。これでは明治地方自治制の時代に戻るのです。

知事や市長が国の判断とちがって自治体の長として判断をしたことについて争いがあれば、その是非は当然司法が判断すべきです。その司法の判断をぬいて、自治体の首長がやらなかったらたちまち中央政府がかわりに断行できるようにしろ、と言っているのです。それなら国の事務であって、別に機関に委任しないでも国で直接やればいいのです。自分のお金を使ってやればよいのです。しかし、それは面倒くさくて、末端の事務はできないからお願いしますといって頼んでおいて、それをお願いされた方が、そんなことやったら地域で紛争が起こったり、人権上問題があるからやりたくないと言ったら国が代行するというのは、お願いする方の筋ではないのでないか。私はこれは補助金カットに続く大問題で、戦後地方自治制を破壊する行為だと思います。これは、当時、鈴木東京都知事（当時）も、暴虐な行為だと言っているくらいですから、保守系の自治体首長も含めて、すべての自治体関係者が絶対的に反対すべきだったでしょう。

自治体の独立性を歪める機関委任事務

先に述べたように、問題は機関委任事務がふえてきたことです。たとえば、公害対策などは地方団体が苦心惨たんしてやってきた自治行政です。国はかなり後になるまで何にも法律をもっていませんでした。戦後、一九四九（昭和二四）年に東京都、一九五〇年に大阪府、一九五一年に神奈川県、一九五五年に福岡県が、あまりにも公害がひどくなり始めたので、国の法律がない中で、独自に条例をつくって、苦労して公害行政をやり始めるのです。国がやっと水汚染の法律をしくのは一九五八年ですが、この法律は完全にザル法で、水俣病が起こっていたのにその対策のために何も適用できなかったのです。そのぐらい国の対策はおくれていたのです。その次に、四日市公害などの公害問題が一九六〇年に起こります。これが、一九六一〜一九六二年に深刻になったので、政府はやっと一九六二年にばい煙規制法をしくのですが、このばい煙規制法の基準は、戦前に住友金属鉱山が公害防止のために開発したSO$_x$の排出基準よりもルーズなものでしたので、大気汚染は全国的に広がりました。

そういう状況のなかで自治体はこれに反撃するため、住民運動も巻き込みながら、東京都が一九六九（昭和四四）年に画期的な東京都公害防止条例を制定して、やっと公害防止のくさびを打ち込むわけです。

こういう苦労をしてきた公害防止行政ですが、国は公害対策基本法（一九六七年、一九七〇年全面改正）を施行するや否や、その中の重要な部分について機関委任事務にしてしまうのです。そうすると、せっかくそれまで自治体が独自に厳しくやってきたのが、国の画一的な基準に従ってルーズになってしまうのです。こういうことをやってはいけないのです。国はやはり、重大な行政については地方の独自性に任せてやるべきなのです。戦後も国の機関委任事務というのは、自治体の独自性、独自な行政の発展を阻んできたものだと思います。

日本の地方財政の特徴

戦後の地方自治の現実は、その物質的な基盤である地方財政に明らかにあらわれています。まず第一の特徴は政府部門における地方財政の地位が大きいということです。**表4－2**のように国際的にみて、日本の地方財政は北欧とともに、公共部門の六〇～七〇％の事務をおこなっています。その内容をみると、国民生活に関連する内政全般にわたって、地方団体が実際の行政をおこなっているのです。このことは分権化の時代になっても変わっていません。**図4－1**は一九九五（平成七）年の財政支出配分ですが、これをイギリスやドイツと比べてみて

表4－2　政府部門における地方財政の地位

政府部門における地方財政の比重	1955年	1969年
60%～		日本
50～59%	蘭領西インド	デンマーク，オランダ，スウェーデン
40～49%	デンマーク，日本	フィンランド，アメリカ
30～39%	フィンランド，ノルウェー，スウェーデン	イギリス，西アフリカ，ユーゴスラビア
20～29%	オーストリア，ベルギー，西ドイツ，イギリス，アイルランド，イタリア，ルクセンブルグ，オランダ，スイス，アメリカ，ユーゴスラビア	ベルギー，カナダ，西ドイツ，イタリア，スーダン
～19%	カナダ，フランス，インド，イスラエル，スペイン，スーダン，トルコ	オーストリア，イスラエル，スペイン

［資料］International Union of Local Authorities, Local Government Finance, 1969, The Hague p.11.

も、いかに日本の地方財政が国民経済の中で重要な役割を果しているかがわかります。しかし、この事務は先述のように、機関委任事務として、二〇〇〇年までは中央政府の統制をうけていたのです。

第二の特徴は租税の構成をみると、**表4－3**のように事務配分の国三対地方七が、完全に逆転し、国七対地方三になるのです。これを国際比較してみると日本がいかに異常かと

図4－1　主要国の中央・地方を通ずる歳出構造

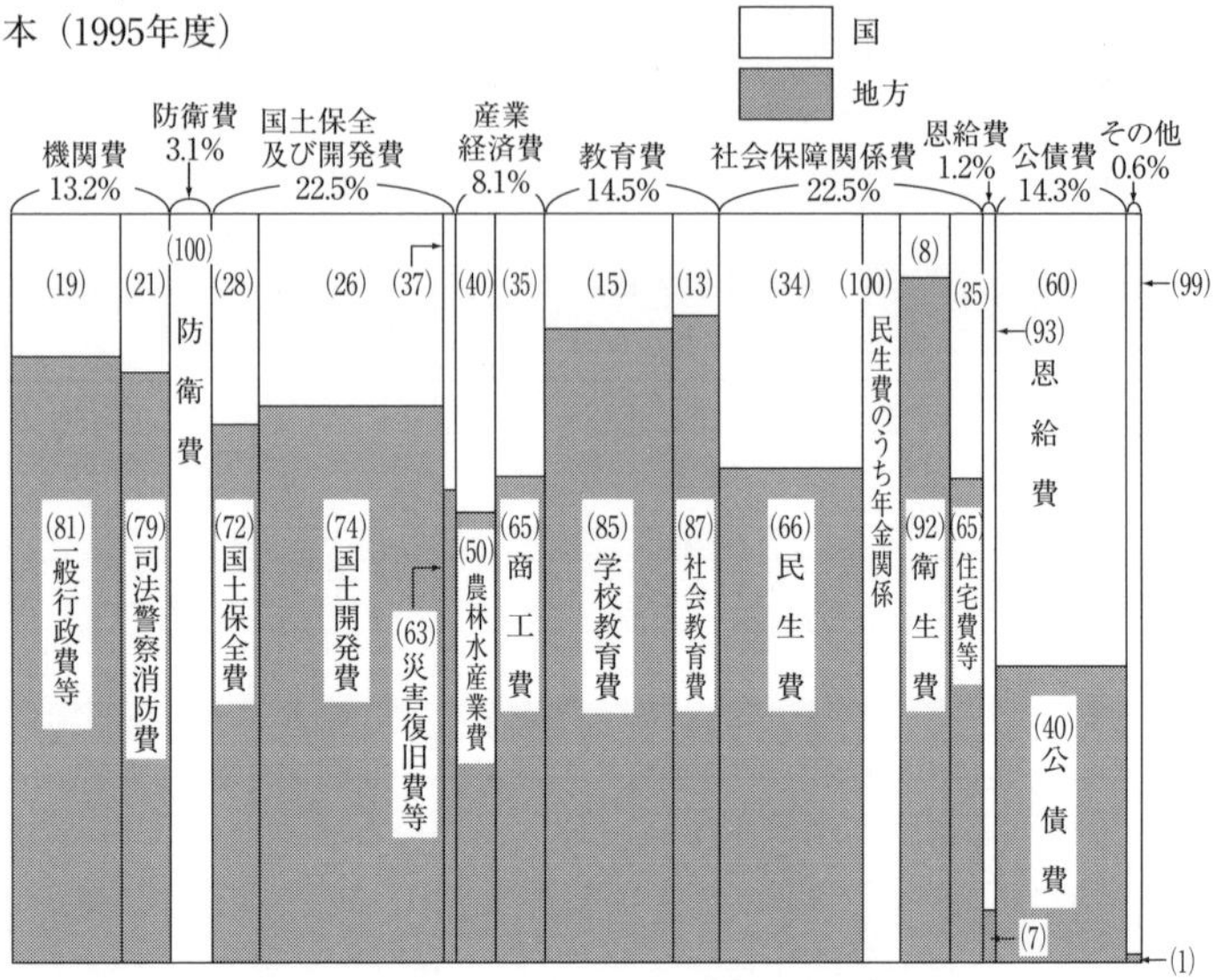

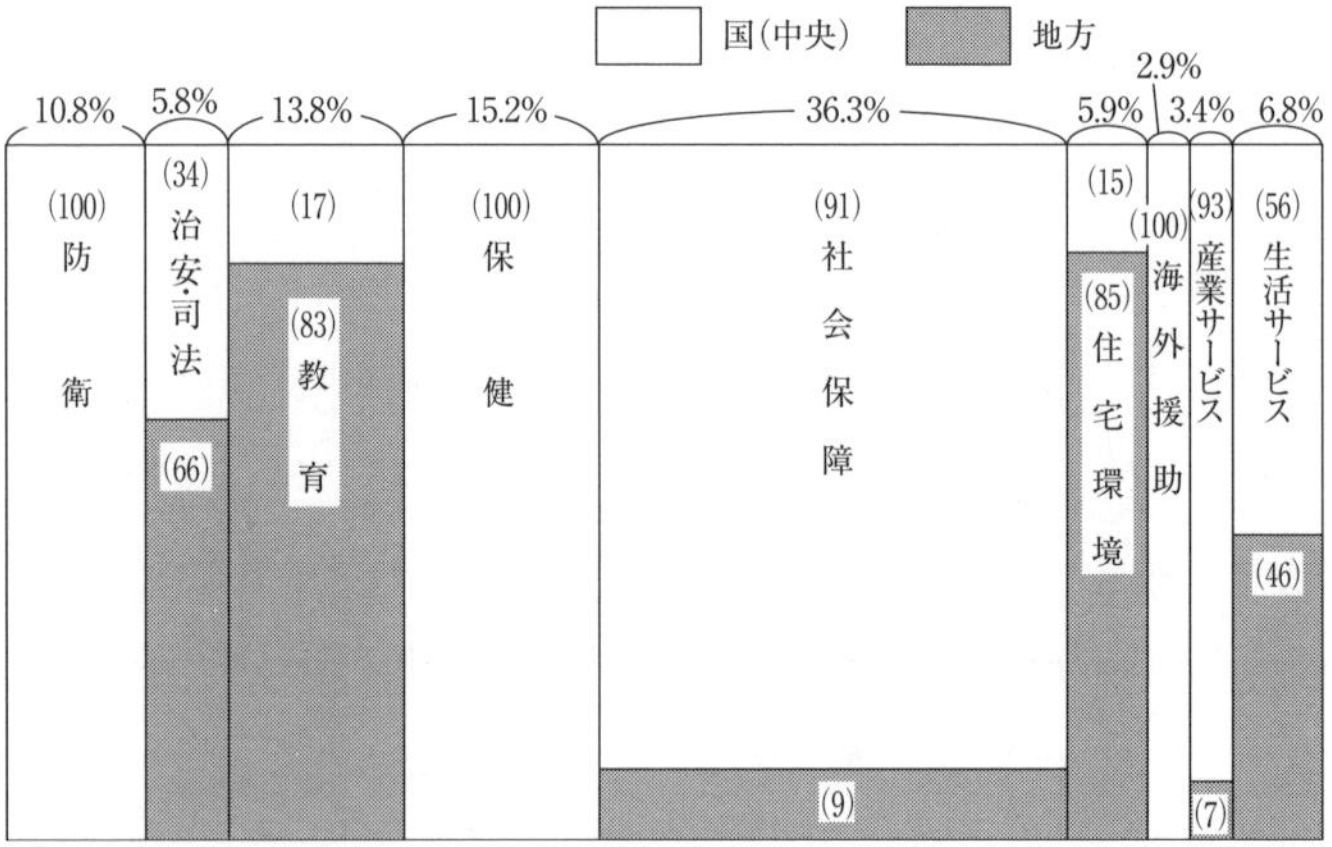

ドイツ（1992年度）

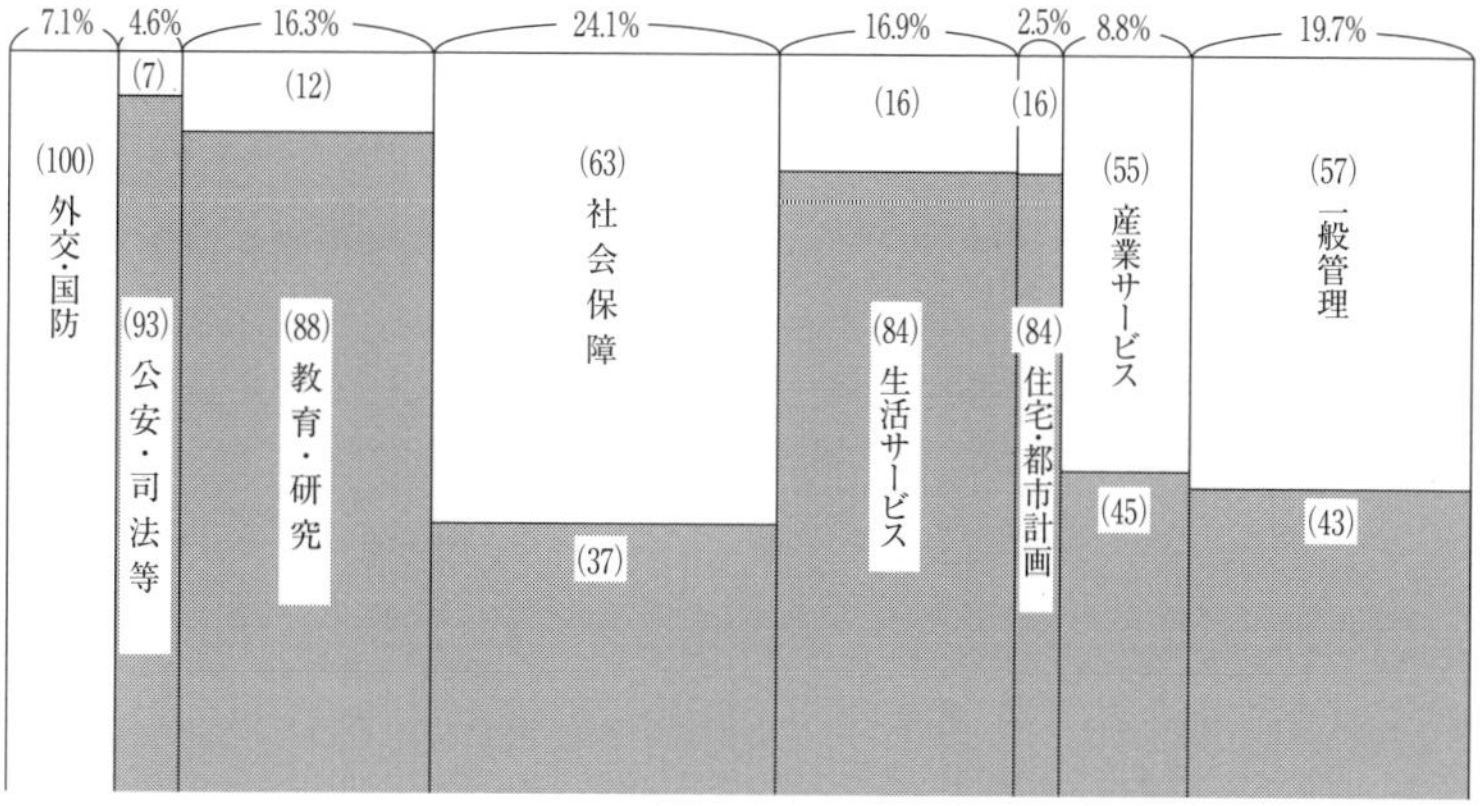

（注）林健久他『日本財政要覧第５版』（東大出版会2001年）132-3ページ。

いうことが、**表４－４**であきらかです。この状況は「三位一体改革」まで変わっていません。三割自治といわれるのは、この独立税源の少ないことから生まれているのです。この地方税は応益原則にもとづいていて住民に平等の負担をさせており、弾力性にとぼしいので経済成長とともに生まれた都市問題などの財政需要に応えられませんでした。

第三の特徴は、**表４－５**にみるように、歳入にしめる国庫支出金の割合が四分の一ないし五分の一をしめており、しかも支出目的を細かく明示した特定補助金が多いということです。その内訳をみると、一九七四（昭和四九）年度決算では普通建設事業四一％、義務教育関連二三％、生活保護関連九％で、三者で七三％になっています。約八〇〇件の国庫支出金事業については、地方団体はほぼ同額の財源を足して

表４－４　各国地方税の比重

地方税 / 地方税＋広義の補助金	1955年	1969年
90～100%	オーストリア イタリア 蘭領西インド スペイン ユーゴスラビア	オーストリア
80～89%	フランス スーダン スウェーデン スイス	フィンランド アメリカ カナダ
70～79%	カナダ フィンランド インド イスラエル トルコ	
60～69%	西ドイツ ルクセンブルグ ノルウェー アメリカ	スウェーデン イタリア 西ドイツ
50～59%	デンマーク	スペイン
40～49%	イギリス 日本 アイルランド	デンマーク イギリス ベルギー 日本
30～39%	——	
20～29%	ベルギー オランダ	
～19%	——	オランダ

［資料］表４－２に同じ。

表４－３　租税構成とその実質配分（%）

年度	歳出純計構成		租税構成		租税の実質配分構成	
	国	地方	国	地方	国	地方
1935	47.5	52.5	66.7	33.3	50.0	50.0
1961	32.6	67.4	71.1	28.9	39.5	60.5
1973	32.8	67.2	68.4	31.6	34.8	65.2

［資料］自治省『地方財政統計年報』(1975年版）より作成。

表４－５　主要歳入構成累年比較

	年度	地方税	地方交付税	国庫支出金	地方債
地方歳入純計	1961	36.1	16.0	23.1	4.6
	1973	35.6	17.2	20.6	9.0
都道府県	1961	31.2	16.8	28.5	3.6
	1973	37.0	15.3	25.2	6.5
大都市	1961	52.0	2.1	15.3	5.9
	1973	38.1	8.3	15.5	13.2
市町村	1961	40.9	13.4	12.6	5.8
	1973	30.4	17.6	13.1	11.7

（注）自治省調べ。

事業を行っているので、地方団体の事業の四〇～五〇％は国のきめた事業となっています。しかもその事業は、道路、港湾、農林漁業施設、学校、住宅、保育所、公害対策、上下水道などの環境衛生施設や福祉施設などの建設費、および管理・運営の物件費・人件費などで、地方団体の根幹事業なのです。つまり政府からみれば、地方財政収入の二〇％台の補助をして、根幹事業を統制できるのです。後にのべるように、急激な都市化工業化によって衰退していく地方都市や農村の政治的な安定のために、国庫支出金が撒布されました。これが政権党の票田にたいする肥料の役割を果たし、「草の根保守主義」を支えるという政治効用も果たしたのです。[4]

第四の特徴は地方交付税交付金の財政調整制度にあります。シャウプ勧告では地方財政平衡交付金制度を創設しました。これはナショナル・ミニマムを維持するために地方財源が不足した場合に、それを国が補給するもので、地方自治を保障するものでした。しかし、地方財政需要がふえてくると、国の財源が侵食されるので、一九五四（昭和二九）年度から三国税（所得税・法人税・酒税）の一定割合（当初二〇％、一九六七年度以降三二％）を財源とすることにしました。この配分は自治省が基準財政需要額をきめ、次のような算定方法で決定します。

S＝D－R　R＝t×0.75（市町村）または t×0.8（都道府県）

D＝Σ(e×v×r)

S＝交付税交付金額　D＝基準財政需要額

e＝政府の認定した事業対象の基準単価

v＝数量　r＝補正係数　R＝基準財政収入額

t＝特定収入以外の固有財源

交付税は一般財源であり、国庫支出金とちがい、ヒモがついていません。そのいみではこの制度は地方自治を保障する優れた制度でした。しかし、基準財政需要額を政府が一方的にきめるために、地方団体はこれに拘束されてきました。とくに政府が公共事業に重点をおいて、事業費補正をしたり、あるいは後述のように景気対策のために重点事業を指定すると、補助金と同じような性格をもちはじめました。

第五は地方債が許可制であり、国の財政投融資計画の枠の中できめられてきたということです。このため地方債はあたかも補助金と同じように、政府の裁量で決定され、地方独自の事業判断をこえていました。

このように日本の地方財政はきわめて大きな規模で運営されていますが、自主性にとぼしく、国の政策の下請けとしての性格が強いものでした。地方交付税交付金は、制度のたて前からいえば、地方自治を保障し、ナショナル・ミニマムを実現するものですが、実際にはその重点は公共投資にありました。国庫支出金と地方債も公共投資に重点をおいていました。地方団体の行政官も議員も、あたかも企業のように投資的経費は生産的で善、消費的経費（扶助費や人件費）は消耗的で悪と考えて財政運営をしてきました。このためナショナル・ミニマムは、「はこもの」といって施設をつくることでは達成したのですが、教育・医療・福祉などの福祉国家としての社会サービスの充実はおくれてしまいました。こうして日本の地方自治は地方財政によって国の集権的統制をうけ、公共事業中心という性格をもってきたのです[5]。

サンフランシスコ体制

一九五一（昭和二六）年九月八日、サンフランシスコにおいて、対日講和条約と日米安保条約が調印されました。冷戦の進行、とくに中国革命の進展は占領政策に大きな転換をもたらしました。占領政策は初期には日本の軍国主義を根絶し、新憲法体制への移行をはかるという民主化政策でした。それが一九四九年頃から、「反共の防壁」としての日本の経済力の復興と共産主義の弾圧をすすめる方向に変針します。一九五〇年六月の朝鮮戦争の勃発とともに、占領軍の命令によって、警察予備隊（七万五〇〇〇名、後に保安隊）が発足します。さらにそれは一九五四年七月には自衛隊（一八万名）として再軍備がすすめられます。一九五四年、自治体警察を全廃し、都道府県に警察機能を集中するとともに、国家警察がそれを統制する集権体制にかえました。

独立と同時にこのような保守化はすすめられ、一九五二年七月に破壊活動防止法が制定され、公安調査庁が発足しました。戦後民主化の二大柱として警察とともに分権化していた教育委員会は、一九五六年公選制をやめ、任命制にかわり、教育長は文部省任命となって集権化しました。

一九五二年八月、自治庁と地方制度調査会が発足しました。これまではシャウプ勧告による地方財政委員会は政府と自治体の協議機関であり、またその後一九四九年六月設置された地方自治庁も国と地方団体の調整機関でした。しかし、自治庁は中央政府の地方政策を推進する行政機関として、交付税交付金の決定、地方財政計画の作成、地方債の認可などの地方財政統制の手段をにぎり、機関委任事務や行政指導による行政指導をおこなうことになりました。そして一九六〇年七月には、自治庁は自治省に昇格します。

それより先に戦後体制の性格をきめるような事件がおこっています。それは一九四七年二月一日に予定されていたゼネラル・ストライキをGHQが中止させたことです。当時、食糧不足などの生活危機から、全官公庁労組（二六〇万人）が、二月一日午前〇時から無期限ストにはいることを宣言していました。これに民間労組が協調すれば、革命的な争乱がおこるのではないかと予測した占領軍が、強権を発動したものです。この頃から、政府は占領軍をバックにしながら、労働運動を規制するようになり、翌年七月にはマッカーサー書簡にもとづき政令二〇一号（公務員のスト権、団体交渉権の否認）が公布され、「民主化」は挫折していきます。

さらに一九五〇年には、アメリカのマッカーシー旋風（赤狩り）と呼応し、朝鮮戦争前夜六月六日に共産党中央委員二四人をマッカーサーは公職追放し、共産党は分裂し力を失います。ついで戦争開始をうけてGHQは六月二六日「アカハタ」の発行停止、七月二四日新聞社・通信マスコミの共産党員とその同調者約一万人を追放し、レッドパージが全分野で始まります。

戦前の共産主義にたいする弾圧につづく、このレッドパージは、日本人の中に根づよく残る反共の精神を増幅することになりました。当時の共産党の政策上の失敗もありましたが、戦前の天皇制による弾圧に匹敵するアメリカ占領軍の弾圧の影響は大きく、いまだに「アメリカの恐怖」が思想・表現の自由をはばみ、日本の市民社会の形成をゆがめているのではないでしょうか[6]。

市町村合併政策

戦後地方自治制の発足にあたって、もっとも重大な自治侵害は市町村合併政策と財政再建計画でした。もともと、この政策はシャウプ勧告にはじまっています。シャウプ勧告は次のようにのべています。

「市町村が学校、警察その他の活動を独立して維持することが困難な場合には、比較的隣接地域と合併することを奨励すべきである。同時に、隣接府県は特殊の行政、たとえば水害防止あるいは大学教育の規模を拡大するために協力するよう奨励すべきである。市町村または府県の合併が行政の能率を増すために望ましいときにもまたこれを奨励すべきである。このようにすれば小規模な行政による不利益を克服できるであろう[7]」。

この勧告にもとづいてつくられた神戸《かんべ》委員会が一九五〇年一二月に行政事務配分に関する勧告をおこないました。この神戸勧告では「町村は数にして一万二〇〇〇、平均人口五〇〇〇人

（この平均人口に達しない町村が全体の約六六％）にすぎないのであって、現状においても、既にその事務処理が円滑におこなわれているとはいいがたいものが多い」「種々の資料を総合的に判断した結果、規模の著しく小さい町村については、おおむね人口七～八〇〇〇程度を標準としてその規模の適正化をはかるべきである」。

これにもとづいて、一九五三（昭和二八）年八月、吉田茂内閣は町村合併促進法を成立させ、一〇月から施行しました。これは小規模町村（人口八〇〇〇人未満）を合併して、全国の町村数を三分の一、三三七三町村にするというものでした。

自治庁と府県は補助金の優先交付や起債許可という優遇措置をすすめる一方、合併反対の町村の事業の起債をみとめない（宮城県登米郡《とめぐん》四町村の老朽校舎問題など）など合併の強制をすすめました。このため一九五六年九月には六〇四一の村は四分の一の一五七四村となり、六三町がなくなり二一二の新市が生まれ、一九六〇年までに計画は一〇〇％達成しました。しかし、この圧力に反対して、各地で合併反対の紛争がおこり、岩手県などでは二一四町村を五八にまとめる案に七〇件の反対があり、三八地区は分村していました。平成の合併でも東北地域には反対が多いのは、こういう歴史があるからかもしれません。

当時の塚田自治庁長官は町村合併のねらいについて次のようにのべています。

「やはり第一段階に町村合併を推進すれば、大きくなった市町村という自治体と府県がいまもっている自治体としての性格が重複することになる。そこでそのどちらかを否認すべきことになるので、府県の方を否認する。そこのところで知事官選の本来の考え方がでてくる。町村合併があるところまで行くと当然府県の統合というものがでてくる。この際に完全な官選にもっていく」[8]。

政府の町村合併政策には、官選長官による道州制の導入という国家機構の保守的再編成の企図があったのです。シャウプ＝神戸という卓越した日米の財政学者は、地方自治体の強化のために、町村合併を提案したのでしょうが、現実の日本は保守的な政治・行政勢力がつよく、むしろ中央集権化を企図していたのです。幸いなことに当時は広域行政には反対の世論がつよく、財政学界など学界の反対意見もあり、府県合併—道州制は挫折しました。

表４－６　全国新市町村建設計画の実施率—1954～58年度—

（単位：％）

役場費	62%	庁舎（60％）　自動車購入等（86％）
消防費	77	消防自動車購入（81）
土木費	53	道路橋梁整備（48）　河川改修（37）　都市計画（50）　港湾整備（51）　土木災害復旧（85）
教育費	74	小中学校（75）　講堂体育館（87）　給食施設（117）
社会及び労働施設費	77	公営住宅（73）　保育所（44）　授産所（11）　失業対策（112）
保健衛生費	62	上水道（62）　簡易水道（79）　下水道（43）　病院（55）
産業経済費	57	土地改良（43）　農道（46）　林道（55）　溜池（33）　農業災害復旧（95）
財産費	93	基本財産造成（88）
諸支出費	84	部落電話架設（58）　有線放送（100）
合計	65	

（注）1954～58年度の計画事業費に対する実施額の比率。
（出所）『自治時報』より

新市町村建設計画の挫折

町村合併推進のために、政府は新市町村建設計画をたてました。これが府県や合併推進派にとっては最大の目的でした。しかし、この計画は最初のもくろみを大きくはずれました。**表4－6**は新市町村建設計画の実施率をみたものです。計画は五年度間で六五％という低率です。この点について私の調査をふまえて、渡辺敬司は次のように結論しています。

「新市町村づくりは庁舎と消防施設と学校施設の整備には若干力をつくしたが、これとひきかえに農政の後退、道路・橋梁・港湾などの経済基盤整備が立ちおくれ、住民の生活環境設備や社会施設の立ちおくれを結果したのである。つまり住民の生活にふれるサービスよりは外見上の地方団体の機構整備に力をつくしたのである」(9)。

新市町村建設計画の財源は、当初地方債、補助金に大きく依存することになっていましたが、大削減をうけてしまいました。財源の実施率（一九五六〜、五年度分）をみると、地方債五三％、府県支出金五九％、国庫支出金六五％であるのにたいして、一般財源は八八％で全体の実施率七一％を上回っていました。つまり新市町村の持出しが大きかったのです。こうして、町村合併の優遇措置の期待は裏切られ、財政再建のために、工場誘致—地域開発へと自治体行政は流れていくのです(10)。

二、「独立」と地方財政危機

地方財政再建特別措置法

一九五三（昭和二八）年前後に地方財政の危機が深刻化しました。そしてこの危機を打開するために、政府は一九五五年に地方財政再建促進特別措置法をつくり、これによって赤字の団体は一応救済を受けました。しかし、再建計画を自治庁に提出して、自治庁の承認のもとに赤字を棚上げして、利子補給をうけるという制度でしたので、財政再建団体は、完全に自治庁の管理のもとに置かれたのです。財政再建団体は一八府県、一七〇市、四〇〇町村です。実質赤字団体である府県は五〇％、市の五四％、町村の三三％が再建債をうけました。この第一期の地方財政再建の過程では、再建団体は事実上自治権を停止され、中央政府の下部機関として管理を受けざるを得なかったのです。この時期が、日本の戦後の地方自治史上の第一回目の非常に大きな転換期でした。

この財政再建期の非常事態を生んだ原因には、ある面ではやむを得ない問題もあります。当時このような財政赤字を招いた原因の一つは、度重なる災害です。戦争中に公共事業、特に国土保全のための公共事業がほとんどおこなわれなかったために、戦後、国土は災害に遭いやす

自治労発行の『自治新聞』1954年８月16日号より

い、非常に危険な状態に追い込まれていました。そこでこの時期、相次いで大水害が起こりました。この結果として、農村府県ほど大きな赤字を抱え込むに至ったのでした。

赤字の第二の原因は、戦後改革によるものです。義務教育の制度が六年制から九年制になりました。種々の社会サービスが自治体の負担になりました。それに関連して、それまで日本ではほとんどやっていなかった公営住宅の建設や公立病院の経営、さまざまな福祉に関連する社会サービスが一挙に自治体の仕事になったのですが、これに伴う財源がなかったのです。その結果として財政が赤字になりました。

もちろん、それ以外にも、財政の紊乱《びん》というような問題があったに違いないのですが、基本的には前記の二つの問題——いわば戦争の落とし子としての国土の荒廃、それから戦後の改革に対して財政制度が不十分だったということが、この危機の原因だったと思います。このとき、ある意味では緊急避難措置として財政再建措置法が認められたのです。

私は、一九五三（昭和二八）年から一九五四年にかけて京都府の財政調査をおこなったのですが、京都府の財政は今からは想像もつかない危機でした。六月に五月の給料が払われていませんでした。もちろんボーナスなどは到底望みもありません。それだけでなく、生活保護世帯に生活保護費を払っていないのです。また、公共事業をおこなったのに、零細な土木建設事業の企業に事業費を支払っていないのです。ですから府庁は騒然たるものでした。職員組合はもちろん給与の遅配を解決せよと迫るし、生活保護世帯も業者なども座り込んでいたのです。そのような騒然たる混乱状態でしたので、ある意味では国の援助を受けるほか手段はなかったのです。それで、政府に反対の革新自治体であろうとなかろうと、みんな財政再建計画を受けざるを得なかった。

しかしこの措置は、私ども当時の研究者にとっては非常に大きい衝撃でした。戦後の改革でせっかく確立した自治権を、お金に名をかりて取り上げるというのは許せないということで、学会はじめいろいろなところでこれに対する分析をし、このような行為を批判するという一種の抵抗がはじまって、これが日本の地方財政学を発展させる大きなきっかけになったと思います。

自治体労働者と自治研の創始

同時に、その当時の自治体労働組合が画期的な運動をはじめました。自治体職員は労働者としても、公務員としても困難な状況に追い込まれていました。そのなかから、これも神話の一つになっていますが、地方自治防衛運動を自治労は提起したのです。ちょうど自治労は分裂していた二つの組織を合併して、ようやく統一が実現したときでもありました。そのなかで、長野県と福岡県で起こった事件が最も有名です。

一九五六（昭和三一）年長野県の地方自治防衛大会の主催者は教職員組合と自治労の組合でした。そこで、財政再建促進特別措置法の問題が指摘され、地方自治を侵害するような法律に反対して、国は金は出すが口を出さないような、そういう救済措置をとるべきであるということで決起をしたのです。そのときある県民代表が、あいさつの中で、「教師が首を切られることは教育の質の低下をまねき、子をもつ親としてはだまっているわけにはいかない。しかしお役人は多すぎるから首を切ってもよいのではないだろうか」といったのです。この発言は衝撃的でした。つまり、自治労とすれば、自分たちにかかってきている首切りや給料遅配の問題は、同時に住民のサービス低下問題と一致しているのだ、だから住民サービスの低下に反対する住民と、首切りや労働条件の悪化に反対する労働者とは無条件に手を握れると、こう観念的に考えて、それで共闘しようとして地方自治防衛大会をやったところが、住民に反撃をうけたのです。これは他の地域でも同じような経験を生みました。

このとき、自治労の幹部はまだみんな若く二〇代の人も多かったのですが、非常に柔軟だったと思います。この衝撃を受けたときに、ばかな野郎がいる、住民代表は地方自治がわかっていない、保守反動だ、と、こういうふうに受けとめないで、その問題を自分の痛みとして受けとめたということに、あのときの幹部たちの弾力性というか、視野の広さがあったと思うのです。自治労の若い幹部たちは考えました。地方自治体は、制度上は民主化されているけれども、実態は国の下請機関になっていて、住民の信託にこたえていないのではないか、抽象的に地方自治の危機と軍事化の状態を結びつけても行動の原動力にならないのではないか、だから、自治体労働者は、住民の全体の奉仕者として、もういちど仕事を総点検してみる必要がある。その上で、相互理解の上に立って運動をしなければならないのではないか。「地方自治を住民の手に」というスローガンで研究集会を開いてみたらどうか、と考えたのです。

「国民の自治研」か「自治労の自治研」か

一九五七年に、自治労は地方自治研究集会という独創的な仕事に着手します。これは冒険だったと思います。教研集会とは違います。自治体は権力機関の一面があり、やっている行政そのものが教育ほどはっきりとした目標がないものを、いろいろな形でやっているのです。甲府で開かれた第一回自治研集会の取材をした朝日新聞の記事は忘れられない思い出です。朝日新聞は初めからこの集会を評価して、新聞の三面を全部つぶして、「まず、〝役人根性〟を清算」という大きな見出しをつけて紹介したのです。あれは非常に世論にうったえたと思います。

　ところが自治労の幹部にこの見出しは納得できなかったかもしれません。もっと大きい意図で、「地方自治を住民の手に」ぐらい書いてくれるかと思ったら、「役人根性を清算」ではどうもすっきりしないと思ったに違いないのです。しかしこれは、客観的に集会の討論を聞いていたジャーナリストの最も率直な意見でした。つまりお役人が自己批判していると、そのことの持っている意味の新鮮さ、記者はそれに打たれたのだと私は思うのです。

　以後しばらく自治研活動はいろいろな形で、地方自治を守るいわば主体としての力と実績を積んでいくことになっていったと思います。

　自治労が発行している『自治研の手引き』――あの初版本は私たちがつくったもので

朝日新聞

苦悩する「地方自治」

自治労の研究集会から

仕事と良心に悩む福祉職員

まず"役人根性"を清算

住民と手を結ぶ努力を

赤字財政で仕事も出来ない

危機転換の

「朝日新聞」（1957年４月15日付）

す。当時自治労の幹部は皆若くて、私たちと徹夜で議論しました。私は、この運動は「地方自治を確立する国民運動」だと規定したのですが、そこが大議論になったのです。結局妥協案は、「自治研活動とは、住民のための地方自治をつくりあげ民主主義をいっそう発展させるための自治労の運動である」というようにされたのです。私はそこが最後まで不満だったのです。自治研は、地方自治を住民の手にとり返す国民的運動なのであって、確かに自治労という自治体労働組合がやっているのですけれども、しかしこれは自治労を乗り越えていくものである、そしてまた自治労は、乗り越えられたときにそれを本望だと思わないといけないと思っていたのです。労働組合がさいしょは金も力もできることは何でもするけれども、これを単に自治労の運動だと思ってはいけないと私は主張したのです。これは激論になりました。遂に最終的には妥協しました。

自治研が地域の運命を考えたとき

そうではあっても、自治研集会は初期には国民の立場に立っていたと思います。一九六一（昭和三六）年、つまり始めてから五回目のことですが、静岡市で全国集会がありました。この静岡集会が、自治研の画期をなした集会でした。それまでは職場別の行政点検として自治研集会はすすめられていました。保育行政をどうするかとか、病院行政をどうするかとか、全部縦割りの自治体行政の仕組みでやっていたのを、横へ結んだ特別分科会のひとつとして「地域開発の夢と現実」というテーマの集会をおこなったのです。

これは、自治労自治研が自分たちの仕事の問題だけでなくて、その地域の住民の運命を考えるという、つまりまさに国民的な立場で問題と向きあったのです。労働者というのは他の階級とちがって国民全体、住民全体の立場を考え得る階級であるはずです。労働者は階級を超えられるが、資本家階級は、階級を超えられない。労働者は、自分の労働条件をよくするとか、そういう自分の階級独自の問題だけでなくて、それを乗り越えて、国民全体の問題を考え得る、ここに労働者階級の使命があるはずなのです。

「地域開発の夢と現実」というテーマを出したときに、自治労の自治研は高みに立ったと思うのです。なぜかというと、大部分の自治体は地域開発で地域の所得を上げ、地方財政を改善しようと考えていました。地域開発のために全力を投入しているときで、自治体行政は企業に奉仕をしていました。したがって地域開発に反対することは自らの職場をうばうことになる可能性もあるのです。ところが自治労がこれを住民の立場でもういちど考え直そうとしたのだから重要な転機となりました。

四日市公害の告発

この集会が成功していろいろな問題がでました。なかでも一番画期的だったのは、記憶に残る四日市市職労と三重県職労の報告した公害の告発です。この時期、公害は全く伏せられてい

四日市公害津地裁判決（1972年７月24日）（時事）

ました。四日市に公害があるとは、一般の人は知らなかったのです。それを、三重県職労と四日市市職労が〝四日市に公害あり〟といって、名古屋大学医学部と三重県立大学医学部の調査の一部を思いきって公表したために、ジャーナリズムが衝撃を受けたのです。北九州市の八幡製鉄所をはじめとする従来のコンビナートは石炭をたいているから、汚い公害を出していたけれども、最新鋭の、東洋最大の石油コンビナートで公害なんかでるはずがないと当局も多くの研究者も考えていたのが、そうではないことがはっきりしたのですから、集まった人たちは大きな衝撃だったのです。研究者もそうでした。そして、これを取材に雑誌『世界』から、後の岩波書店社長の安江良介ともう一人記者が来ていたのですが、やはり衝撃をうけたのです。当時は地域開発が夢ですから、それがそうじゃないということになると、これは報道する価値がある。『世界』はただちに特集を組み、ここに集まった自治体職員の代表を集めて、座談会をやったのです。司会は私でした。そうしたら、千葉や堺など四日市型の開発をおこなっているところで、公害をはじめたくさんの社会問題がでていることが報告されたのです。

この『世界』の特集には当局や財界の反撃がありました。この座談会に出たということを理由にして堺市職の書記長は解雇されました。つまり、堺市にとって好ましくないことを発言したというのです。しかしこれは自治体労働者の役割を示したのではないでしょうか。当時自治体労働者でなければ、公害や地域開発のまねく損失について知らなかったのです。

最初は、秘密の漏えいなどの理由で当局は弾圧をしました。私は後に三重県に資料をとりに行ったときに、当局は四日市の公害の資料は秘密で公開できないといいました。けれども、公務員の使命というのは公害のような住民に必要な情報を公開することではないでしょうか。憲法にもとづいて、地域の住民の健康や暮らしを守るために必要な事柄を報告してどこが悪いのかということだと思います。しかし三重県と四日市市はここで報告された科学的調査をその後もしばらく秘密にしつづけたのです[11]。

それから二年後、静岡県の三島・沼津・清水二市一町で地域開発問題に火がつきます。一九六三年から六四年にかけて画期的な三島・沼津の住民運動が起こるのであり、その結果として、遂に石油コンビナート誘致がとめられるということになりました。以後三島・沼津型運動

三島・沼津コンビナート誘致反対運動（1964年）

に学べということで川崎市・京都府の宮津市、大阪市、堺市、姫路市あるいは愛知県の南部などで一斉に住民運動が起こっていくのです。そして、そういうものを背景にして、それまで隠されていた公害が浮かび上がっていきました⑫。

たとえば、水俣の住民は全く沈黙していたのですが、こういう全国的な公害反対運動に支えられて、あの深刻な水俣病が再び表面に出てくるのです。

その結果として二つの新しい事態が起こります。一つは、公害裁判が提起され、被害者が救済されていくという過程であり、もう一つは革新自治体が誕生して、公害や都市問題の解決への体制が形づくられていったことでした。公害反対運動をきっかけにして日本全国に住民運動が広がっていきました。それが革新自治体を生みだす原動力となったのです。その扉をさいしょにひらいたのは、自治研であったのです。

国土開発と自治体

財政再建過程で、地方団体は地域開発を行政の中心におきました。これは政府が高度経済成長政策の中核に国土開発政策をかかげたことによって促進されました。そこで、ここでは、戦後の地域開発の歴史をかんたんにのべておきましょう[13]。

図4―2のように日本は社会主義国のようにくりかえし国土開発計画をすすめています。戦後最初の地域開発は一九五〇(昭和二五)年「国土総合開発法」による特定地域開発計画にはじまります。これにたいして四二都道府県から総計五一の候補地が名乗りをあげ、次の二一地域が指定されました。阿仁田沢、最上、北上、只見、利根、飛越、能登、天竜東三河、木曽、吉野熊野、大山出雲、芸北、錦川、那賀川、四国西南、北九州、阿蘇、南九州、十和田岩木川、北奥羽、仙塩。

この特定地域開発はアメリカのTVAをモデルとして、多目的ダムを中心として電源開発、農産物増産、治山治水などの河川総合開発を目的としたものでした。この開発は多数の立候補地がでて、政治的に決定したので、実に国土の四分の一にあたる面積を指定しました。そこで予算を総花的に分配せねばならずはじめからその効果は疑問でした。一九五三〜六〇年の八年間の実績は五一%にすぎませんでした。しかも朝鮮戦争によって、日本のビッグビジネスの復

図4－2　戦後国土総合開発計画の歩み

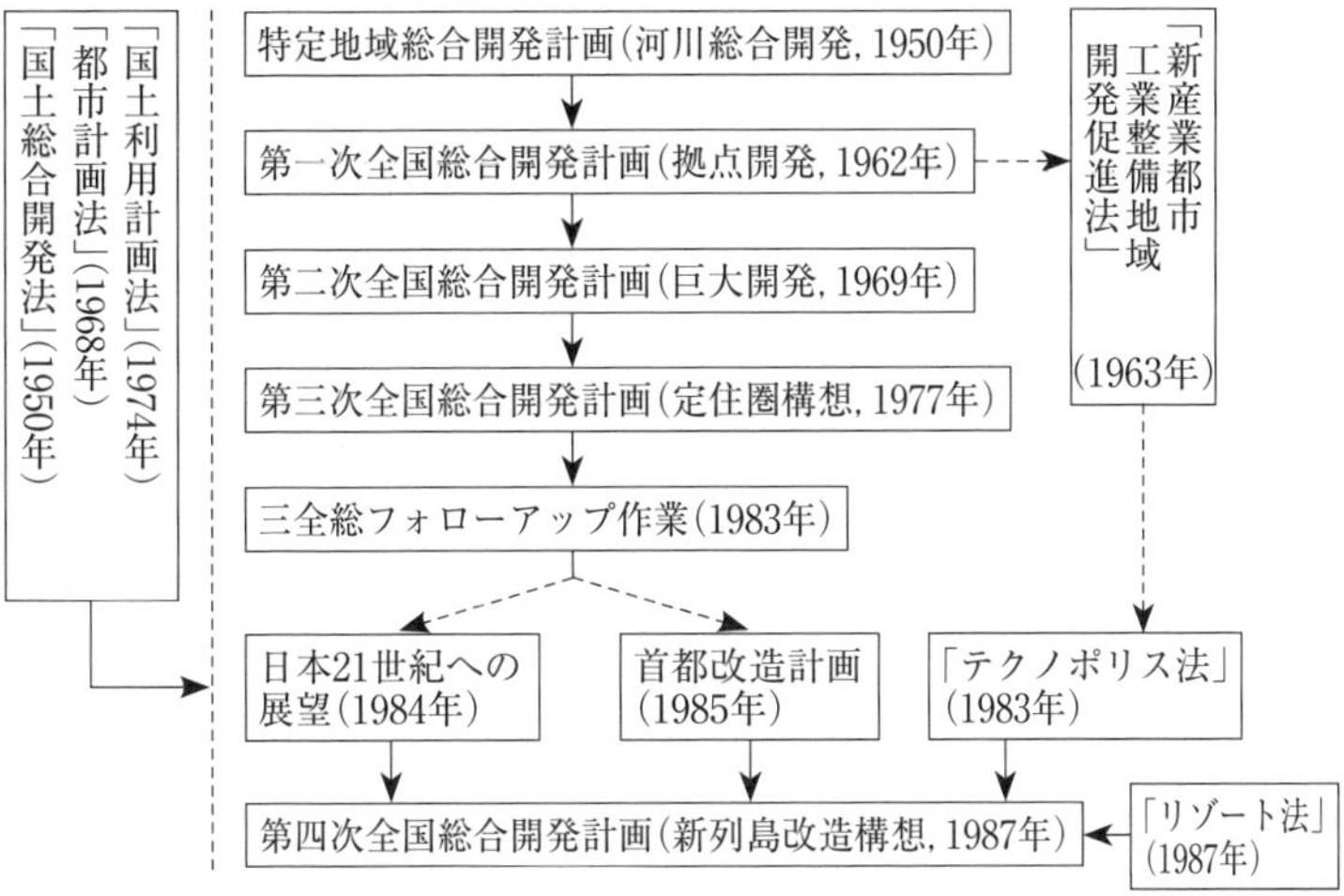

活が早まり、産業政策の重点が農林業や地方軽工業よりも大都市圏の重化学工業にうつると、特定地域開発の熱意は急速にしぼんでしまいました。

　この地域開発はＴＶＡのような総合開発にはならず、電源開発に一元化しました。これによって日本の電力会社は復興し、西ドイツにくらべ三分の一の料金で優遇された重化学工業は飛躍的に成長する基盤を得ました。しかし、ＴＶＡのように農村生活の近代化や地元の工業開発にはあまり役に立ちませんでした。たとえば、只見川流域には一〇のダムがつくられ、一時的には水没農家への補償金で景気はよくなりましたが、いまはすべて過疎の村となり、金山町（福島県）などは高齢者が二人に一人という状況になっています。当時の特定地域開発指定地域はほとんど政府からみすてられた過疎地域となっています。日本の地質は柔かいので、この開発によってつくられたダムは急速に埋没しています。いずれ、ヨーロッパでみられたように古いダムの倒壊がおこるのでないでしょうか。

拠点開発の夢と現実

一九六二(昭和三七)年、第一次全国総合開発計画がはじまります。これ以来、日本の地域開発は拠点開発方式をとり、これはいまでは発展途上国の地域開発のモデルとなっています。この理念をかんたんに図示すると**図4-3**の(1)のようになります。

拠点としてえらんだ地域に、拠点産業たる素材供給型重化学工業(鉄鋼、石油精製、石油化学、アルミ精錬、電力、その他造船、自動車、電機などが後に加わる)を誘致し、その経済的波及効果で他産業を発展させ、周辺地域の農漁業の近代化をはかり、住民の所得・財産価値の上昇をはかり、財政収入の増大をまって住民福祉の向上をはかるというものです。つまり、この図式では、地域開発は重化学工業の誘致に、その運命がかかっているということになります。当時地方団体は史上空前の赤字をかかえ、その再建のために地域開発を計画していました。先述のように一九六〇年には、このモデルの先進地域であった四日市コンビナートでは深刻な公害が発生していたのですが、地方団体にはそれが目にとまらないか、大阪府のように解っていても開発の方が優先すると考えていました。

図4−3

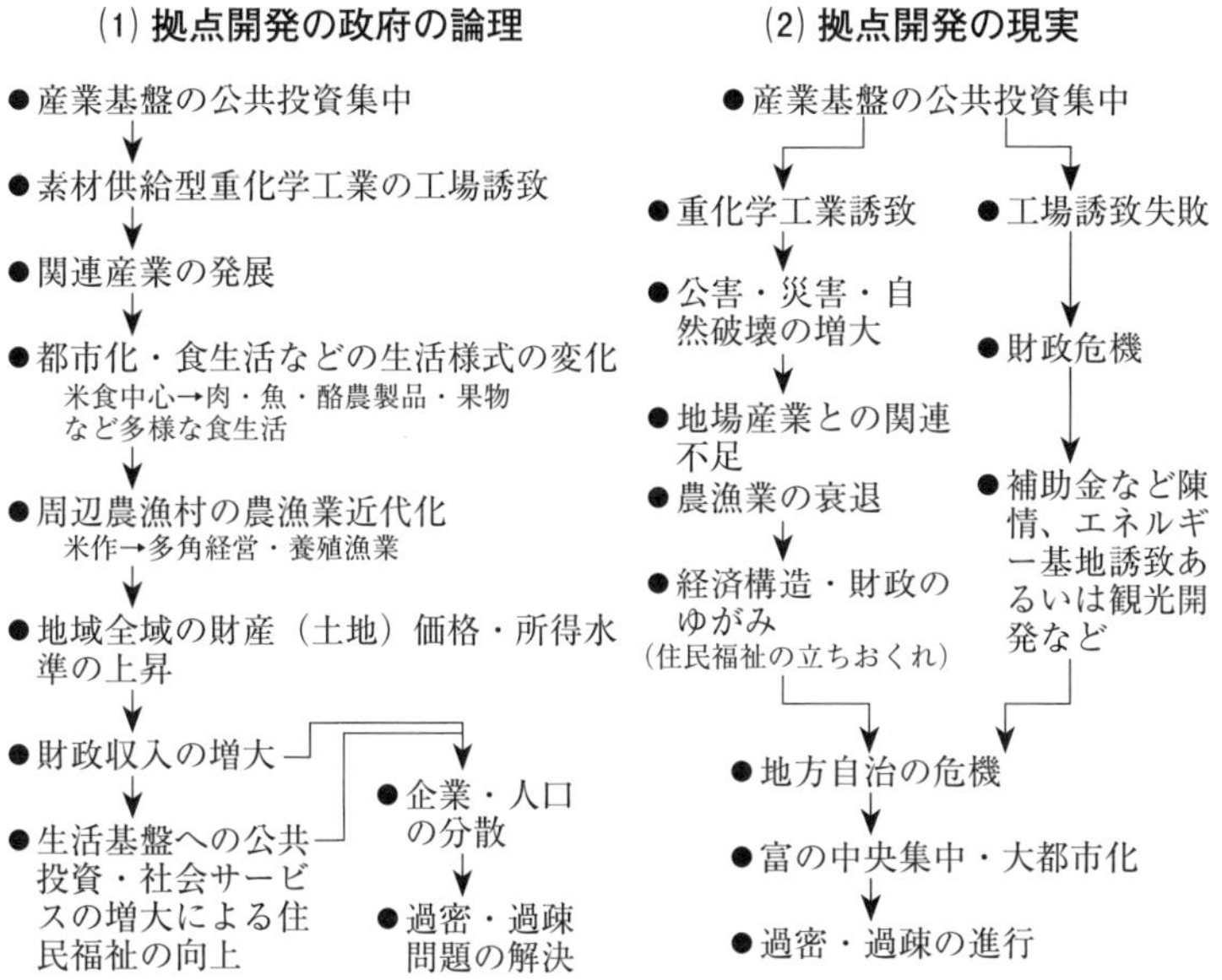

政府はこの計画のために、新産業都市建設促進法を制定しました。各県は一斉に立候補し、実に四四地域、名乗りをあげない県は大都市府県以外では京都府と奈良県をかぞえるのみで、史上空前の陳情合戦がはじまりました。早くから細島コンビナート建設計画を独自につくっていた宮崎県などは、異常な状況になりました。当時河野一郎建設大臣の来訪に際して、列車の沿道に日の丸をもたせた小学生をならばせ、万歳を連呼させ、皇太子夫妻以上の歓迎をしたと新聞は報道しています。富山県は指定前日に指定願の電報をうちつづけ、一日で数十万円支出したと当時の開発担当部長はテレビで私にかたりました。当時の宮沢喜一担当

大臣は陳情団のために正門からはいれず、毎日裏門からはいったと報道されています。新聞によれば、陳情費は公式に六億円、新産業都市建設補助金の初年度分に匹敵するほどでした。

この結果次の一五カ所が政治的に決定されました。

道央、八戸、仙台湾、常磐郡山、新潟、富山高岡、松本諏訪、岡山県南、徳島、東予、大分、日向延岡、有明不知火大牟田、秋田臨海、中海（このうち最後の二カ所は一九六五年の参院選挙時に自民党候補を当選させるために追加指定したといわれる）。

また準新産都市といわれる工業特別整備地域として、六カ所を指定しました。

鹿島、駿河湾、東三河、播磨、備後、周南。

財界は今後必要な大規模開発地域は二〜三カ所といっていましたが、政府は政治的バランスから先の特定地域開発とほぼ同数の二一地域を総花的に決定しました。これでは先の例と同じように、はじめから失敗に終わることは当然でした。

現在、コンビナートが計画どおりに立地しているのは、岡山県南（水島）、大分、鹿島しかありません。その熱狂的な誘致運動をした宮崎県細島地域では、コンビナート誘致に失敗して、その後共和製糖とキャラメル工場をセットに誘致して、それを「砂糖コンビナート」と名付けましたが、汚職事件にまきこまれました。富山高岡の場合も、造成した臨海地域に工場は進出せず、一時これを三〇％ディスカウントして売却する状況でした。

拠点開発の現実は先の**図4－3**(2)のとおりです。左の(1)とくらべてください。住民福祉の向上――地方自治の発展どころか、誘致に失敗して、赤字をかかえ、より一層の中央依存におちいりました。

ではコンビナートで誘致に成功したところはどうでしょうか。ここでは公害などの社会問題が発生し、そこで生まれた付加価値は利潤として東京や大阪に吸収されました。拠点開発が地元にどのような効果と損失をあたえたかをしめしたのが、**図4－4**です。これはすでにコンビナートが操業していた堺・泉北コンビナートを例にしました。これで明らかなように、コンビナートは大阪府下の汚染物の半分ちかい量を出し、エネルギー、水、土地などの資源も多く使用しています。しかし、それにくらべて所得や雇用の貢献度はきわめて小さいのです。しかも、進出した企業は自らの利益をもとめ、地域経済の発展などは二義的ですので、産業連関を密にして、地元に新産業を集積させることはありませんでした。たとえば、もっとも応用力のある石油化学の製品の地元での利用は七%、鉄鋼でも二〇%でした。私が外来型開発の失敗をとき、内発的発展の必要をとく根拠のひとつは、ここにあります(14)。

図4－4　堺泉北臨海工業地帯工場の大阪府下全工業に占める寄与度

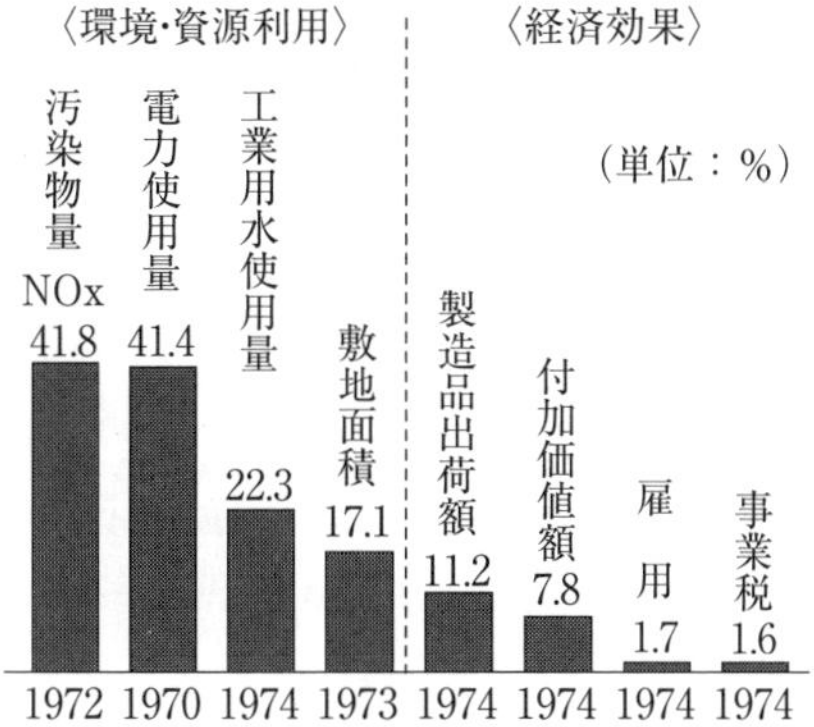

（注）NOxはNOx総排出量800t／年以上の大阪府下工場に占める割合。堺市だけをとれば、市内工場の94%のNOx排出量になる。電力は府下全工場使用量。その他は府下従業者30名以上の事業所の総量にたいする割合。事業税は全事業所の納税額にたいする割合。

この新産業都市建設は二〇〇〇年でうちきったのですが、実に一九兆円をかけていました。この失敗にもこりず、第二次全国総合開発は、より巨大なコンビナート造成を計画し、むつ小川原、苫小牧、志布志を大拠点に、中拠点として、秋田、福井、周南などを指定しました。しかし、むつ小川原にみるように、石油コンビナート誘致に失敗し、石油備蓄基地と核燃料廃棄物処理基地になっています。核燃料廃棄物の放射能はその衰滅に三〇〇年以上かかります。まさに永遠のゴミ捨て場にされたのです。このような拠点開発の失敗はその後も、テクノポリス・リゾート基地となってくりかえしています。

三、革新自治体の成立と展開

一九六〇年代後半から約一五年間にわたる第一期革新自治体の時代。これが戦後地方自治の第二の転換期です。

国会や地方議会などでは革新勢力がまだまだ弱い段階で、大都市圏を中心にして革新自治体が成立し、地域だけでなく国民的な課題をとりあげて国政を先取りしたことは特筆しなければなりません。この実験を考えると、住民参加による地方自治を確立していく以外に軍国主義化やファシズムのながれをくいとめることはできないのではないかと考えられます。

では、革新自治体成立の原動力はどこにあったのでしょうか。

自治体はそれぞれの経済や政治、歴史的伝統や文化もすべて状況はちがいますから、おしなべて「これだ」ということは危険をともないます。あえて一般的にいえば、戦後地方自治制という枠組みを生かして、自治体労働者が自治研究活動などを通じて内部改革をはじめ、それをうけて住民が世論と運動をおこして自治体へ要求をつきつけ、革新政党がそれを総合化して民主的な統一戦線をつくって、改革を意識的におこなったときに、革新自治体が誕生したといってよいでしょう。いわば、地方自治は、地方自治制度による自治体というゴムまりか皮袋があって、その内部に、参加による住民自治という空気あるいは酒がつめられて、はじめて実現するものだといってよいのです。そして、この状況を意識的に総合的に（つまり政治的に）誘導すること、すなわち、ゴムまりや皮袋のような自治体という容器を大きくし、充分な空気や酒という中身を量的質的に総合してたくさん注入するのが政党やＮＧＯであるといってよいでしょう。

自治体職員は、その専門性にもとづいて、住民の世論や運動を結合して自治体を保全し、住民の要求を行政に昇華していくコーディネーターとしての役割をもっているのではないでしょうか。もう少したとえ話でいうならば、自治体職員は皮袋が薄くなっていないか、中身の酒の質が悪くなって酢になっていないかを的確にみわけて、それをいち早く指摘して改善、あるいは新しいものにかえていく役割をもっているのではないでしょうか。

第一期革新自治体の時代とよべるほど、全国的に革新自治体が連続的に成立し、国政に力を発揮したのは、労働運動や政党などの主体的な革新勢力が成長していたためですが、なによりもそれは、有史以来の都市化という社会変動と、それから生じた公害や都市問題にたいして、かつてない市民運動が全国的に盛り上がったためといってよいでしょう。そこで、これらの事情をかんたんにみていきたいと思います。

都市化と過密過疎問題

都市化という現象は明治中期以降はじまっていたのですが、しかし戦後のような決定的な事態は、それまでの歴史にはなかったことです。日本の近代史の上では、明治以来、一九六〇（昭和三五）年まで農業に従事する人口が約一四〇〇万人台をつづけ、一九二〇年代には産業人口の二分の一でしたが、一九七五年には七〇〇万人をわってしまい、一九八四年には四六八万人と、産業人口の一〇％以下になるという驚くべき変化をこの時期になしとげたのです。産業構造の変化と対応しながら、都市へ都市へと人口が集中し、とくに三大都市圏に日本の総人口の半分が集中してしまうという劇的な変化――民族大移動といってよいような大変動の時期をわずか一五年間で経験したのです。

その産業構造と地域構造の歴史的変化、すなわち工業化（サービス化）と都市化にもかかわらず、それにふさわしい地域政策がとられなかったので、都市では公害や住宅難、保育所の不足……といった都市問題がおこり、農村では過疎問題がひきおこされたのです。かつての農村は、過剰人口をかかえていて農村の若者の仕事がないことが問題であったのに、今日では農村に若者がいない。つまり過疎化して高齢化するという、かつての農村問題とはまるで逆のかたちの農村問題が進行しているのです(15)。

現代的貧困とマルクスの貧困化論

こうした、地域でおこってくる生活困難を総称して、私は「現代的貧困」と名づけました。地域での生活困難は、なにもいまはじまったことではなく、公害や住宅難などは、近代の歴史とともに存在したといってよいでしょう。たとえばマルクスの『資本論』(一八六八年)やエンゲルスが二四歳のときに書いた『イギリスにおける労働者階級の状態』(一八四五年)などは、そのことをじつに生き生きと描いているのです。

『資本論』は、冒頭の商品の分析のところからがむつかしいので、その先が読めずにいる読者も多いと思いますが、第一巻二三章の「資本制蓄積の一般的傾向」というところをまずお読みになるのがよいでしょう。ここは第一巻の結論にあたる部分です。すなわち資本主義がすすんでいくと、一方に富がどんどん蓄積されていくのですが、他方で貧困が累積してくる、つまり資本主義は労働者の貧困を生みだすのだ、ということがていねいに書いてあります。ここでは当事のお医者さんや衛生行政官の記録をふんだんにつかっていて、大変面白いのですが、そこでマルクスはこんなことを言っています。

——貧困の問題を正しく理解しようと思ったら、職場の中の問題、つまり賃金や労働条件といった、いわゆる労働問題だけでなく、職場の外の問題——住宅や栄養の状態、あるいは住宅をとりまいている環境など……を見なければならない——と。そして実際、『資本論』の二三章はほとんど、住宅と生活環境などの実態の報告で埋められているのです。おそらくこの部分

イギリス産業革命期の労働者住宅

は、エンゲルスの『イギリスにおける労働者階級の状態』に示唆を受けていると思われるのですが、マルクスは労働者階級を五つの層に分けて——その最底辺にはイギリスの植民地アイルランドの労働者が存在するのですが——ていねいに説明しているのです。

　マルクスが貧困化の章をほとんど職場の外の問題に光りをあてて書いているにもかかわらず、以後のマルクス主義者や経済学者は、そのことを忘れてしまったのか、十分に追究しなかったのでW・タブ・ニューヨーク市立大学教授がそのことを指摘して、こんなことを言っています。

　——アメリカでも専ら関心は労働の条件、賃金や所得、雇用がどうなるかに集中し、マルクスが提起した地域の問題を見失ってきた。ところが、黒人などの貧困な少数民族が六〇年代に闘争をおこし、「職をよこせ」というのみならず、福祉、医療、教育や住宅など、差別を受けてきた地域生活の条件を改善せよと要求する事態に直面してはじめて、研究者は地域の問題をとりあげ、あらためて体系化する試みをせざるをえなくなった——と。[16]

現代的貧困を区別する理由

私が、都市問題や公害を「現代的貧困」とあえて名づけたのは、マルクスが明治維新の頃にすでに提起していたこの問題が、その後十分に議論されずにきたことを念頭においています。つまり、賃金を上げる（一般的には所得水準を上げる）、あるいは労働条件を改善するといった職場内の労働に関連する貧困を、古典的根源的貧困と名づけ、他方の地域におこってくる生活困難――都市における集積の不利益や社会的共同消費の不足を総称して現代的貧困と名づけました。そして、この両者をどう統合して解決していくかが現代の課題である、としました。

なぜ、「現代的貧困」として区別したかというと、三つほど理由があります。

第一は、仮りに所得水準をあげ、労働条件を改善しても「現代的貧困」の問題は解決しないものがほとんどだからです。所得があがってもみんなが自家用車を買えば、交通混雑や排気ガスはますますひどくなり解決しないという問題になるのです。つまり現代の大量消費生活様式を前提にして、公共施設・サービスや福祉を充実させないままでいけば、所得の向上は、浪費的な商品の洪水にのみこまれていくといってよいでしょう。ムダな電気ゴマスリ器にはカネを出すが、福祉にはカネを出さないのです。現代社会においては所得を向上し分配を公平にするというだけでは、問題はかたづきません。地域問題を解決する独自の経済改革が必要なのです。そういう意味で、地域の独自の領域として、古典的根源的貧困と相対的に別個な問題として、考えたのです。

第二の理由は、現代の福祉国家だけでなく、現在の社会主義体制の場合でも、いま起こっている地域の生活困難の問題は解決されてはいない、ということからです。公害は深刻ですし、住宅難も解決していません。とくに公害についていえば、東欧の旧社会主義諸国が工業国でもっとも深刻でした。政府の欠陥や社会主義の経済制度に問題があったので、公害や都市問題はうまく解決していなかったのです。

いいかえれば、現代的貧困の解決は、未来の課題である、ということ。そういう意味でも、古典的根源的貧困と区別をしておきたいのです。

住民運動の独自性

第三の理由は、根源的貧困問題は労働組合などの労働運動が永年とりくんできた歴史があり、その一部は労働組合を組織して解決していく一応の仕組み（法制度）がつくられています。しかし地域の問題は、労働運動がとりあげきれない問題です。

四日市市の公害問題で、四日市の総評が公害裁判を支持する決議をすると、三菱系のコンビナート企業の労組は総評を脱退しました。つまり、日本の労働組合が企業主義の網の目のなかにあって、企業のほうが地域より大切だと考えているのです。先述のように大企業の労働者にアンケートで「あなたのコミュニティはどこですか？」と問うと、「企業」と答えるのです。大企業労働者の意識のなかでは人生の最も大切な場が、企業になってしまっている。そういう傾向がつよければつよいほど、なおのこと企業内労働組合が地域の問題をとりあげきれないのです。というより理解できないという方がよいかもしれません。

ここに、現在の日本の労働組合運動の大きな弱点があります。私としては今後その克服を望みたいところなのですが、客観的にはむつかしいでしょう。

そこで、どうしても独自の住民運動をおこしていかねばならない必然性があります。住民運動にはさまざまな批判もあり、また事実、後に述べるような限界もありますが、しかし私は、現代日本の変革にとって労働運動と住民運動は車の両輪のようなものであり、政党がその車軸となってこの両方がうまく動いていかないといけない、どちらか一方だけでは現代的貧困の問題は解決できないと考えているのです。

さて、六〇年代半ばから全国各地に起こってきた住民運動は、第一に、この現代的貧困を告発し、異議を申し立てる運動であったと思います。

最初の住民運動の成功は、一九六三～四年にたたかわれた、石油コンビナート誘致に反対する三島・沼津の運動でしたが、それは「四日市の二の舞をするな」という合言葉のもとに、学習会につぐ学習会を積みあげ、住民が知的訓練を重ねながら、ついに勝利をおさめた最初の例です。以後、「三島・沼津に学べ」と、この学習会中心の運動は全国に広がっていって、各地で画期的成功をおさめたのです。しかしその基本は、現代的貧困を告発し、それを予防する運動であった、といってよいでしょう。

草の根保守主義の揺らぎ

住民運動がすすめられたもう一つの要因は、現代民主主義の要求、すなわち、住民が自ら地域の政治に参加をしていく――「地域の政治の主人公は自分たちである」と自覚し行動していくエネルギーであったと思います。別のことばでいえば、「草の根民主主義」の要求です。

この住民のエネルギーと要求は、それまでの日本の政治の構造を大きく揺さぶるものでした。つまり、「草の根保守主義」に亀裂をもたらすことになったのです。

「草の根保守主義」とは私がつくった概念ですが、いったいどういうものであるか、すこし述べておきましょう。戦前の二・二六事件（一九三六年）で暗殺された当時の大蔵大臣高橋是清（九一ページ以下）は、昭和恐慌に際してすぐれた手腕を発揮した第一級の保守政治家ですが、その高橋がこういうことをいっているのです。

中央の保守政治がどんなに階級対立の激化で危機に直面したとしても、地方自治さえ掌握しておれば、絶対に安全である、と。「地方自治は階級闘争の万能膏である」と、高橋是清は書いているのです。さすがに、すぐれた保守の政治家だけありまして、政治の本質、妙諦を見事に表現しています。つまり、草の根の政治を握っている者が結局は全体を制するという考え方でして、このテーゼが日本の保守政治を一〇〇年以上も支えた基本であったと、私は考えるのです。

彼らはいつも、草の根の保守主義を大事にして、そこに滋養を与えて地域を握ることによっ

図４－５　議会に占める野党の割合の変化

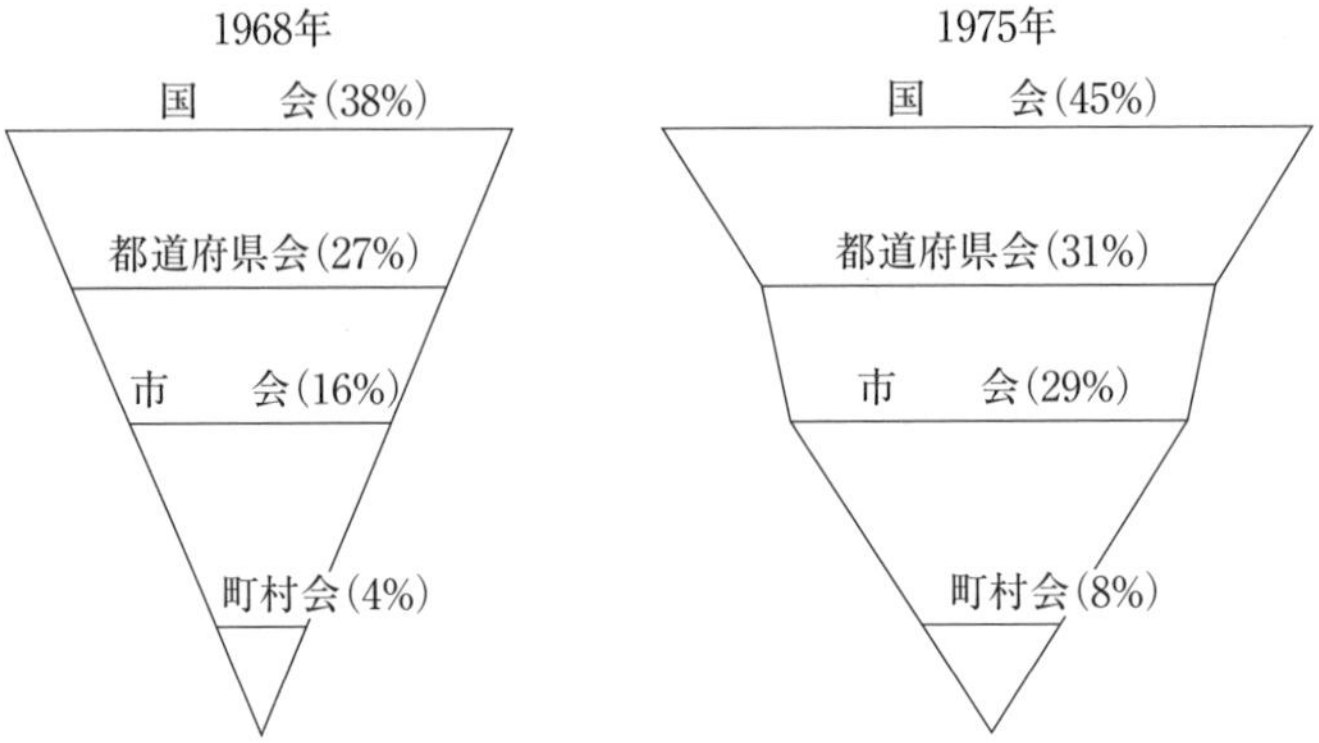

注１．国会は衆議院。野党とは、ここでは社会党、共産党、公明党、民社党である。
　２．1975年の図のうち、国会は1976年12月現在の議員数による。

て、日本の政治を支配してきた。これに比べて、革新勢力の方が保守側ほどの細心の注意をもって地方自治の確立について努力してこなかったのでないでしょうか。

図４－５にみるように、高度成長の初期、国会では野党の勢力が約四〇%、それが都道府県議会では三分の一～四分の一、都市では四分の一～五分の一、町村へいくと四%ぐらいになってしまうのが、日本の政治の実態でした。草の根のところを保守勢力がそれだけ強く握ってきたのです。その草の根保守主義の組織が町内会、農協、漁協、商工会議所などの地域組織でした。

その構造が、六〇年代後半からグラグラ揺らぎだしたのです。三島・沼津の住民運動の先頭には、国労や日教組とともに町内会、農協、漁協、医師会、薬剤師会……など、従来、保守政治に協力してきた団体がたったのです。私自身も、堺市で同じような

「石油コンビナート反対！」トラクターで集会に参加する農民たち（沼津―1964年）

経験をしました。一九七二（昭和四七）年に、約二四万の署名を集めて、コンビナート拡大反対・公害防止の運動がおこったとき、そのさなかに堺市商工会議所吉田久博会頭が、突如、市民運動を支持して、公害を拡大するような企業誘致には反対であるという画期的な声明を出したのです。つまり、従来の保守政治の構造が揺れうごき、地場の中小企業の代表者も住民運動を支持せざるをえないという状況がこの時期に生まれたのです。

そのような草の根保守主義が草の根民主主義にかわっていく状況が革新自治体を生みだしてゆくことになりました。

革新自治体の歴史的役割

革新自治体は、三つの点で成果をあげたのでした。

第一は環境保全です。政府は「公害対策は経済成

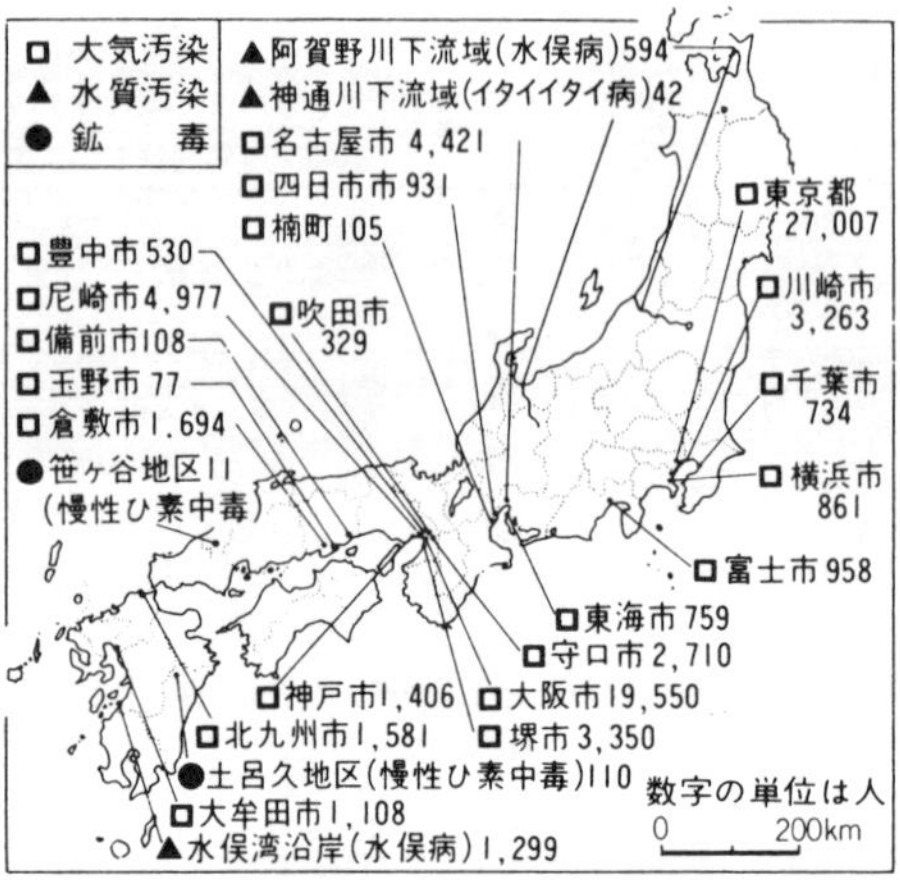

図4－6　公害健康被害補償法の指定地域と認定患者数（1980年12月現在）

長の範囲内でやればよい」という「経済成長調和論」をもっていたのにたいし、革新自治体は「生活環境優先」のスローガンをかかげます。とくに画期的だったのは、一九六九年の東京都公害防止条例の制定でした。ここではじめて環境権がうたわれたのです。政府はこの条例に絶対反対し、一年間争いがつづきました。そして結局、公害の深刻化と世論の支持のなかで政府の側が屈服し、七〇年には公害対策基本法を全面改定せざるをえなくなりました。生活環境優先の立場と、大企業の責任をとらせるという考え方を、ある程度法律のなかに盛りこまざるをえなくなったのです。また、環境庁が誕生し、一九七三年には公害健康被害補償法が制定されるにいたります。四大公害裁判はすべて原告が勝訴しました。これがこの法律をつくる背景にありました。労働災害の補償制度は世界中にありますが、しかし公害被害補償制度は、日本が世界ではじめてつくったものです（図4－6）。その意味で、公害健康被害補償法は世界史的にみて画期的な意義をもつものであり、日本人が多くの犠牲のうえに世界に先がけて生みだしたものだということです[17]。

第二は、福祉の確立です。日本は高度成長にもかかわらず福祉はあとまわしにしてきました。革新自治体は老人医療費の無料化をはじめ、高齢化社会に備えるさまざまな施策を生みだし、また保育所問題など婦人と子どもの人権を確立していくうえでも、中央政府ができなかった壁をつき破って道をひらいていったのでした。

第三は、「自治」の確立です。住民の声を聞くために対話をし、それを政治に生かすという道をひらきました。

公害対策の変化

この時期における地方行政の革命的な変化は公害対策でした。一九六三（昭和三八）年、私は名古屋市の公害対策をしらべにいったのですが、どこにも公害課はありませんでした。やっと見つけたのは伝染病の予防と対策にあたる防疫課の中の公害係でした。係長は大学で美学を専攻したという人で、その下に男女二人の若い職員でした。いまならば環境保全の責任者が美学出身であるというのは素敵なことです。しかし当時すでに名古屋南部から四日市にかけて、深刻な公害がおこっている時に、美学では対抗できません。

厚生省が戦後はじめて一九六一年度公害対策の現状について、全自治体の調査をしました。回答のあった三九都府県二五市中、公害対策をおこなっているものが一四都府県一六市です。このうち公害係、公害課などを独立させている自治体は東京都、新潟県、静岡県、大阪府、大

表4－7　地方公共団体の公害対策の変化

	1961		1974		1986	
	都道府県	市町村	都道府県	市町村	都道府県	市町村
公害担当組織のある団体	14	16	47	765	47	562
担当職員数	300		5,852	6,465	5,865	4,816
予算（億円）	140		3,501	6,036	8,910	20,800
除下水道予算	2		3,838		3,283	5,502
公害防止条例設置団体数	6	1	47	346	47	496

資料：1961年度は厚生省調べ、1974、1986両年度は『環境白書』による。

阪市、札幌市、名古屋市と宇都宮市にすぎませんでした。全国自治体職員一七〇万人のうち、公害対策の専従職員はすべてをかきあつめても、三〇〇人以下でした。公害対策予算は全国で一四〇億円、ただし大部分は下水道予算で、それを引くと二億円。公害地獄のような東京都でも一九六三年度予算では九九〇〇万円にすぎなかったのです。当時の職員はそれでも仕事の重大性を認識して戦闘的でした。福岡県は北九州のように、公害のちまたと化しながら、煙に食べさせてもらっているという市民意識の中で公害対策は容易でありませんでした。福岡県は東京・大阪についで一九五五（昭和三〇）年、公害防止条例をつくったのですが、大手一〇〇余工場からなる福岡県経営者協会は条例に時期尚早と反対し、一向にそれを守る姿勢をとりません。一九六一年当時、北九州市（当時八幡市）の城山小学校の観測点は月平均一平方キロ当り、最高八五トンの煤じんを観測しています。県は大気汚染の観測器を設置したのですが、一夜にして何者かに破壊されました。県公害対策課古賀係長が新日鉄にのりこんで、こういう無法な行為はやめてほしいと抗議したところ、会社の重役は「煙に文句があるような市民は市からでていってもらいたい」と恫喝《どうかつ》したそうです[18]。

幸いにして、先述のような公害反対と世論を背景にして、革新自治体の公害対策と公害裁判がすすんだ結果、地獄のような公害の街が救われたのです。**表4－7**は地方団体の公害対策の進歩をみたものです。七〇年代には、公害対策の担当職員は一万人をこえ、予算も一兆円に達するようになりました。これは地方自治史上例のない革命的な変化です。しかし、七〇年代末になると、企業の圧力もあって、政府の公害対策は後退をはじめます。一九七七（昭和五二）年、NO_2の環境基準は一日平均〇・〇二PPMから〇・〇四～〇・〇六PPMに緩和され、水俣病の認定患者の基準がきびしくなり、いわゆる患者きりすてがすすみました。一九八八年二月に政府は大気汚染は終わったとして、大気汚染患者の新規認定を打ちきりました。これより先に、公共事業の公害裁判として、大阪空港公害事件で最高裁は被害者原告の午後九時以降の航行禁止をもとめる要求を却下しました。これは企業の公害についで、深刻化しつつある公共事業の公害をみとめず、野放しにすることになりました。以後、一九八九年のアルシュ・サミット、一九九二年の国連環境開発会議などの国際的な環境保全の圧力によって、ようやく日本政府は環境政策の後退をやめることになりました[19]。

四、革新自治体の退潮

シビルミニマム論とその限界

革新自治体のこれらの政策は、シビルミニマム論というかたちで集約されたといってよいでしょう。シビルミニマムということばを最初に定式化したのは松下圭一です。これは、高度経済成長の果実を住民の福祉にまわすべきだ、という抵抗権の理論として広くうけいれられ、一時期、革新首長のみならず保守の首長も、口を開けば「シビルミニマム」を唱えるほど大流行をしたのです[20]。

ところが、シビルミニマム論には、重大な弱点がありました。まず、シビルミニマム論には基本的に産業政策と財政政策が抜け落ちているからでした。産業政策と財政政策がないと、どうしても経済的不況がくると弱さを露呈するのです。私は「シビルミニマム論は、その理念をどのようにして実現するかの手段を欠いている。手段なき理念はかならず経済的に失敗する」というかたちで批判していたのです[21]。

このことは、一九七四（昭和四九）年の石油ショック→不況の過程で、ひじょうにはっきりしてきます。革新自治体は、産業政策や財政政策がないものですから、その点で揺さぶりをかけられてしまいます。世論のほうも、財政をどうするのか、経済危機をどうするのかというほうに関心がいってしまって、それに対して革新自治体が明確な政策をもてないまま、受身にまわっていったのでした。

残念ながら、美濃部都政の場合もそうでした。私は、美濃部都政の終盤に、都の広報にもそのことを書いたのです。都の中期計画などをみても、産業政策はない。あるのは、「中小企業を保護する」という政策です。こういう考え方の根底には中小企業の軽視があると思います。大都市の場合は、中小企業はもっとも発展する企業形態なのであって、社会保障的な発想による零細企業保護論だけではだめなのです。これでは東京都全体の経済をどう維持していくかという展望を政策化できないのです。

シビルミニマム論にはそういう欠陥が内在しており、不況の進行の過程で、このことが革新自治体への期待を失わせ、住民、とくに都市の中間層からみて欠乏感を感じさせていったのです。

いうまでもなく、根本的には革新自治体の衰退は、政治的な要因です。同和問題などをめぐる革新政党内部の対立や国政レベルでの野党の与党へのすりよりなどの右傾化が政治過程で生じて、革新自治体の主体が分裂していきました。しかし、そうした基本的な政治的対立を基盤としながら、同時に政策上の限界＝シビルミニマム論の限界があったのではないでしょうか。

参加の未成熟

もう一つの限界は、革新自治体が住民参加の制度をついに成熟させられなかったことです。住民が強く参加をもとめていたにもかかわらず、先進国での実験や制度化の歩みに比べると、たいへんなおくれをとっていることは否定しようがありません。

たとえば、ニューヨーク市では財政危機の際に、危機の克服策と関連させながら、コミュニティ委員会《ボード》という参加の制度をつくりました。イタリアは地区住民評議会という有名なコミュニティレベルにおける議会制度をつくっています。資本主義制度のもとでも、すすんだ自治体では参加の制度化をしているにもかかわらず、ついに日本の革新自治体は、参加の制度を実現できないまま終焉していったのです。もちろんすべて終焉したのではなく、たとえば、革新自治体をつづけた東京都中野区の住区協議会や教育委員準公選制度のような貴重な成果もあるのですが、しかし全体として、〝参加の制度化はいまだできず〟というのが、日本の状態であり、このことが橋頭堡というか、陣地として右傾化の波の中でも残らなかった、という意味で限界がありました。

これは、革新首長や議会（政党）の責任だけでなく住民運動自体の責任もあります。革新自治体をつくっても、住民運動は依然として首長に「お願いします」という陳情方式から基本的に脱皮できなかったということです。本来なら、参加の制度化を前進させ、そのなかで行政機関や議会も含めていっしょに地域政策を考えるという方向にむかうべきであったのです。そうならずに地域施設やサービスの拡充要求をするという個別の陳情型をつづけたのです。あるいは逆に、激突型でまったく政策提起をしないで、ただ「反対」でぶつかっていくといった住民運動しかありませんでした。つまり、自らコストを負担するという、政策提起型でお互いに議論しながら自治体政策を創っていくという住民運動になりえなかったのです。

そのような住民運動の弱さを残したまま、石油ショック以後の状況変化に多くの自治体はうまく対応できませんでした。七〇年代終盤には、京都府、沖縄県、東京都、大阪府という重要な革新自治体が保守自治体にかわりました。そして全体として自治体政策は、「都市経営論」にまきこまれていったのです。[22]かつてのシビルミニマム論が「手段なき理念」であったとするなら、この「都市経営論」は「理念なき手段」といえるのではないでしょうか。とにかくいかにして合理化、効率化するかという「都市経営論」が全体として自治体の政策を支配して、その上に臨調型行政改革がのっかっているのです。こうして、自治体の状況は都市経営型実務型になり、そのために、住民が自治をもとめ、生活改善をもとめて燃えあがっていくようなかつての状態とは大きく様変わりしてしまいました。

自民党「都市政策大綱」と保守再編

同時に、この期間中ひじょうに重要なことが起こりました。

一九六七（昭和四二）年の東京都知事選挙で美濃部都政が誕生したとき、このことにもっとも敏感に反応したのは、田中角栄でした。田中角栄は、都知事選直後に『中央公論』に論文を書き、「きょう東京で起きたことは、あす日本で起きる」といい、保守政治の危機を訴えます。もともと日本の保守政治には地域政策、とくに都市政策がない。もしそれを放置するなら日本中が革新自治体になってしまう——と。そこで、田中は自民党内に都市政策調査会を設け自ら委員長になって、のちの「日本列島改造論」（一九七二年）になっていく基本的な政策をつくります。それが一九六八年に発表された自民党『都市政策大綱』です。これはいまなお自民党の地域戦略の大綱をなしており、八〇年代に大きく前面に出てくる「民間活力」論は、すでにこの中で提起されていました。[23]

『都市政策大綱』が出たとき、私はＮＨＫの総合番組で田中角栄と対談しました。そのとき田中が放送前の打合せで、「宮本さん、この大綱が土建屋的構想であると言うのだけはやめてくれよ」と言いました。にもかかわらず本番で私がそれを言いますと、彼がすごく渋い顔をし

図４－７　革新自治体の退潮、政党関与率の推移（市区長）

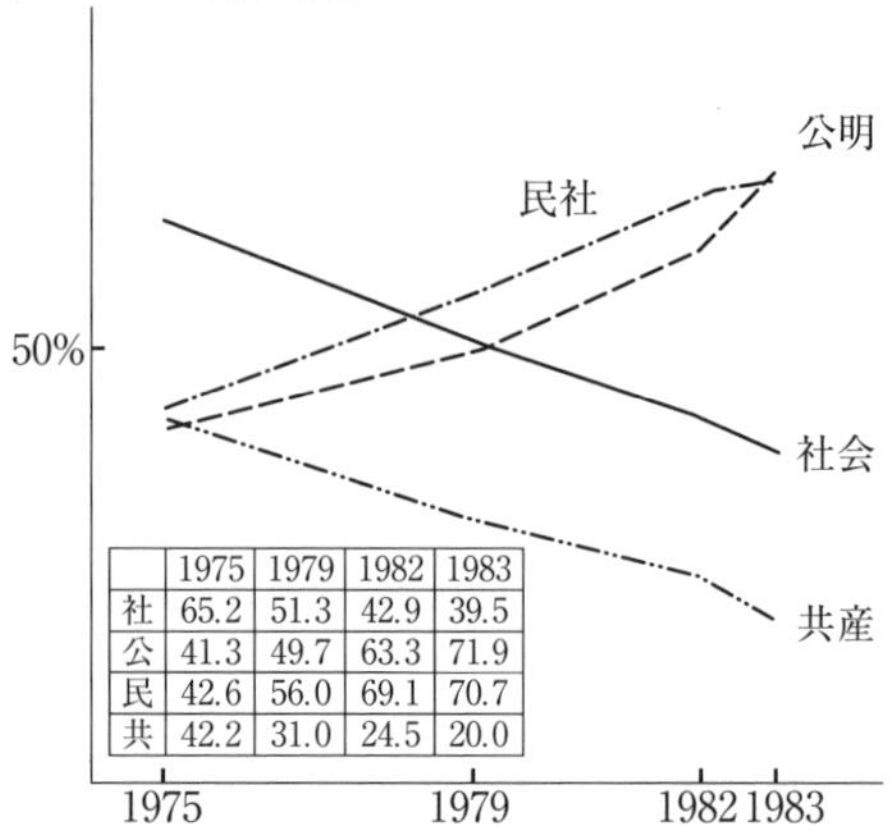

	1975	1979	1982	1983
社	65.2	51.3	42.9	39.5
公	41.3	49.7	63.3	71.9
民	42.6	56.0	69.1	70.7
共	42.2	31.0	24.5	20.0

（注）政党関与率　各政党の推せん・支持の延べ数を当選首長の総数で除した数値
（地方自治総合研究所『全国首長名簿』1983年版）

ていたのを覚えています。

『都市政策大綱』に書いてあるのはこういうことです。

――都市の開発や都市計画の公共事業の大部分を、自治体から民間に移す。都市開発は新しい民間の事業になりうるものである。だから収益性のある公共事業や公共サービスは民間に委ね、そこで浮いた都市の財源を地方の開発にまわす。そういうかたちで日本列島を改造すればよい、というのです（八〇年代以降、中曽根内閣の〝アーバン・ルネッサンス〟や小泉内閣の都市再生とよばれる、民間活力による都市改造政策は、その連続であるといえるのです）。

そうした戦略に立って、国は公債を発行しながら、毎年二〇％以上も公共事業を拡張してその大部分を地方にばらまいていったのです。どのくらい地方へばらまいたか。住民一人あたりの行政投資が最も多いのは、島根、鳥取……などの農村県で、全国平均一・五〜一・六倍です。少ないのは東京、大阪、神奈川、埼玉です。これらのところへは全国平均の六割ぐらいしか出さない。つまり大都市に成立しはじめてきた革新自治体が財政的に打撃を受けるのは当然であり、財政資金が地方の保守的な府県に重点配分されたのです。革新自治体の台頭で危機に陥っていた草の根保守主義は、この新しい公共事業を媒介にした財政資金の撒布によって、再編成されていくのです。

このような結果、八〇年代になると、農業と建設業と比較すると建設業のほうが雇用力が大きくなった。一九八四年で日本の農業は四六八万人、建設業は五二七万人となっています[24]。いま述べたように年に二〇％以上も増えてゆく公共事業費によって——実はこれが今日の財政赤字の原因ですが——この状況はつくられました。そういう公共事業の地方への撒布をやりながら、さらに自民党は総裁公選制で党員を増やし、草の根保守主義を活性化させていったのです。

こうしてついに、七〇年代後半の大平内閣の下で「地方の時代」という声の下で、保守主義が再編され、革新自治体が退潮していったのでした。

（注）

(1) 辻清明『日本の地方自治』（岩波新書、一九七六年）、藤田武夫『現代日本地方財政史』上巻（日本評論社、一九七六年）参照。

(2) 戦後地方自治制の歴史に関しては、藤田武夫『現代日本地方財政史』（全三巻、日本評論社）がもっとも包括的な力作でしょう。また占領下の地方財政制度の歴史では、林健久『地方財政』（大蔵省編『昭和財政史』第一六巻、東洋経済新報社、一九七八年）が参考になります。

(3) 機関委任事務については次の文献が参考になります。
坂本忠次『現代地方自治財政論』（青木書店、一九八六年）第二章。

室井力編著『行政事務再配分の理論と現状』（勁草書房、一九八〇年）。

舟場正富「機関委任事務の実態と改革の方向」（藤田武夫、和田八束、他編『地方財政の理論と政策』（昭和堂、一九七八年）。

拙稿「機関委任事務と財政改革」（『経済学会雑誌』第七五巻四・五号）。

(4)国庫支出金については数多くの文献がありますが、現代地方財政の基本的な性格と関連させて論じているものとしては、宮本憲一編『補助金の政治経済学』（朝日新聞社、一九九〇年）。
　国庫支出金がシャウプ勧告に反して急激に伸張していく事情については、藤田武夫『現代日本地方財政史』中巻第四章（日本評論社、一九七八年）参照。

　日本の国庫補助金の政治的性格については、今村奈良臣『補助金と農業・農村』（家の光協会、一九七八年）、広瀬道貞『補助金と政権党』（朝日新聞社、一九八一年）が参考になります。

　これまで国庫支出金は主として、農村財政の補助制度としてみられてきましたが、一九六〇年代以後、次第に経済成長や都市問題対策として、大都市を中心に撒布される新傾向がでてきています。とくに、大都市における黒人問題などで社会政策を必要としたアメリカでは、補助金は大都市を中心に分配されはじめています。CF. J. W. Fossett. *Federal Aid to Big Cities.* (Washington. 1983)。イギリスではサッチャー政権以降、福祉国家からの離脱がはかられ、このような都市政策のための補助金が整理されていく傾向にあります。小林昭「地方財政支出統制と新ブロック・グラント」（永井進、大江志乃夫、宮本憲一編『市民社会の思想』お茶の水書房、一九八三年）など参照。
(5)日本の地方財政については多くの文献がでているが、ここでは入門書を三点紹介します。宮本憲一・遠藤宏一編『セミナー現代地方財政Ⅰ』（勁草書房、二〇〇六年）。重森曉著『入門現代地方自治と地方財政』（自治体研究社、二〇〇三年）。佐藤進・林健久編『地方財政読本—第五版』（東洋経済新報社、二〇〇四年）。
(6)この時期については神田文人『占領と民主主義』（小学館『昭和の歴史』第八巻）参照。
(7)シャウプ使節団日本税制報告書附録Ｖ「地方団体の財政」中のＤ「職務の分掌」。
(8)『地方自治資料』第七一号。
(9)渡辺敬司「地方財政の危機と再建」（前掲、島・宮本共編）一四七ページ。

⑽市町村合併については、島恭彦前掲『町村合併と農村の変貌』を参照。当時の新市町村建設計画については宮本憲一『新市町村建設経営の展望』（石川県、一九六二年）。

⑾座談会「開発の夢と現実」（『世界』一九六一年一二月号）。この自治研の直後、私は四日市コンビナートを調査し、その公害に衝撃をうけました。そこで全国的に公害の調査をしました。その最初の成果が、「しのびよる公害」（『世界』一九六二年一二月号）です。これは大きな関心をよびおこしたようで、ついで庄司光教授とともに『恐るべき公害』（岩波新書、一九六四年）を出版しました。これは学際的研究による最初の業績であり、戦後の公害問題はこの時期から世論が広がるきっかけになりました。

⑿三島・沼津・清水二市一町の市民運動については、宮本憲一編『沼津住民運動の歩み』（日本放送出版協会、一九七九年）、初期の住民運動の理論と実態については、遠藤晃・宮本憲一編『都市問題と住民運動』（講座『現代日本の都市問題』第八巻、汐文社、一九七一年）。

⒀高度成長期から、昭和天皇の死去までの概史は、宮本憲一『経済大国』（小学館『昭和の歴史』10、一九九四年）参照。地域開発については、宮本憲一『地域開発はこれでよいか』（岩波新書、一九七三年）、宮本憲一編『講座・地域開発と自治体』（全三巻、筑摩書房、一九七七〜七九年）が総括的です。

⒁宮本憲一編『大都市とコンビナート・大阪』（前掲『講座・地域開発と自治体』第一巻）。

⒂宮本憲一『現代の都市と農村』（NHK出版、一九八二年）。儀我壮一郎・深井純一・三村浩史『国土・都市・農村と地域開発』（『自治体問題講座』第五巻、自治体研究社、一九七九年）。

⒃Cf. W. K. Tabb & L. Sewers, Marxism and the Metropolis, New York. P5.

⒄宮本憲一『環境経済学』（岩波書店、一九八九年、新版、二〇〇七年）第四章、日本環境会議編『岐路にたつ環境行政』（東研出版、一九八五年）参照。

⒅庄司光・宮本憲一前掲『恐るべき公害』参照。

(19)宮本憲一『環境政策の国際化』（実教出版、一九九五年）。

(20)松下圭一『シビル・ミニマムの思想』（東京大学出版会、一九七一年）、同『都市政策を考える』（岩波新書、一九七一年）など。なおこの時期の都市政策を総括した歴史的業績として、伊東光晴・篠原一・松下圭一・宮本憲一編『岩波講座・現代都市政策』（全一一巻、付属一巻、岩波書店、一九七二年～一九七三年）。これは政策科学の最初の学際的成果です。

(21)シビルミニマム論を評価した上で批判したのは、宮本憲一「都市問題から都市政策へ」（前掲『岩波講座・現代都市政策』第一一巻）。また戦前戦後の都市政策の思想の位置づけと現実の政策を検討したものとして宮本憲一前掲『都市政策の思想と現実』。この中で改めて、シビルミニマム論を位置づけています。また革新自治体の退潮についてものべています。

(22)都市経営論をめぐって論争がありました。

高寄昇三は横田茂などの民主的行政改革論者にたいして、その制度改革論の主張をみとめつつも、神戸市のような自主的な行財政運営の効率化と民主化の意義を強調し、それなくして、制度改革を主張することの限界をついています。高寄昇三『現代都市経営論』（勁草書房、一九八五年）。また宮崎辰雄神戸市長の都市経営を総括したものとして、高寄昇三『宮崎神戸市政の研究』全四巻（勁草書房、一九九三年）があります。ここでは第一期革新自治体の欠陥であった政策実現のための経営論の欠如と、その中で「神戸株式会社」といわれるほど公共デベロッパーとしての業績をあげた宮崎神戸市政の紹介と評価をしています。たしかに、他の地方団体が地域開発や第三セクターで大きな赤字を出しているのとくらべれば、神戸市の経営力は評価されてよいでしょう。しかし、私は、宮崎市政の当初から、山を削り海を埋めたてる公共デベロッパーの郊外開発による環境破壊と都心の再開発のおくれからくるインナーシティ問題を批判してきました。とりわけ、宮崎市政の末期には、支援母体である市民運動との対立があり、地方自治の推進者としての評価を疑わしめる言動がありました。そのことを私は「都市経営の総括」（『都市政策』一九九〇年四月号）でのべておきました。まことに不幸なことに一九九五年一月一七日、阪神淡路大震災が発生し、インナーシティ（都心部）の高齢な貧困世帯に被害が集中しました。神戸市都市経営は根底から批判をうけることになりました。しかしこの都市政策の欠陥は、神戸市のみのものではありません。日本全国の都市が神戸市と同じように、郊外開発——海岸埋立・丘陵部・里山の破壊によるニュータウンの建設——、都心の再開発の遅延・安全の欠如と中心市街地の衰退を現出してきているのです。大震災の教訓は都市政策の基本的な改革を要求したといってよいでしょう。大震災と地方自治研究会編『大震災と地方自治』（自治体研究社、一九九六年）。

(23) 宮本憲一『日本の都市問題』（筑摩書房、一九六九年）参照。

(24) ジェラルド・カーティス、石川真澄『土建国家ニッポン』（光文社、一九八三年）。

第5章　戦後地方自治制の危機と再編

一、バブルとその崩壊による行財政の危機

日本経済の国際化と国内の空洞化

一九八〇年代はじめ、不況のなかで世界貿易は縮小しました。しかし日本は対米輸出を中心に輸出が急増したために、世界最大の貿易黒字国となりました。一方、アメリカのレーガン政権の下では輸入超過による貿易赤字と巨額の軍事費による財政赤字という、いわゆる「双子の赤字」が深刻化しました。一九八五（昭和六〇）年にひらかれたG５（先進五カ国蔵相・中央銀行総裁会議）は、プラザ合意によりアメリカの貿易収支改善のためにドル高是正をおこなうことをきめました。この措置により、円は三年間で一ドル＝二五〇円から一二〇円へと急騰しました。円高により鉄鋼・造船などはその輸出が減少しましたが、合理化をすすめた自動車やハイテク産業の輸出は増加をつづけました。一方、政府はアメリカの圧力に応えて、貿易摩擦を緩和するために国内需要の拡大を公債による公共投資の拡大によっておこない、産業構造の転換をすすめました。

円高による海外投資コストの減少という環境のもとで、企業は貿易摩擦の回避や市場の拡大を目的として、海外直接投資を急増させました。この過程で日本の大企業は多国籍企業へと成

長しました。一九九三（平成五）年には世界の多国籍企業は三万七〇〇〇社、その保有する海外子会社は一七万社、対外直接投資残高は一兆八〇〇〇億ドル、海外売上高は五兆五〇〇〇億ドルにのぼり、世界の年間財・サービス貿易取引高四兆ドルより大きくなったのです。この多国籍企業上位一〇〇社で、日本の国内総生産に匹敵するほどの売上げを上げています。この一〇〇社のうち第一位はアメリカの二五社、第二位は日本とイギリスでそれぞれ一二社となっています。日本の多国籍企業は八〇年代後半に飛躍的に拡大しました。仕向地は台湾・韓国から東南アジア、そして九〇年代後半からは中国に重点をおいています。とりわけ家電や自動車など現地の市場拡大がみこまれる部門の海外投資は急増しました。投資の原因はなによりも現地の低賃金にあります。九〇年代にバブルが崩壊すると、中小企業も海外投資がすすみ、この結果、「空洞化」といわれる現象が生じ、地域経済が新しい困難に直面することになりました。

このような多国籍企業の発展を中心にしながら経済のグローバリゼーションがすすみました。経済のグローバリゼーションはＩＴ（情報テクノロジー）革命といわれる情報産業などの発展をすすめました。カジノ経済といわれるように、いまでは為替や証券の売買による利益の取得が、金融資本のみならず、あらゆる部門の財務の戦略になっています。

この経済のグローバリゼーションは、アメリカナイゼーション（アメリカ化）といわれるように、アメリカの経営や会計の制度や政策が、標準として各国の制度や政策を規制していく傾向にあります(1)。アメリカが勢力をもっているＷＴＯ（世界貿易機構）、それを支える世界銀行やＩＭＦなどが、多国籍企業の投資と貿易の自由化をすすめています。この経済のグローバリゼーションは、地球環境問題や南北問題などをひきおこすだけでなく、各国の人権（労働権や生活権）を侵害しています。アジア・ロシア・中南米の経済危機にあたって、ＩＭＦの救済措置は、各国政府を規制して、市場原理による合理化を強制しました。いまや各国政府の行財政は、このグローバリゼーションの中で動いているのです。

新自由主義による行財政改革

日本の財政は超健全財政でしたが、第一次石油危機以後赤字財政に転じました。一九八二（昭和五七）年に成立した中曽根内閣は、サッチャー＝レーガンの新自由主義の政策に同調し、国鉄・電々・専売三公社や日本航空の民営化をおこないました。一九八五年四月電々公社はＮＴＴとして、日本一の超マンモス会社となりました。赤字をかかえていた国鉄は一九八七年四月、ＪＲとして六つの旅客会社、貨物会社、国鉄清算事業団に分割され民営化しました。この国鉄の民営化は日本最強の労働組合を解体することになりました。国鉄職員は二七万七〇〇〇人でありましたが、新事業体の適正規模は一八万三〇〇〇人とされ、その「余剰人員」九万三〇〇〇人のうち、三万二〇〇〇人は新事業体がひきとるが、残りは退職させられることとなり、長期の紛争を生むことになりました。

民営化によって、「公共性」が問題となりました。赤字路線は廃止されるか、第三セクターに経営が移管されました。このことは交通を困難にし過疎化を一層すすめることになりました。このような市場原理による改革によって、政治の干渉がなくなったかというと、そうではありません。民営化後も整備新幹線にみるように、与党は路線拡大をすすめ、それは赤字路線を新たに生みだし、国民の負担はふえているのです。

この中曽根内閣にはじまる行政改革は、これまで聖域といわれていた教育や社会福祉の分野にも手をつけ、補助金カットや規制緩和がすすめられました。一九八九年には竹下登内閣は財政再建のために、消費税を導入しました。これは従来もっとも公平な税制であった所得課税による総合累進課税制を改革し、税制による所得再分配の制度をやめていく道をひらいたものでした。

四全総とバブル経済

急激な国際化と産業構造の変化に加えて、人口増加がとまり、高齢化がすすんだために、国土の構造に変化があらわれました。一九七〇年代には大都市圏への産業と人口の集中が止まるかにみえたのですが、八〇年代にはいると、東京圏への一極集中が激しくなり、他方、第二次過疎化といわれるような現象がすすみました。政府は一九八七（昭和六二）年五月、第四次全国総合開発計画を発表し、多極分散型国土構造をつくる目標をかかげました。この計画では、世界都市東京の機能の再編成、テクノポリス法（一九八三年）による一九指定地域の整備、総合保養地域整備法（リゾート法、一九八七年）による過疎地域の開発を地域計画の柱にし、かつての日本列島改造論の提示した大量輸送通信体系を復活して、国土の効率のある開発をすすめるというものでした。

この国土計画は新自由主義の潮流の中でつくられたものでしたので、政府が直接実行をするというのでなく、環境の規制を緩和して民間企業の開発にまかせ、それを減税や公共事業で助成するというものでした。一九八五年からの円高不況と超低金利政策のもとで、過剰流動性（資金が過剰になる）が生じた企業は、海外投資や国内工場のオートメーション化の設備投資をすすめるとともに、土地や株式への投資を膨張させました。八〇年代後半はこの土地・株式、不動産、美術品を中心とした投機によって、バブル経済がはじまりました。とくに土地、株式投機は銀行・証券・保険などの金融資本のバック・アップによってすすみました。これを政府の四全総などの地域開発は拍車をかけたといってよいでしょう。

一九八六（昭和六一）年七月以降一年間で宅地の価格上昇率は全国平均九・七%、東京都は実に八五・七%となり、銀座の土地は三・三平方メートルあたり一億円をこえ、世界一となりました。一方、リゾート法によって全国の都道府県は開発の構想をしめし、一九九一年二月末現在で、基本構想承認区域が二七地域（国土の一九%）におよびました。過疎対策になやむ地域は、ゴルフ場、スキー場またはマリン施設、リゾート・ホテル、マンションを建設するという大同小異の構想を発表しました。地元主体ではなく、いずれもが西武・セゾングループ、国土計画、近鉄、阪急、伊藤忠、三井不動産、長谷工などの交通、不動産、商業、重工業の巨大資本による「外来型開発」でした。これにのって、あらゆる企業や余裕のある個人が未開発の山林・原野を買いあさるという異常な事態となりました。

このため地価上昇は東京から、地方都市、さらに農村におよびました。一時期アメリカの国土の四％しかない日本の国土の地価でアメリカが三つ買えるといわれるほどのブームとなりました。竹下内閣は「ふるさと創生」といって、交付金一億円を市町村にばらまきました。これは不要不急な公共事業などを一層すすめることになりました。

税制改革とリクルート汚職

一九八七（昭和六二）年一一月に発足した竹下内閣は、所得税、法人税減税と一般消費税導入を中心とする税制改革をおこないました。所得税、個人住民税では課税最低限の引上げと累進性の緩和（所得税は一〇・五％から六〇％までの一二段階を一〇％から五〇％までの五段階）により三兆二〇〇〇億円減税、法人税税率の引下げ（留保分四二％を八九年度四〇％、九〇年度三七・五％へ）などで一兆八〇〇〇億円の減税、相続税減税で合計五兆六〇〇〇億円の減税をする一方、五兆四〇〇〇億円の消費税を導入しました。

これは福祉国家の税制として、総合累進課税によって所得再分配をはかっていた性格を一変させるものです。この改革は地方財政については全く考慮していません。後の土地税制が地方税制を無視したように、その後の地方財政危機のとびらを開くものでした。

土地・株式の投機は、政財界の汚職を生みました。一九八八年六月、川崎市小松秀熙助役がリクルート・コスモスから三万株を譲渡されて川崎駅西口への進出に便宜をはかったという疑惑があかるみに出て、解職されました。これを契機にして、リクルート疑惑といわれる政財界人の贈収賄が明るみに出ました。それは宮沢喜一・竹下登をふくむ中曽根内閣の主要メンバー、労働・文部両省の高官、野党の代議士、日経・読売・毎日各新聞の幹部にたいして、未公開株譲渡がおこなわれたものです。この贈賄によって江副浩正前リクルート会長が、税調や臨教審などの審議会委員になり、その他の利権をえていたという疑惑が発覚したのです。

この中央・地方を通ずる政財官癒着の構造は、バブルの時代に極限にまですすみ、その後の政治の混乱と不信を生むことになりました。

バブルの崩壊――平成不況

一九九〇（平成二）年、バブル期に二・三倍に高騰していた株価が下り、一九九一年には二・五倍になっていた地価は暴落し、一九九八年にはバブル以前の価格にもどりました。この結果、金融機関から融資をうけて土地や株式に投資をおこなってきた企業や個人に多額の損失が生まれました。金融機関には巨額の不良債権が発生しました。不良債権は一〇〇兆円をこえるとみられましたが、政府・大蔵省は情報を小出しにして、基本的な整理をあとへ引き延しました。この間、預金者への払戻しができずに、経営破綻に陥った中小金融機関がつづきました。不良債権の回収がすすまない銀行は貸し出しに慎重になり、貸し渋りによって中小企業などで倒産があいつぎました。

アメリカの圧力によって、金融の自由化がすすむと金融機関の経営回復は一層困難となりました。一九九七年に橋本内閣は景気の回復の兆候を過信して財政再建のための財政支出を制限し、消費税率や社会保険料の引上げをおこないました。しかし、この政策は国際金融資本の投機によるアジア経済危機と相まって、不況を深刻化させました。不良債権の根本的な解決をしないまま金融機関の救済のために公的資金を投入しました。これによってかえって金融危機は長期化し、北海道拓殖銀行や山一証券の廃業にはじまり、日本長期信用銀行、日本債権信用銀行の破綻をまねきました。政府は、一九九八年金融再生委員会を発足させ、七〇兆円の公的資金を用意し、すでに七兆円をこえる救済資金を供給しています。二〇〇〇（平成一二）年には大蔵省から金融庁を分離して、金融機関の自律的運営をすすめましたが、そごうやダイエーの倒産などにみられるスーパーやデパートなどの破綻、大手建設業の破産によって、りそな銀行、UFJ銀行のような大手銀行がゆきづまりました。企業は大型の合併やリストラをすすめ、失業率は二〇〇一年に五・六％と戦後最高を記録しました。

二〇〇三年からようやく景気は回復してきましたが、企業合併はつづき、バブル崩壊による傷跡は重く、まだしばらくは続くのです。

地方単独事業増大と財政危機

バブル期に普通建設事業（土木費を中心に学校建築などのすべての公共事業をふくむ）の単独事業が急増しました。**図5－1**のように一九八〇年度には単独事業費は補助事業の六二％にすぎなかったものが、一九八八年度には補助事業費を上回りました。これに先がけて、市町村では一九八五年度に単独事業費が補助事業費を上回っています。公共投資の主体は地方財政にうつり、一九九三年度には約一八兆円、補助事業費の一・六倍に達しました。市町村の場合は一九九三年度で一一兆円とピークになり、補助事業の二・五倍になりました。この中心は道路を主体とする土木費で六〇％をしめていました。のこりもハコモノといわれる施設費です。

一九九六年度の単独事業の財源四五％が地方債です。この結果、地方債が急増し、財政危機の原因を生みました。地方では、リゾート計画など公共施設建設事業が増大したのですが、とくに東京都・大阪府・大阪市などが史上空前の赤字をかかえています。これは世界都市をめざした巨大プロジェクトの多くを単独事業でおこなった失敗です。

これまで地方債は許可制でしたが、政府は単独事業を優先順位をつけて、潤沢に許可しました。たとえば政府が優先している地域改善対策特定事業費は一〇〇％、下水道は八五％の起債をみとめています。さらにこの地方債の償還について普通交付税で元利償還金を算入しています。たとえば先の二つの事業費の地方債元利償還金について、八〇％と五〇％を交付税で処置をしています。

図５－１　普通建設事業の推移

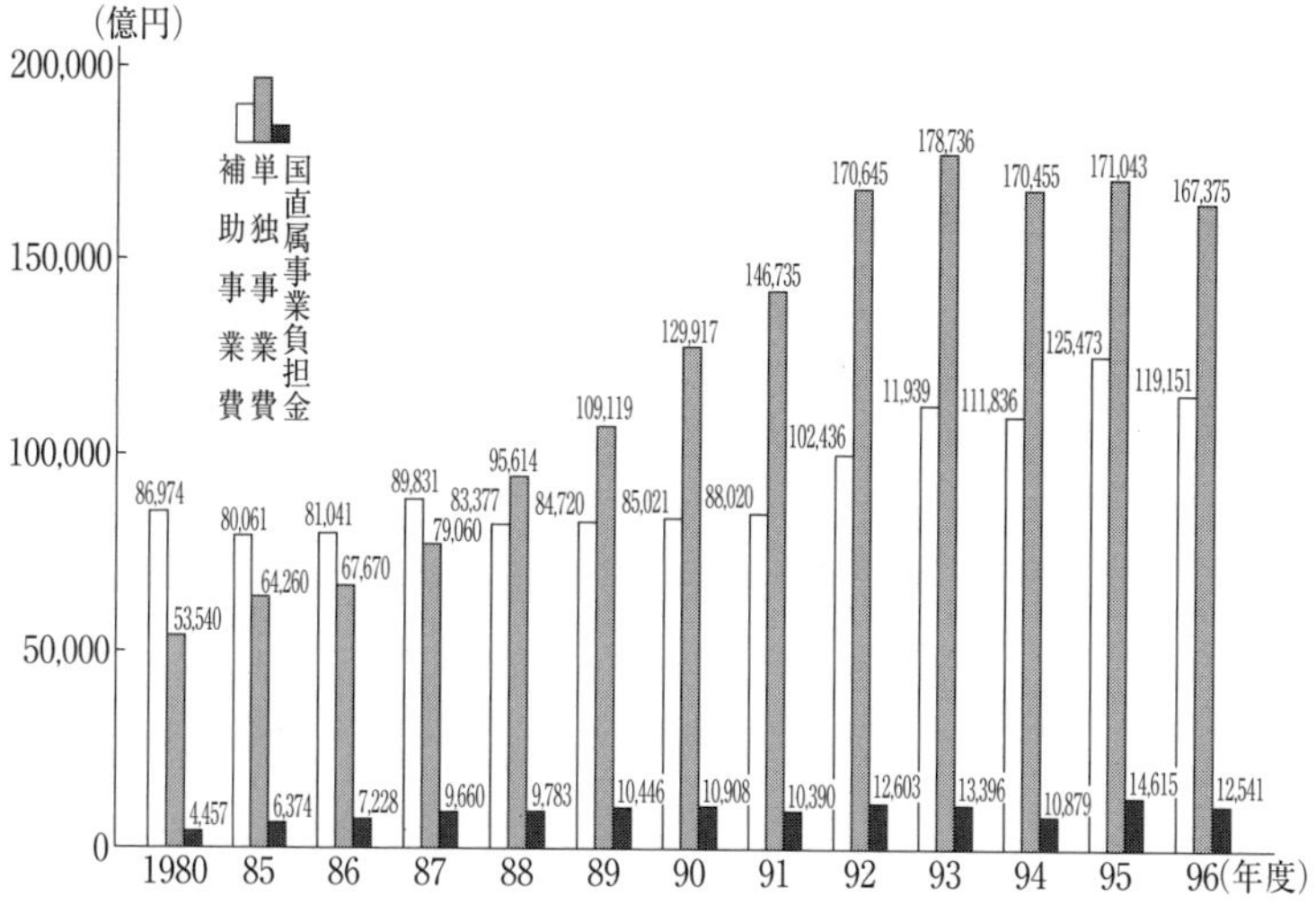

（出所）　自治省『地方財政白書』（1998年版）。

この結果、交付税は一般財源であるはずのものが、特定事業については地方債を媒介にして誘導をする補助金になっています。地方団体からみれば、交付税で処置をしてくれるので借金が容易になり、これで公共事業を拡大できることになりました。この「交付税の補助金化」はかねて事業費補正による国の公共事業偏重として問題となっていましたが、いまや政府の政策を誘導する装置になっています。政府各省が政策誘導のために特定補助金を使っていましたが、近年では総務省が地方債・交付税を使って、政策誘導をしているのです。このことは、さいきんの市町村合併促進のための交付金でも明らかになっています。しかも単独事業の場合、最終的には地方団体の借金の増大になります。単独事業というと地方団体独自の必要によって施行されるようにみえますが、実は国の景気政策の下請けであったり、分権化政策による国の行政の委任がおこなわれているのです。こうして、交付税は変質して、地方自治を保障するどころか、自治を侵害する手段にかわりはじめています。

バブルとその崩壊の前後に、地方団体は民営化路線にのって、第三セクターをつくり、開発を促進しました。日本の第三セクターは公共と民間の共同出資による法人です。この第三セクターは神戸市の都市経営の基幹的組織として、収益をあげて注目されました。たしかに権力をもった公共デベロッパーが、内外の民間資金を使って事業をすれば、効率的に計画が遂行できるようにみえます。社会資本や社会サービスのように、公私混合領域が多くなってきた時には、第三セクター方式は適合しているようにみえます。しかし、バブル以降、民活法などによってすすめられた第三セクターは、リゾート開発や世界都市構想など、土地投機的な要素が多く、しかも民間資本では利潤の見込みの小さな分野に進出しました。公共資金が投入されたにもかかわらず、議会などの規制は弱く、情報の公開は不十分でした。天下り人事による官僚的な経営とずさんな計画という、公私両部門の長所でなく短所がより集まったような事業の結果、第三セクターの半分以上が膨大な赤字をかかえるにいたりました。これが、地方財政の危機に拍車をかけました。

戦後日本地方財政史上、一九五〇年代の財政危機につぐ深刻な状況が生まれています。二〇〇二年度決算では、実質単年度収支で九七八億円の赤字となり、赤字団体は二〇五五団体となりました。同年度末で地方債は一三四兆円、交付税特別会計借入金や公営企業債のうち普通会計が負担するものをいれると、一九三兆円、二〇〇四（平成一六）年度末には二〇四兆円になる見込みです。二〇〇二年度の地方税が三三兆円ですから、これとくらべて、いかに深刻な財政状況であるかが解ると思います。しかも、国の財政はより以上に深刻な状況です。

このような空前の財政危機をまねいている原因は短期的には平成不況といわれるような経済停滞による税収の減退、そしてバブルとその崩壊前後の地方財政のルーズな膨張路線によりますが、長期的にみると、国と地方の財政関係の欠陥にあるといってよいでしょう。シャウプ勧告によってつくられた日本の地方財政制度は、基本的に改革しなければならぬ時にきているのです。(2)

二、分権化への道

分権推進計画

一九九三年（平成五）年六月、国会は全党一致で「地方分権推進に関する決議」をおこない、その実現のために一九九五年七月「地方分権推進法」にもとづき地方分権推進委員会（以下「分権委」と略す）が総理府に設置されました。「分権委」は五次にわたる答申をおこない、政府は一九九八年五月「地方分権推進計画」（以下「分権計画」と略す）、一九九九年三月第二次「分権計画」を閣議決定し、それらにもとづき、一九九九年七月「地方分権一括法」を提案し、議会はこれを付帯条件をつけて採択しました。この法律は四七五本の法律の改正を一括して提出したもので、二〇〇〇年四月から施行されました。

「分権委」は他の審議会にくらべれば研究者が中心となっています。このためもあって、「ヨーロッパ地方自治憲章」を参考としているようにみえます。しかし、実際の答申をみると新自由主義の民営化、規則緩和、「小さな政府」のための地方分権をも理念とするようなあいまいさをもってすすんだといえます。

「分権委」は一九九六年三月に中間答申を発表しました。そこでは今回の改革を明治維新と戦後改革につぐ「第三の改革」であると高い理想の旗をかかげました。次章でのべるように、分権は世界的潮流であり、とくにわが国は政官財癒着の中央集権政治の弊害と東京一極集中による経済力の過度集中の失敗とが重なって、分権の必要は誰しもがみとめるところです。「分権委」が「第三の改革」と意欲的な旗印をかかげたことは、不当だとはいえません。しかし、果して「分権計画」の理念と内容がそれに値するものであったかどうかは大きな疑問です。それは分権の主体がせいぜい一部の政治家や研究者にとどまって、市民の力になっていないことにあらわれています。すでにのべたように、明治維新では国内の変革勢力が主体的にうごき、それは自由民権運動の地方自治を生みだしました。戦後改革はアメリカを中心とした連合国が主導権をもっていたとはいえ、民主化をのぞむ世論と運動と客観的な変革の条件がありました。現在そのような二つの時期の革命的なエネルギーが生まれていません。むしろ、憲法改正へむかうような保守的な世論と運動がジャーナリズムの一定の支持をうけています。大正デモクラシーや戦後の革新自治体の誕生の時のような地方自治をもとめる市民運動の発展をめざさなければ、研究者の力で「第三の改革」はできないのです。「中間報告」が発表されて以後、各省の抵抗ははげしくなり、橋本首相が「現実可能な案をしめせ」と指示して以後のトーンダウンは、「分権委」のよって立つ基盤の弱さをあらわしたといえます。

現代的地方自治からみた評価

シャウプ勧告の古典的地方自治をこえる現代的地方自治を確立しようと思えば、三つの要素が必要でした。第一は「維持可能な社会」をつくるために公共事務の責任と守備はんいを明確にして、公私の配分をきめ、その上で国と地方の事務配分をきめるということです。この場合、内政は原則として基礎的自治体に委ね、補完性原理で不足するところは都道府県、さらに必要ならば国という方法で配分し、地方行政権を確立するということです。今日では、財政危機もあり、住民の参加を考えて、公共事務の一部をＮＧＯやＮＰＯ（協同組合などをふくむ）に委ねる傾向がすすんでいます。その場合の公共的関与のあり方をきめることが必要です。

第二は税源配分を中心とする地方財政権の確立です。「三割自治」といわれるように、地方行政の守備はんいは、全行政の六〇％以上なのですが、税源は三〇～四〇％にすぎません。これを是正して、できるだけ地方税によって財政を運営する原則に立つためには、国税の根幹である所得課税や消費課税の移譲が必要です。この税制改革にあたっては、国と地方の税制を総合的に検討し、財産所得課税や法人税の増税をふくめ、所得再配分機能をもたせることがのぞまれます。とはいえ、日本の地域経済の極端な不均衡から、税源を移譲しても、地方の府県や市町村は自立が不可能です。そこで地方団体間の水平的な財政調整をふくめて、貧困団体の財政を保障するための財政調整制度が必要です。この制度はいまの交付税制度を改革して、配分基準を簡便なものにし、配分のために地方六団体をいれた第三者の審議機関をつくり、中央統制の弱いものにしなければなりません。

第三は住民自治権の確立です。日本の地方自治制は直接民主主義の制度をもっていますが、住民投票には最終決定権がなく、議会への提案にとどまっています。さいきんの地方議会は自治意識がよわく、立法府としての機能を果していません。市町村合併政策によって自治体の存亡が問題となったこともあり、住民投票が大幅にふえ、その結果が政策決定に重要ないみをもちはじめています。また欧米にみられるコミュニティ・レベルでの住民参加がもとめられはじめています。

このような現代的地方自治からみて、今回の「分権計画」と分権一括法はどう評価できるのでしょうか。

改正地方自治法の第一条の二として新しく追加された条文は次のとおりです。

「⑴地方公共団体は住民の福祉の増進を図ることを基本とし、地域における行政を自主的かつ総合的に実施する役割を広く担うものとする。

⑵国は前項の規定の趣旨を達成するため、国においては国際社会における国家としての存立にかかわる事務、全国的に統一して定めることが望ましい国民の諸活動若しくは地方自治に関する基本的な準則に関する事務又は全国的な規模で若しくは全国的な視点に立って行わなければならない施策及び事業の実施その他の国が本来果すべき役割を重点的に担い、住民に身近な行政はできる限り地方公共団体にゆだねることを基本として、地方公共団体との間で適切に役

割を分担するとともに、地方公共団体に関する制度の策定及び施策の実施に当たって、地方公共団体の自主性及び自立性が十分に発揮されるようにしなければならない。」

この法律の条文の第一項では地方団体の任務を「住民福祉の増進を図る」としています。旧法のように行政事務を列挙していません。住民の福祉とはなにか、どのようなはんいが想定されているのかはここにはしめされていません。第二項目では、国と地方の事務配分の原則がしめされています。一見すると補完性原理や近接性原理がしめされているようにみえます。

今回の改革のねらいについて、「推進委」の西尾勝は権限委譲よりも中央の地方への関与の仕方を変えることにあったといっています。その理由は、すでに地方団体が内政の大きな分野の権限をもっていて、地方六団体からも権限委譲要求が少なかったからだといわれています。中央から地方への権限委譲は、都市計画、農地転用、保安林解除等の土地利用規制に関する権限等のごく一部にとどまり、勧告の九〇％以上は関与の縮小や廃止に関するものであったといえます(3)。水口憲人は、日本の地方自治は古典的地方自治のように分離型、自己完結型の自治ではなく、神野直彦の集権分散システムであって、これを彼は中央と地方と単純な二分法的公式ではとらえきれない「統合型自治」と規定しています。このために権限の委譲が分権の課題ではなく、「関与の仕方」をかえることが「分権委」の課題であったのだと指摘しています(4)。統合型自治といっても、指導権がどちらにあったのか、もっとも重要な財政権はどちらにあったのかということをみれば、日本の行政は集権的であったといえるので、ゆるやかな集権とか集権融合型という規定が現実的かどうかは疑問です。

とはいえ、今回の改革が、水口の指摘のように通達行政、必置規制、補助金行政という関与の仕方の改革であり、行政統制中心から立法統制中心へかえようとしているといえます。このため、今回の分権は既成の政治システムを根本からかえるものでなく、むしろ今後の自治体経営を競争原理で内的にかえることを目的としたので、保守党や政府も容認したといえます。しかし、こんご「住民福祉」が拡大し、それが経済に重要な意味をもってきた場合に、権限の分配やガヴァナンスの主体が問題となることは必然といえます。住民自治という視点からいってはたして、統合的自治はかわらず関与の仕方の変更だけで、真の地方自治の時代がくるのかどうかは、疑問です。このようなこんごの政治経済システム全体にかかわることは次章にゆずり、もう少し、今回の改革の評価をしてみましょう。

今回の「分権計画」とそれによる法制上の改革の最大のメリットは機関委任事務の廃止です。これは「地方自治の本旨」にもとるとしてシャウプ勧告による神戸委員会がすでに選挙・統計などの一部をのこして、機関委任事務廃止の方針をしめしていました。しかし政府はこれを実行せず、重要な事務や機関委任事務にふりこんだので、一九五二（昭和二七）年の二五六件（都道府県一六〇件、市町村六〇件）が、一九九二年の五六一件（都道府県三七九件、市町村一八二件）にのぼっていました。八〇年代の行政改革では、件数はへるどころかふえていました。都道府県事務の六〇～七〇％、市町村事務の二〇～三〇％が機関委任事務と推定されます。これによって、国が地方団体を出先機関として統制していました。議会や監査委員のチェックもできず、またあいまいな財政措置のために地方の負担は大きかったのです。「分権計画」では公共事務は国の事務と自治事務に明確に区分して、機関委任事務を廃止しました。ただし「専ら国の利害に関する事務であるが、国民の利便性または事務処理の効率性の観点から法律の規定により地方公共団体が受託して行う」事務を「法定受託事務」としました。

この機関委任事務廃止は戦後改革のつみのこしを解決したもので、大きな成果であるが、法定受託事務をのこしたこと、自治事務についても各省大臣の関与の余地をのこしたことは批判されるべきでしょう。「中間報告」では機関委任事務の八〇%が自治事務となる予定でしたが、分権一括法では五五%程度になっています。さらにもっとも注目されていた基地問題については、従来の機関委任事務から国の事務へと変更されました。これは従来よりも地方住民の意向を無視するものです。この一例がしめすように、国の事務と自治事務とを区分する尺度が憲法とは異なる要素、すなわち、基地の場合には日米安保条約などのアメリカに従属した安全保障の考え方がはいってきたことをしめしています。(5)

公と民の事務配分は今回おこなわれず、既成の公共事務を前提にして国と地方の配分に限定しました。このように公共事務のあり方を根本的に問うことなく、また国の外交・軍事と自治体行政の関係を明らかにしないでよかったのかどうかは、後の非常事態関係法をからめて、疑問がのこりました。

第二の財政権の確立については、次のいわゆる「三位一体」改革にゆだねました。「分権計画」では国庫補助負担金の整理合理化として(イ)地方団体の事務として定着しているものは一般財源化、(ロ)奨励的補助金の縮減、(ハ)ナショナル・ミニマムのための財源については、生活保護や義務教育などの根幹的分野に限定して見直し、(ニ)総合計画に従う建設事業については広域的効果をもつ根幹事業に限定して投資の重点化をはかり、(ホ)のこるものについては一括メニュー化や交付金化をはかろうとしています。そしてこのような整理に当たって地方の一般財源の充実をもとめています。

他方、地方債と一体になって交付金がふえて、地方団体の財政の中央依存をすすめています。これに関しては、分権一括法では、地方債については二〇〇五（平成一七）年度に許可制をなくすが、地方債・地方交付税のセットになった補助金化の改革についてはふれていません。

税源委譲については、分権一括法では、法定外目的税と法定外普通税の自由化にとどまっています。このような租税は零細な収入しか実現できない状況です。

第三の住民の参加など自治権の確立については、「分権計画」は改革案をだしていません。これは団体自治がすすめば、いずれは住民自治がすすむので後まわしにしたといわれています。

三、「三位一体」と市町村合併・道州制

「三位一体」の財政改革

九〇年代の分権化は未完の改革といわれ、それを補完するのが、補助金の削減と税源移譲を核とする財政改革であるといわれてきました。すでにみてきたように、補助金の削減と税源移譲を核とする地方財政改革は、一九七〇年代の革新自治体の政策でした。それはシャウプ勧告の古典的地方自治の精神をうけつぐとともに、都市化にともなう福祉や環境保全など現代的な課題による財政需要の増大にこたえ、その財源は集積利益をもとめて都市に集中する企業の法人税や財産所得税にもとめようというものでした。しかし、この提案は大正デモクラシー時代の両税委譲の挫折と同じように、都市と農村の対立によって、実現をみませんでした。これ以降、都市は都市経営という内的な経営努力がもとめられ、農村は公共事業補助金に依存した土建業によって雇用を維持するという路線がすすめられてきたのです。

今回はいわば「三度目の正直」といえるもので、シャウプ勧告の国庫補助負担金の廃止と、革新自治体の時代の国税の根幹部分である所得課税などの移譲の、双方をもとめるものでした。革新自治体時代の税源拡充の失敗で明らかなように、地域経済の不均等がはなはだしく、

東京都を中心に大都市圏に税源が極端に偏在している今日においては、財源保障のために垂直的な財政調整制度である地方交付税制度の存続は絶対的な条件でした。つまり、古典的地方自治のように、応益原則の地方税のみで財政支出をおこなうということは、地方とくに農村部では不可能な現実です。前述のようにシャウプは日本経済の発展によって、地域経済の不均等は解消していくので、交付税の役割は古典的地方自治の補完的な役割と考えていたようですが、現実はそれを裏切りました。高度成長は大都市化とともにすすみました。このために急激な都市化にともなって、住宅、生活環境、医療、福祉、教育、交通などの社会的消費の要求が爆発的に都市で発生しました。他方、大量消費生活様式が農村部にも浸透し、ここでも上下水道、道路その他都市的施設や社会的消費の需要が発生し、それは衰退する農業と過疎化する人口ではまかないきれない状況となりました。この結果、交付税はごく一部の経済力のある団体をのぞいて、ほとんどの団体の財政の必須の手段となりました。これは国税が税源の過半をにぎるという税制の欠陥ですが、それだけでなく、地域経済の不均等と急激な大量生産・流通・消費・廃棄という経済システムの普及による都市・農村問題という地域問題がもたらした異常な状況の結果です。

このために、地方財政の自立あるいは自律という場合に、古典的地方自治のように国庫補助負担金の整理とそれにともなう税源移譲では改革にならず、財源保障・財政調整制度としての地方交付税の改革が必要なのです。そのいみでは、三つの制度改革を総合的におこなうといういみで「三位一体」といわれたことに最初は抵抗は少なかったのです。キリスト教のことばなので、これはあまり適切なことばではありませんが、三つの制度の総合的同時改革といういみで、受けとめられたのです。

しかし、この「三位一体」は小泉内閣の構造改革の目玉としてはじまったことによって、その内容が地方自治の確立とはいえぬことになってきました。「官から民へ」というスローガンとならんで「国から地方へ」ということで、国の「小さな政府」の実現の方策となったために、国庫負担削減―財政再建―民営化という方向が基本となってしまいました。小泉内閣は四兆円の国庫補助・負担金の削減とそれにみあう税源の地方移譲をかかげて、「三位一体」改革をはじめました。その第一歩である二〇〇三年度の改革で、その本質があきらかになりました（図5―2参照）。

この改革では、一兆三〇〇億円の国庫補助負担金が削減されました。その内容は(1)地方に事業がのこるものとして義務教育国庫負担金、公立保育所運営費など四五七〇億円、(2)地方に事業がのこらないものとして公共事業関係補助金など五五三〇億円であり、このうち(1)は税源移譲の対象となりました。すなわち、税源移譲で所得譲与税四二四九億円（これが都道府県と市町村で二分）、税源移譲予定交付金二三〇九億円（人口で配分）で、合計六五五八億円が移譲をうけました。約四〇〇〇億円の不足です。問題は交付税にありました。交付税と臨時財政対策債で総額二・九兆円を削減しました。この結果、約三兆円の財源不足となり、地方団体は予

図５－２　「三位一体の改革」の理念

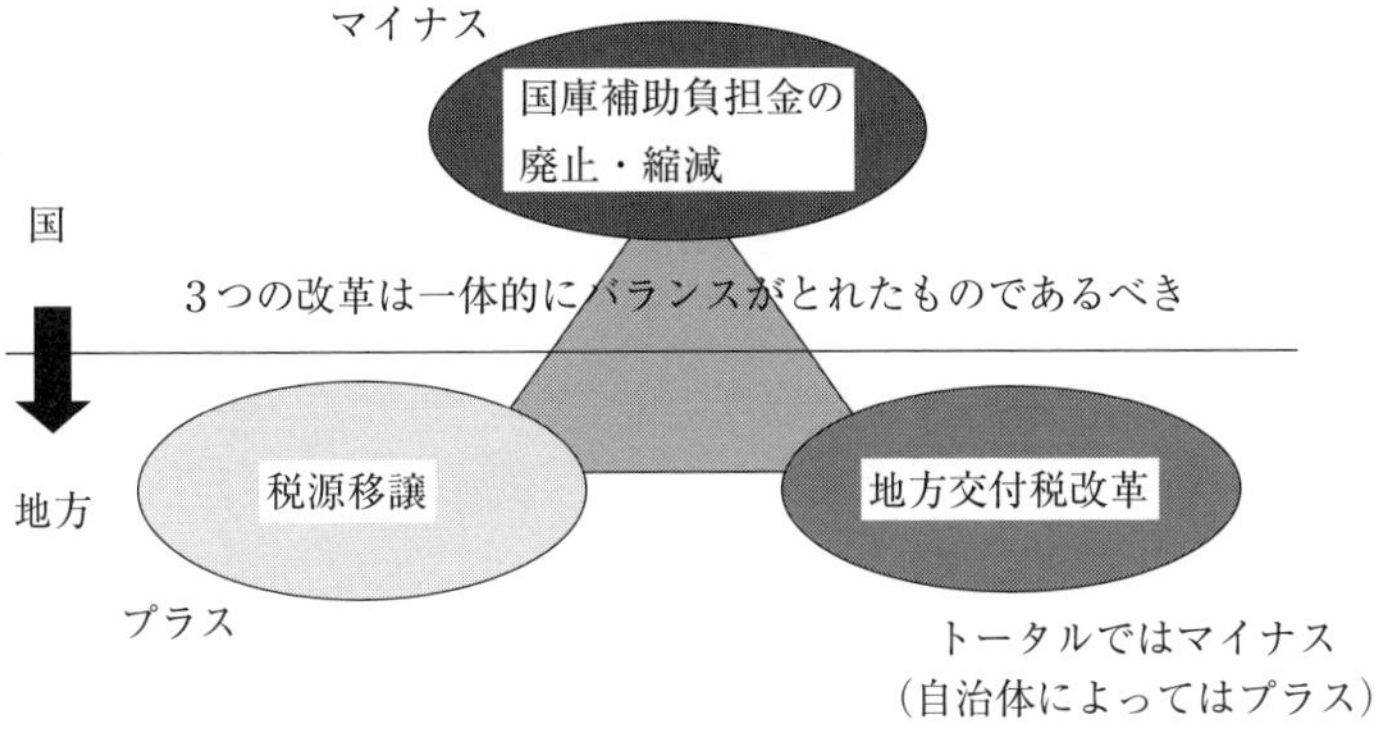

（資料：高知県財政課資料をもとに修正）

「三位一体の改革」の現実の姿

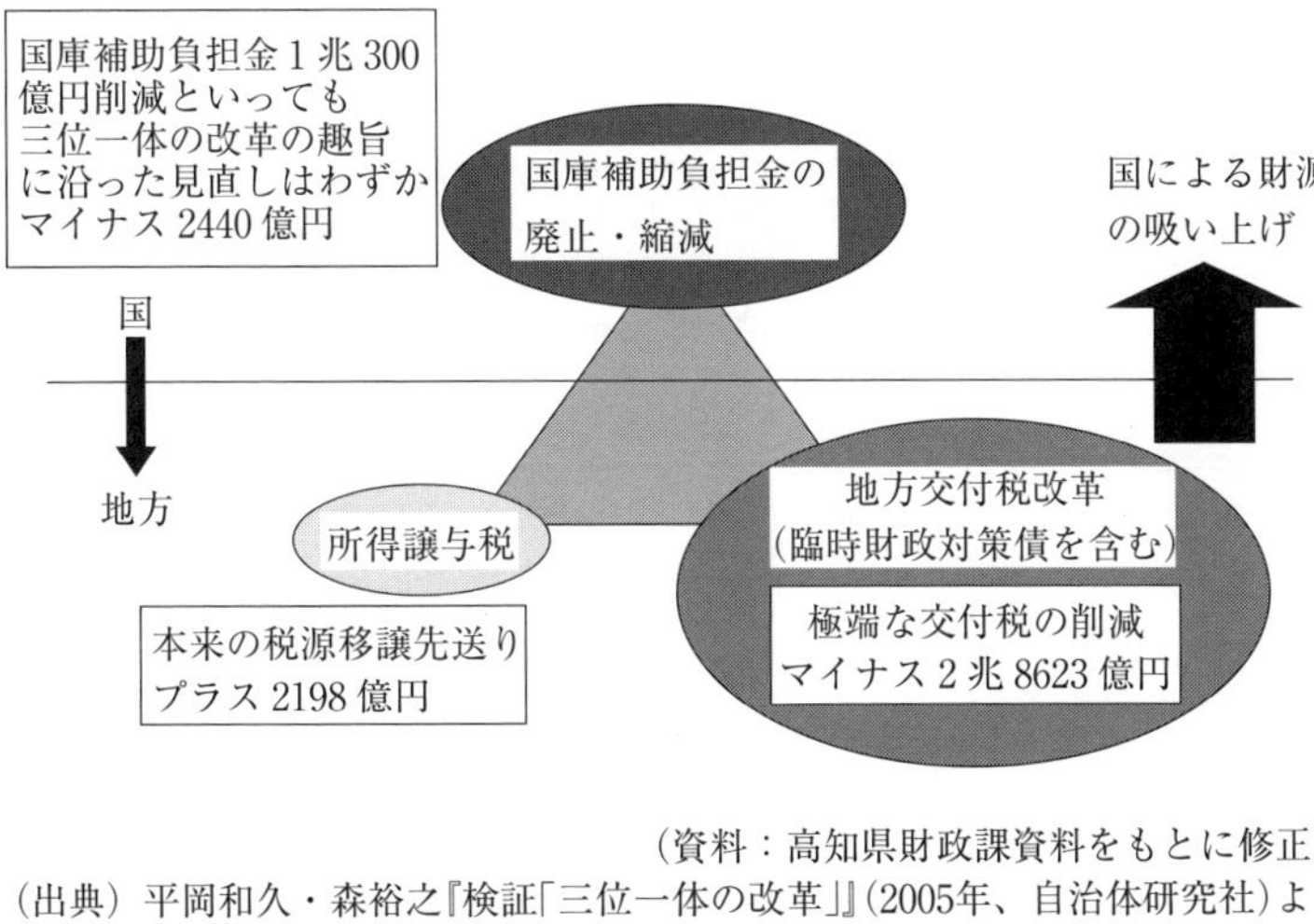

（資料：高知県財政課資料をもとに修正）

（出典）平岡和久・森裕之『検証「三位一体の改革」』（2005年、自治体研究社）より算がくめない状況に追いこまれました。分権改革は地方自治の発展どころか、地方自治体を危機におとしいれることになりました。全国の知事会をはじめ地方六団体は一斉に反発をしました。

小泉内閣は当面四兆円の国庫補助金の削減をかかげていましたので、二〇〇五年度以降、さらに三兆円の削減を計画しなければなりません。しかし、この怒れる地方六団体の圧力によって、自ら案をしめすことができず、知事会に丸ごと委嘱をしました。知事会の原案は、政府各省にすぐには受け入れられず、政治交渉がつづきました。知事会は三兆円の税源移譲と補助金の削減をゆずりません。他方、財務省は交付税は六～七兆円過大であるとして、大幅な削減をもとめました。

政府は三位一体をくずさないために、三兆円の補助金削減という数値目標にこだわりました。結局、もっとも金額の大きい中学校教員給与補助の義務教育費国庫負担金八五〇〇億円、国民健康保険七〇〇〇億円など二兆八三八〇億円を二〇〇五（平成一七）年度と六年度に削減することにしました。そして、この八〇％にあたる二兆四一六〇億円の税源移譲をおこなうことにしました。この中には二〇〇四年度に移譲をきめた六五六〇億円がはいっています。この税源移譲は所得税から個人住民税へ移譲をし、個人住民税所得割の税率を一〇％にフラット化することにしました。地方交付税については、知事会など地方六団体の強い要望もあり、二〇〇五年度と二〇〇六年度については「地域において必要な行政課題に対しては適切な財政措置をおこなうこと」として、ほぼ前年度と同額の一六兆九〇〇〇億円としました。

この決定は、多くの問題を後年度にのこしました。まず義務教育費国庫負担金の削減については、文科省と政府与党内部の文教族から激しい反対があり、教育関係者からも、義務教育の水準を落とす可能性があると反発がつよかったのです。知事会の案では、義務教育費国庫負担金の減額は「九番バッター」といっているように、公共事業などの削減にくらべれば、最後に実現したいというものでした。しかし、三兆円の規模あわせのためにトップにもっていかれてしまいました。こういう文科省などの政府与党の反対のために、二〇〇五年秋までに中央教育審議会で義務教育費国庫負担金の存廃の結論を出すことにしています。国民健康保険については、地方への権限委譲を前提に、都道府県負担を導入するとしています。

二〇〇二年度から二〇〇六年度の「三位一体改革」の結果、補助金は四兆七〇〇〇億円削減され、税源の委譲は三兆円でした。そして地方交付税は五兆一〇〇〇億円削減され、差引きすると地方財政は六兆円以上の財源不足におちいることになりました。「三位一体」の地方団体への影響について島根大学地方財政研究グループ（保母武彦他）が知事と市町村長におこなったアンケートでは地域格差が拡大したという答えが集計されています。また平岡和久・森裕之の財政シミュレーションによれば、同じように「東京都を中心とした大都市部とそれ以外の地方、特に農山漁村との分断を持ち込むものである」と結論しています。

これらの分析をみると、国庫補助負担金の削減と所得課税の税源移譲は、大都市部においては自立をうながすが、多くの地方の道県や市町村にとっては、財政危機を深めることは確実です。したがって、どうしても地方交付税の充実がもとめられます。「三位一体改革」の影響もあって、地域格差は深刻となり、自民党は二〇〇七年の参院選挙で大敗しました。このため政府は格差是正のために、二〇〇八年度予算案に地方再生対策費四〇〇〇億円を計上し、地方税である法人事業税の半分二兆六〇〇〇億円を国税の地方法人特別税に組みかえ、二〇〇九年度に地方に再配分することを決定しました。しかしこれはあきらかに分権に反するものです。

「三位一体改革」やそれにつづく改革が、一般の国民の間で注目されないのは、何のための改革なのかという目的あるいは、目標が明示されていないためです。大正デモクラシーの両税委譲は、直接には都市政策の財源要求や戸数割の軽減でしたが、そのためには国と地方全体の行財政改革をめざさねばならず、岡実は軍縮による「平和国家・文化国家」を目標にかかげました。また、革新自治体の財源拡充構想は、直接にはシビルミニマムの財源要求でしたが、目標は憲法をくらしに生かす全面福祉を実施する市民社会をもとめたものでした。しかし、いまの構造改革は、直接には財政再建――「小さな政府」といっていますが、民間経営主体という以外にどのような社会を構想しているのか不明です。

国庫補助負担金の大幅な縮減とそれにみあう税源移譲は、シャウプ勧告と革新自治体の地方自治の財政の確立を実現するかにみえますが、それによる目標はみえてきません。むしろ「小さな政府」という新自由主義改革のための地方交付税の減額の手段として、分権が主張されたのです。ここに「三位一体改革」の限界があるといえます(6)。

市町村合併と自治の危機

日本の地方自治の歴史の特徴は、制度改革の際に、政府が標準をきめて市町村合併を強制したことです。明治地方自治制の制定時に、自然村を合併して行政村にしたことはすでにのべました（四六〜四七ページ）が、このために市町村は基礎的自治体というよりは、政府の最下部行政機関になってしまいました。戦後地方自治制では、当初、町村会から合併の提言がありましたが、最終的には政府が強制的に合併をすすめました。このような歴史から、市町村は政府の下部機関としての行財政能力をもつことが第一の資格であって、地域の地理的歴史的文化的な条件、住民の生産や生活のあり方などは二義的あるいは無用の資格とされてきたのです。日本の地方自治がつねに団体自治としてかたられ、民主主義の基盤である住民の自治あるいは住民の内発的発展のための組織として形成されなかったのは、このような市町村合併政策と関連しています。

今回の分権化の当初から、市町村は合併が計画されました。一九九九（平成一一）年の与党三党合意、二〇〇〇（平成一二）年一一月の行政改革大綱では約三二〇〇の市町村を約一〇〇〇に合併する方針がしめされ、小泉内閣の骨太方針ではそれを二〇〇五年三月までにおこなうとしました。この合併の理由とされたのは、生活圏の拡大に行政圏をあわせること、分権にともなって、その受け皿として、人的な行政能力や財政力をそなえるためには、規模の拡大が必要ということでした。しかし、同時に財政再建のための合理化が要求されていました。分権をすすめるというたて前から、市町村合併は住民の発議によるとしていましたが、それではすまないので、都道府県の指導により、事実上強制的な進行をしています。この際にもっとも重要な誘導手段が交付税です。政府は事業補正の見直しや段階補正の見直しによって、小規模団体の交付税を減額する厳しいムチをしめす一方で、事業の九五％までみとめる合併特例債を許可し、その元利償還額の七〇％を交付税で処置をするというアメをあたえるという方針をしめしました。

この財政の誘導策がもっとも効果をあらわし、二〇〇四（平成一六）年六月一日現在、全国で合併協議会が六五一地域で設けられ、法定協議会五五〇地域（参加市町村一九〇六）、任意協議会一〇一地域（同三〇五）、これらの合併協議会に参加している市町村数は全国の七一％に達しました。一般的には西高東低といわれるように、岐阜、愛媛、島根、広島の諸県では合併協議会に九〇％以上の市町村が参加しています。

第二七次地方制度調査会は二〇〇三年一一月一三日「今後の地方自治制度のあり方に関する答申」を出し、新しい時代の基礎的自治体としての役割を果せるだけの規模と能力をもち、自主性、自立性をもった「総合的な行政主体」を形成するために市町村を再編成するとしています。市町村といわずに基礎的自治体という一元的な概念にしたことによって、一定の規模が要求されることになりました。基礎的自治体の規模について、小規模市町村の場合は人口一万以上を目安とする方針がしめされました。これはかねて「西尾私案」としてしめされたものです。そして、この「答申」では広域行政についても、次のようにのべています。「規模・区域が拡大した基礎自治体との役割分担の下には広域自治体としての役割、機能が十分に発揮されるためには、まず、都道府県の区域の拡大が必要である」として、都道府県合併を打ち出しました。さらに都道府県に代わる「より自立性の高い広域自治体」として「道州制の導入を検討する」と提案しました。これまでの分権化の流れの中では、広域自治体についてはふれられてきませんでした。経済団体は早くから資源と社会資本の広域利用と効率化を理由に道州制の提案をしていますが、政府関係筋が提言するのは、これがはじめてといってよいでしょう。

政府はこの答申をうけて、合併関連三法を一五九国会に提示し、二〇〇四年五月一九日に可決成立しました。この改正で注目されるのは、合併特例を事実上二〇〇六年三月まで延長したこと、都道府県が合併構想をつくり、合併協議の推進を勧告できるようにしたこと。さらに都道府県の合併の要件が国会議決をへて過半数の住民の同意によるという従来の規定でなく、都道府県議会の議決を経れば、内閣が国会の承認を経てこれを定めることができるとしました。このように憲法が定めた地方自治をふみにじるような方向がすすめられています。

多くの市町村が合併にむかって動いたのは、先述のような未曽有の財政危機の中で、政府が交付税を使って、合併を誘導することに従っているのです。そこには、合併すれば住民福祉や住民自治がどのように発展するのかという理念や政策はほとんどないといってよいでしょう。合併特例債や補助金などを使う新市町村建設計画も、七〇%は従来どおりの公共事業による施設（ハコモノ）づくりです。後年度には、このためにいま以上の財政危機をひきおこすような計画がすすめられています。かつての市町村合併は地方自治の発展を阻害しましたが、それなりに行政サービスをすすめました。明治の合併は小学校教育、昭和の合併は中学校教育を軌道にのせました。しかし、平成の合併は具体的な行政サービスの向上は明らかでありません。介護や子育てなどの地域福祉をあげているところもあります。しかし、保険財政についてならば、一万人でも小さく、より広域の五〇万人程度の団体でなければ採算がとれないでしょう。介護や子育てのような地域福祉を考えると、小学校区あるいはそれよりも狭域のコミュニティが相互扶助をすることが、もっとも有効です。そのいみでは一万人以下の小さな自治体の方が適正で快適なサービスをしているといえます。企業とはちがうのですから、公共サービスはすべて規模の利益があるのでなく、規模の不利益もあるのです。このいみでは、今回の合併はどのような住民サービスの向上のためにあるのかは不明です[7]。

二〇〇二（平成一四）年一一月に西尾私案が発表されると、小規模自治体から強い反発がおきました。二〇〇三年二月には全国町村会、全国町村議会議長会は決起集会をひらいて、西尾私案の対案を発表しました。また、同じ頃に長野県栄村、泰阜村《やすおかむら》などすでに自立して村の経済や財政の発展を考えている地域があつまって、「小さくても輝く自治体フォーラム」を開きました。これは回をかさねて、次第に賛同する自治体数をふやしています[8]。

今回の合併問題は政府の企図に反して、反対をする住民の自治と自律の関心を深めました。そのもっとも重要なあらわれが、住民投票です。住民投票は一九九五年には一二例しかありませんでした。新潟県巻町の原発問題、徳島県徳島市の吉野川河口ぜき問題、沖縄県名護市の基地問題など、国家の政策について、住民がその意志をしめすという重要な政治活動に住民投票の有効性がしめされましたが、数は限られていました。しかし、二〇〇三年には、住民投票は実に二六二件を数え、そのうち二三〇件が合併関係でした。中には長野県望月町など合併賛成という結論を出すという主催者の企図に反したところもありますが、それにしてもこれほど住民が自らの意志を投票によってあらわしたいとしたのは、画期的なことです[9]。

こうして、市町村合併の強行は、地方自治とはなにか、真の地方自治をつくるためにはどのような政策と手段が必要かという政策論争をもたらしています。

広域行政と狭域行政

小さな自治体が存続していくためには、それを補完する広域行政が必要です。スケール・メリット（規模の利益）の生まれる公共投資やサービスがあります。泰阜村は自律計画の中で次のように分類しています。村独自でおこなった方がよいものとして、窓口サービス、村づくり、コミュニティ施策、小学校、保育サービス、高齢者介護・生活支援など。スケール・メリットの働くものとして、道路管理、介護保険、上下水道、火葬場。これらは一部事務組合や従来の広域行政協議会にまかせます。このように、身のたけにあったやり方ができるはずです。合併によって大きな官僚組織をつくる必要はありません。私は、フランスのコミューン連合のように、町村で効果のあがらぬものは、市町村がネットワークをつくって処理すればよいと思います。

道州制は戦争の遺産として、戦後もくりかえし議論がされてきました。都道府県制は明治以来、安定した行政組織として存続してきました。首都圏のように東京一極集中している地域もありますが、それ以外の地域では、それほど行政上の統合の必要がおこらず、今日まできたのです。たとえば、関西圏を例にとりますと、京都、大阪、神戸はそれぞれ独自の経済と文化をもっています。大阪の経済力が強いといっても、大阪と京都では経済の質がちがいます。周辺の滋賀県は大阪本社の工場や大阪への通勤人口が多いとはいえ、琵琶湖という独自の環境と文化をもっています。奈良県や和歌山県も同様です。このような多様な府県を関西州とひとつにしても、結局各府県に支庁をおかなければ、それぞれの地域独自の行政はできません。道州制を施行しても、府県の支庁がのこり、屋上屋を重ねることになるでしょう。

市町村合併は都市化政策で、この結果、農村の過疎化は一層すすみます。道州制も大都市化をすすめます。京都府や兵庫県は、大都市と農村の双方をもって、その調整をしていますが、関西州になれば、そのような農村を補完する機能は小さくなるでしょう。一体、道州制は何のために必要なのでしょうか。環境保全を考えるならば、いまのように都市と農村を調整する府県の存在をなくしてよいとは思えません。琵琶湖の環境保全のための財源を京都・大阪・兵庫の各県が負担すべきですが、環境を守るのは滋賀県と県民の役割です。関西州がなければできないということではありません。これまで水資源などの資源や交通などの社会資本の管理とその効率化のために、道州制がのぞまれました。しかし、それは広域の水源である琵琶湖の例のように、道州制をしいても、結局は滋賀県の仕事にするのが合理的なのです。

私は、道州制については反対で、その導入には慎重であった方がよいと思います。住民、とくにへき地や農村の住民の十分な討議がなければならないと思います。また屋上屋を重ねないために、中央政府をどのように小さくするのかということの方が、現実的で、ただちに整理の計画をたてるべきだと考えています。

広域行政とともに、いまの日本では、コミュニティ・レベルの狭域行政が必要です。どちらかといえば、広域行政以上に狭域行政の検討が急がれてよいと思います。小規模自治体合併にたいして強い反対がおこったので、地方制度調査会では旧市町村単位の「地域自治区」の設置が提案されました。このようなコミュニティの自治組織は、農村部だけでなく、都市に必要です。たとえばニューヨークでは区と区議会以外に、五九のコミュニティ・ボードがあり、それぞれ五〇人の名誉職の委員が、地域の予算、施設の管理運営、環境保全（アセスメントの討議もふくめ）など、まちづくりについて協議をしています。イタリアの地区住民評議会は、教育や福祉について行政組織をもっていて、コミュニティの政治・行財政の審議と実行をしています。

日本の政令指定都市には行政区はありますが、区議会をもっていません。なによりもまず、区を自治体にしなければなりません。大阪市の財政の乱脈ぶりが毎日のように報道されましたが、このような状況を改革するには、区を自治体にして、住民の目がゆきとどくようにしなければなりません。区議会の議員は名誉職でよいと思います。政令指定都市のみならず人口二〇万人以上の中都市でも、イタリアの地区住民評議会のような狭域の自治組織が必要です。住民参加といいますが、このようにコミュニティ・レベルの議会と行政組織（ここにはＮＰＯやボランティア組織もはいる）がつくられていかねばならないでしょう。そして、小規模自治体では、住民集会を法制化することを考えてみたらどうでしょうか。これまでの分権化で脱落していたのは、こういう住民が自治の主人公になる組織をつくること、そして住民の役割を明らかにすることでないかと思います。

（注）

(1)向寿一『転換期の世界経済』（岩波書店、一九九四年）一九五〜二〇四ページ。サスキア・サッセン編者、伊豫谷登士翁訳『グローバリゼーションの時代』（平凡社、一九九九年）。

(2)現代の地方財政の構造的危機については、前掲『セミナー現代地方財政』および神野直彦・金子勝『地方に税源を』（東洋経済新報社、一九九八年）参照。
(3)西尾勝『未完の分権改革』（岩波書店、一九九九年）。
(4)水口憲人「地方分権を考える」（村松岐夫・水口憲人編著『分権』敬文堂、二〇〇一年）。
(5)今回の地方制度改革の評価について、すでに厳しい評価がくだされています。白藤博行・山田公平・加茂利男『地方自治制度改革論』（自治体研究社、二〇〇四年）、宮本憲一「『地方自治の世紀』は到来するか」（同『日本社会の可能性』岩波書店、二〇〇〇年）。
　また杉原泰雄も先の『地方自治の憲法論』では、今回の分権改革によって、地方自治の発展どころか新しい集権がすすんでいるのでないかという評価をしています。
(6)分権と三位一体改革についての評価をめぐって、多くの文献がでています。新古典派経済学の立場からの改革支持あるいは積極的な改革論の代表は、本間正明・齊藤愼編『地方財政改革』（有斐閣、二〇〇一年）。赤井伸郎・佐藤主光・山下耕治『地方交付税の経済学』（有斐閣、二〇〇三年）。これにたいして真向から批判してオールタナティブな提言をしているのは、先の『地方自治制度改革論』や加茂利男編『自治体自立計画の実際』（自治体研究社、二〇〇四年）。重森曉・田中重博『構造改革と地方財政』（自治体研究社、二〇〇四年）、また平岡和久・森裕之「『三位一体改革』の実相を問う」（『世界』二〇〇四年四月号）、保母武彦・具滋仁「『三位一体の改革』はこれでよいか」（『世界』二〇〇四年一一月号）は具体的なシミュレーションやアンケート調査で批判をしている。
「福祉政府」あるいは「ワーク・フェア・ステート」という視点から新自由主義的な改革に対置するシステムの提言について、神野直彦、金子勝らが、精力的な提言をつづけています。神野直彦『システム改革の政治経済学』（岩波書店、一九九八年）、神野直彦・金子勝編『「福祉政府」への提言』（岩波書店、一九九九年）。この立場からの分権論の提示は池上岳彦『分権化と地方財政』（岩波書店、二〇〇四年)。また分権の財政システムの各国の比較をした興味のある業績は、持田信樹『地方分権の財政学』(東京大学出版会、二〇〇四年)。この間の構造改革の資料とその解説で便利なのは、自治体問題研究所編『「構造改革」戦略と自治体』(自治体研究社、二〇〇四年)。

(7) 市町村合併について、早くから効率化のために一〇分の一の三〇〇の「府」への大合併と一二の州政府制をすすめる案を一部の研究者が提出していました。斉藤精一郎責任監修『日本再編計画』(PHP研究所、一九九六年)。これは極端であって、実現性に乏しいのですが、機械的に財政自立を考案した極値であって、「受け皿」論を合理化しようとすれば、ここまで広域化はゆきつくことをしめしています。日本の新古典派経済学者のほとんどは市町村合併支持者です。自由主義者にあるまじきことで、自然淘汰にまかせるのでなく、強制合併をするのですから、この点に関しては、中央指令型社会主義者に変身しているといってよいでしょう。

市町村合併を地方自治や内発的発展論から反対している文献として、加茂利男編『「構造改革」と自治体再編』(自治体研究社、二〇〇三年) 岡田知弘・京都自治体問題研究所編『市町村合併の幻想』(自治体研究社、二〇〇三年)。合併によって財政的に合理化するという合併論者を批判したものとして、川瀬憲子『市町村合併と自治体の財政』(自治体研究社、二〇〇一年)、初村尤而・にいがた自治体研究所編『合併財政シミュレーションの読み方つくり方』(自治体研究社、二〇〇三年)。

(8) 自治体問題研究所編『ここに自治の灯をともして——小さくても輝く自治体フォーラム報告集』(自治体研究社、二〇〇三年)。

(9) 岡田知弘・自治体問題研究所編『住民投票の手引』(自治体研究社、二〇〇四年)。

第6章　歴史的転換期の地方自治

一、中央集権国家の危機と変貌

これまでみてきたように、現在は二〇世紀がつくりあげた国際体制、日本の場合は戦後体制がくずれはじめ、次の体制への模索がはじまっている時代です。地方自治のあり方もその変化と関連しています。そこで、今後の展望をひらくために、ここで改めて現代の世界的状況を整理してみましょう。

中央集権型福祉国家の形成と解体

二〇世紀の政治経済的特徴は中央集権の世紀であったことでしょう。中央集権型福祉国家と中央指令型社会主義、そして中央集権の開発独裁型発展途上国が二〇世紀の国家の主要形態でした。先進工業国では産業革命以来の貧困の克服、富の不平等、地域の不均等などの「市場の欠陥」を是正するために、中央集権政府が全国画一的な社会サービスと完全雇用をすすめました。遅れた資本主義国や発展途上国では、急速に近代化をすすめるために、財源や人材を中央政府に集中し、国家の指導で経済を開発しました。この中央集権型の国民国家は一定の役割を果たしましたが、その後の世界経済や社会の発展によって、政治経済的な矛盾がおこり、分権化への道を歩まざるをえなくなったのです。

中央集権的な福祉国家は、イギリスをはじめヨーロッパでは一九世紀の後半にはじまりました。それぞれの国によって、その形成の歴史はちがい、ドイツのような連邦制国家とフランスのような集権制国家では行財政のあり方にちがいがありました。しかし、共通してナショナル・ミニマム（全国画一の国家的必要最低行政水準）を確立しようとしました。すなわち、交通、通信、エネルギーのような生産基盤を全国に整備し、完全雇用、最低賃金制や労働時間などの労働条件を法制化しました。年金・医療・福祉などの社会保障、教育、そして住宅などの生活環境を政府の責任で整備することなどが、福祉国家の内容でした。この国家は修正資本主義といわれるように、一九二九年の世界大恐慌と第二次世界大戦の未曽有の危機の中で、労働運動や社会民主主義政党の活動によって実現したものです。また国際的には、ロシア革命によって誕生した社会主義国家の社会保障などと対抗するものでした。

ヨーロッパにおくれて、アメリカは一九六〇年代のケネディ——ジョンソンの時代に、完全雇用政策を採用して福祉国家への道を歩んだといわれます。同時期にアメリカはベトナム戦争をおこなっており、軍事国家でもありました。したがって福祉国家への道は、それとは反対に黒人解放団体を中心とする公民権運動と反戦運動によってすすんだのです。

日本の場合は、戦後憲法によって基本的人権の確立が規定されていたにもかかわらず、社会サービスはきわめておくれていました。すでにのべたように、高度経済成長によって深刻化した公害や都市問題の解決をもとめて生まれた革新自治体の手で、ようやく福祉国家の政策がはじまったといってよいでしょう。しかし、それは部分的であり、日本は福祉国家というよりは、政官財癒着の中央集権的企業国家という性格が強かったといってよいでしょう。

このように各国の政治にはちがいがありますが、二〇世紀にはいって、中央政府が生産や生活の全過程に介入する現代資本主義が生まれたといってよいでしょう。この体制を理論的に意義づけたのはケインズ経済学とベヴァリッジの社会保障論でした。ケインズはアダム・スミス以来の自由主義経済学の「小さな政府」論を一八〇度転換して、資本主義的市場制度を調整する財政金融政策(フィスカル・ポリシー)を提唱しました。彼の理論によれば、大恐慌期の経済は消費性向は一定となって、市民の消費需要は頭打ちとなり、企業は投資効率の低下から新投資の動機がおこらなくなっているといいます。このため所得は上昇せず、雇用もふえず、貯蓄は利殖のために海外に流出しています。そこで有効需要を増大させて雇用を拡大するためには、政府の支出とくに公共投資を投入しなければならないとしました。この財源は赤字公債の発行、貯蓄課税や富裕税によっておこなえばよいというのが、かんたんにいえば、ケインズ理論の核心であったのです。ケインズは自らの理論を一般理論といったように、不況期は財政支出を拡大し、減税するが、好況期には財政支出を減少、あるいは増税して、財政を有効需要の調整装置としたのです。ベヴァリッジの理論は省略しますが、「ゆりかごから墓場まで」という全面福祉論を展開したのです。

この中央集権型福祉国家は一九七〇年代のスタグフレーションによって深刻な経済・財政危機におちいりました。一九七一年、アメリカのニクソン大統領は連邦銀行によるドルの金交換を停止しました。これによって、金本位制は完全に崩壊し、世界の通貨はドルをふくめて、ただの紙きれになり、各国の政府と中央銀行の政策によって、通貨価値がきまることになりました。このためインフレーションは自動的に止めることができず、各国の成長政策の下では、物価は慢性的に上昇していくことになりました。一九七三（昭和四八）年の石油ショックによって、長期の世界不況がはじまりました。この不況にたいして、ケインズ主義的な財政・金融政策がとられたのですが、効果があまりありませんでした。慢性的なインフレがつづくなかで、経済の停滞（スタグネレーション）がはじまったので、この新しい未知の現象をスタグフレーションとよぶことになりました。これまでは不況になれば物価や労賃は下がるのですが、現実は反対に不況下でインフレがつづき、フィスカル・ポリシーは効果が上らず、いたずらに財政赤字が累増することになったのです。

新自由主義的改革

一九七〇年代末、イギリスにサッチャー政権が誕生します。当時イギリス病といわれたように、イギリスの生産力は沈滞し、その経済的地位は下落の一途をたどっていたので、この世界不況の影響は深刻でした。サッチャー政権はこの不況から脱出するために、福祉国家をやめ、新自由主義といわれる市場制度中心の経済への復帰をすすめました。当時、アメリカではケインズ経済学批判がはじまり、ケインズの有効需要論にたいする供給の経済学、フィスカル・ポリシーを否定するマネタリズム、あるいはケインズの賢人主義（優れた政治家がフィスカル・ポリシーを決定する）を批判する公共選択論など、いずれも市場制度万能の経済学が登場しました。

一九六〇年代にはじまる多国籍企業による貿易・投資の自由化による経済のグローバリゼーションは、八〇年代にはいると一挙にすすみました。コンピューターによる大量高速通信体系や大量高速輸送体系の発展は、金融を中心とするサービス・情報産業を発展させました。為替や有価証券の取引が瞬時にしておこなわれ、毎日約三兆ドルの為替取引がすすむという投機経済がはじまりました。

同時にこれまで公共部門が中心になっていた社会サービス部門が民営化されました。イギリス福祉国家が誇っていた低家賃の公営住宅政策が抛棄《ほうき》され、ニュータウン政策をやめて、ロンドンなどの大都市の都心再生政策がはじめられました。こうして、過剰となっていた民間資本が、公共部門にはいりこみ、それは軍事・司法部門にまでひろがりました。これは民間資本に新しい市場をあたえて活性化しました。しかし他方で貧富の格差は広がり、社会サービスの機会均等という公共性はもとより、公共部門全体の公共性がおびやかされるようになりました。

こうして、イギリスは福祉国家の財政危機の解決を通じて、スタグフレーションから離脱しました。この間に資本主義の産業構造の変化、とくにものづくりから情報化への変化、多国籍企業の世界経済秩序づくりをすすめることの要求があいまって、新自由主義とよばれる市場原理主義がはじまったのです。この潮流は次にのべる中央指令型社会主義の崩壊とあいまって、全世界に広がることとなりました[1]。

この新自由主義の理論の特徴は、福祉国家の中央官僚機構が巨大化し、汚職、腐敗、財政危機や非効率などの弊害をひきおこして「政府の欠陥」を生んでいると批判していることです。たしかに中央集権型福祉国家には、このような欠陥があり、政府の欠陥は社会主義国や開発独裁国の政府に共通しています。しかし、これによって、公共部門を縮小すれば、反対に「市場の欠陥」がおこり、経済の不平等や地域的不均等などの社会問題が発生し、これまでの歴史的に蓄積してきた人権の確立などの成果が失われてしまいます。では「市場の欠陥」と「政府の欠陥」の双方を総合的に解決するには、どういうシステムがのぞましいか。これは、最終章にのべる「維持可能な社会（Sustainable Society）」ですが、ここでは、その前に、かつて労働組合の多くが理想としたソ連型社会主義の崩壊についてふれておきます。

中央指令型社会主義の崩壊

一九一七（大正六）年のロシア革命によって、中央指令型社会主義がはじまりました。遅れた資本主義国であり、多民族分権国家であったロシアが帝国主義化していた資本主義諸国に対抗して、近代化をすすめるためには、強力な中央政府による計画経済が必要でした。優秀な才能とエネルギーをもった献身的な活動家をあつめた前衛としての共産党の強権的な指導によって、西欧資本主義国の経済に追いつき、追いこそうとしたのです。もともとソ連や東欧では民主主義的な地方自治の伝統は乏しかったといってよいでしょう。地方自治制といっても、中央政府の出先機関として、中央政府の指令を忠実におこなう地方行政組織であり、財政も地方税などはほとんどなく、中央依存でした。革命当初、レーニンはネップ（新経済政策）によって、私有制と市場制度をみとめる混合経済を当面の方針としていました。レーニン死後、スターリンは私有制を廃止し、農業については集団制（コルホーズ）を中心とし、その他の産業については国有化を徹底しました。生産手段と主要な生活手段の国有化がおこなわれました。そして、共産党独裁による政治、経済、社会、文化の統制がすすみ、マルクス＝レーニン主義が「国教」のように全生活の規範とされました。

この中央指令型社会主義は戦争中のような非常時には有効な働きをします。国民も非常時には自由や民主主義よりも安全と防衛のために挙国一致の愛国心や体制の保持に従いがちです。重化学工業のように規模の利益をすすめるような産業が中心の場合には、国家所有と中央指導による独占的大企業の生産力の発展がめざましかったといってよいでしょう。科学技術のうえでも軍事技術、宇宙開発や自然改造の大規模プロジェクトのように経済効率よりも成果重視の分野では、この体制は有効な働きをしました。人工衛星や原子力開発、またアスワンハイダムなどの自然改造などの分野では、ソ連はつねに世界の先端を走りました。しかし、民生部門は資本主義国にくらべて、いちじるしくおくれていました。平和が到来し、産業構造が重化学工業中心から、ハイテク化、情報化がすすみ、経済のグローバリゼーションがはじまると、この中央指令型計画経済体制は、ゆきづまりはじめました。官僚主義的な国有の巨大企業は新しいハイテク産業や情報産業のように、小回りのきく分野には適応できませんでした。とりわけ、サービス産業は公私両部門をふくめて、ソ連邦はもっとも不得意な分野でした。

巨大プロジェクトと異なり、多様性をもった新しい科学技術の分野、たとえば環境科学では、ソ連は全く後進でした。本来、環境や資源の保全は市場制度になじまず、公共の分野に属するのです。ところがソ連邦と東欧諸国は環境政策面では資本主義国と比較にならぬほど遅れ、大気汚染や水汚染などの公害は絶望的なほど深刻になっていました。たとえば世界最大の汚染地域はチェコとポーランドの国境に広がるシレジア地域の重化学工業地帯でした。これは中央政府が経済成長政策を優先して、環境政策を怠ったためです。公害が発生すると、はじめは新聞が報道し、公害除去をもとめる住民の世論や運動がおこるのですが、汚染源が国有企業であるために、政府がうごかぬかぎりは、企業段階での対応がありません。三権分立の民主主義がなく、行政法の制度もなく、裁判にうったえるのがむつかしく、うったえても裁判所は国家や国有企業に賠償や差止めをおこなわせることはできなかったのです。また現場を担当する地方政府は環境政策の権限がとぼしく、科学者も政府に反対してまで公害を告発する力はなかったのです。

ソ連と東欧は共産党一党独裁の中央集権制のために、政官財が癒着し、この間にチェック・アンド・バランスの関係がありませんでした。地方自治が確立していないので中央政府と地方政府との間のチェック・アンド・バランスもありません。住民の参加による内発的発展はあまりみられませんでした。一九八〇年代にはいると、ソ連邦と東欧諸国は軍事費の圧力もあって、明らかに資本主義国よりも生産力の停滞がみられ、とくに先端産業分野の発展のおくれがみられました。

ソ連と東欧の社会主義体制を崩壊させたのは、経済の停滞以上に自由と民主主義の圧力でした。教育の発展によって生まれた多数の知識人は、国際的な交流によって情報を入手できて、他国と自国との比較をおこなうことができました。ペレストロイカで漸進的に自由化して、国際交流をするようになると、一般の市民も自国の経済・社会や文明のおくれに気づかざるをえません。科学研究や報道の自由な発展、政治や行政にたいする民主主義の要求が広まり、これが体制の崩壊の原動力となりました。東欧の場合にはそれに加えて、ソ連の軍事的経済的支配にたいして自立をもとめるナショナリズムが働いたといってよいでしょう。

その後の移行期で明らかになったのは、地方自治の弱さです。辺境地域の経済の混乱、民族紛争などは地方自治の欠如がもたらした自立心と協同心のなさです。ロシア政府はテロとの紛争によって中央集権化をすすめる可能性がありますが、内発的発展のためには、地方自治の確立が必要なように思います。

中国とヴェトナムは市場制度の導入や地方自治制への模索がすすめられています。しかし、これが伝統的な共産党による中央指令型社会主義の政治とどのように整合性をもつかは、まだ未知数のようです。

開発独裁型国家の民主化と地方自治

一九八〇年代までの発展途上国は多くの場合、独裁者とくに軍事権力をあわせもつ政治家あるいは軍人が指導者となって、個人あるいは独裁者を首領とする政党が、主要な企業を所有し、経済を運営してきました。アジアの場合、かつての韓国や台湾が典型的ですが、政府指導の輸出振興型の重化学工業を導入して成長してきました。資本主義的な成長が一定の段階に達すると、国際化もすすみ、学生や知識人を中心とした市民の間に民主化の要求がつよまり、軍事政権を打倒し、あるいは独裁政権の民主化を要求する運動がおこりました。韓国では一九九一（平成三）年に三〇年間とだえていた地方議会の選挙がおこなわれ、さらに九五年知事と市長、区長などの首長の直接選挙を実施して、地方自治制が発足しました。韓国は日本にくらべると、市民運動が盛んで、この力が政治をうごかしています。台湾も軍政廃止以来、地方自治制がひらかれました。ここでは台湾の独立という困難な課題がありますが、国内の民主化はすすんでいます。この他、タイ、フィリピンとインドネシアでも行政の分権化、地方自治制の施行はおこなわれました(2)。

こうして世界は中央集権の時代から、地方分権の時代へとむかいつつありますが、資本主義国の変化は複雑です。ここでは次に現代の分権化の最初の主導権をになったサッチャー＝レーガン政権にはじまる新自由主義的改革と分権について紹介しましょう。

二、新自由主義と分権

新自由主義の分権化は、次のような改革の一環です。

民営化

福祉国家によって国営あるいは公営化された産業を改革では民営化し、あるいは法人化して株式の全部または一部を民間市場に公開しました。この民営化がもっともすすんだのはイギリスと日本です。ここで重要なのは、民営化が労働組合の弱体化をすすめるとともに、国・公営企業を株式会社化することによって、社会主義の再生に歯どめをかけたことです。イギリスではほとんどの国営企業、さらに空港、港湾、上下水道などの社会資本を民営化し、アメリカでは刑務所や軍事訓練施設などが民間に委託されています。サッチャーは人民資本主義と名づけたように、国公営企業の株式の公開によって、中産階級以下の一般労働者までもが株主となりました。

新自由主義は新保守主義といわれるように、もっとも戦闘的な国・公営企業の公務員労働組合の力を弱めるとともに、労働者や一般市民を株主とすることによって、社会全体の利益よりも私企業の利益、直接には株価に関心をもつ人間をつくろうとしています。

日本では三公社の民営化によって、世界でもイギリスにならぶ国有財産売却をおこないました。さらに小泉内閣は政治生命をかけて郵便局を郵政公社にかえ、さらに、四社に分割して民営化しました。他方、民営化の波にのって、地方自治体の関係する第三セクターは約一万社に達しました。国立大学をはじめ、政府機関は独立行政法人化しました。これは民間企業の競争原理を導入することによって、効率化と成果の向上をすすめたいと政府はいっています。しかし、第三セクターに典型的にあらわれているように、多くは赤字を出し、結局税金で穴うめをしなければなりません。国立大学法人にみられるように、競争原理によって、研究費に差別がつけられ、産学共同の分野が重視される結果、基礎的な分野の研究が進まぬ可能性がでていま す。とりわけ、日本では国家財政の危機の解決のために、予算の節約としての性格がつよいといえます。このため、公共性があり、住民のニーズの大きい教育や社会福祉の分野が削減されています。

こういう民営化をした企業体には議会によるチェックができません。情報公開が不十分で住民の監視や監査ができません。社会サービス部門の民営化によって、民間資本の投資先がふえたかもしれませんが、国民にとっては負担がふえ、受益に差別がでています。

規制緩和

民営化とならぶ改革は規制緩和であり、アメリカでとくに改革がすすみました。アメリカはすでに一九七五（昭和五〇）年の証券法の改正、七八年の航空規制緩和法をはじめとして、エネルギー、輸送、電信電話、金融機関などの規制緩和がおこなわれました。イギリスでは金融ビッグバンや公共料金の規制緩和がおこなわれました。[3]

日本はGDPにたいする財政支出の割合や公務員の全雇用にくらべる比率では、欧米にくらべてきわめて小さく、そのいみでは「小さな政府」といえます。しかし、経済的規制が多面的で大きいのが特徴です。一九八〇年には政府の規制のおよぶ範囲は一七四法律（全法律の一二％）、生産額の四三％に達していました。これは「護送船団方式」といわれたように、企業にたいする保護や奨励のための規制が多かったのです。グローバリゼーションのなかで、このような規制の撤廃に圧力がかかりました。一九八六年には「前川レポート」は原則撤廃・例外規制の方針を出しましたが、あまりすすまず、一九九〇年の段階では依然として経済的規制の産業にしめる割合は四二％でした。一九九三年には平岩研究会の中間報告で、経済規制は「原則撤廃」、社会的規制は「自己責任」を原則に最小限にする提案がでました。しかし政官財癒着の構造のために規制緩和はそれほどすすんでいません。このため、小泉政権は「特区」をつくって、地域的に規制緩和をすすめています。

政府の規制の中には、教科書検定のように学問・教育や思想の自由などの基本的人権を侵害するものがあります。地方団体にたいする中央政府の規制のように地方自治や民主主義を侵害するものがあります。しかも、中央政府の規制の中には、法律にもとづかず、行政指導のように恣意《しい》的なものも多くあります。先述のように大企業を保護するような経済的規制（保護奨励といった方がよい）は、撤廃した方がよいでしょう。しかし、独占禁止法などは強化すべきでしょう。地方団体への不当な規制や思想・表現の自由にたいする規制も撤廃すべきでしょう。

しかし、社会的規制とくに労働条件や環境保全などの人権擁護や生態系保持のための規制を撤廃あるいは緩和すれば、とりかえしのつかない絶対的不可逆的損失が発生します。アメリカの経験をみると、規制緩和による企業間競争の激化は、労働条件を悪くし、企業合併による寡占化をすすめています。日本の金融ビッグバンは資本のグローバリゼーションと相乗して、バブル崩壊によって弱体化していた金融機関に衝撃的な影響をあたえ、廃業や統廃合をくりかえしています。それは商業・サービス業・建設業などにもおよんでいます。

このような競争による淘汰という市場制度の全面的自由をみとめるとするならば、社会的規制の枠組みをむしろ強化しなければならないでしょう。基本的人権を守り環境を保全するための社会規制を厳格にし、経済的規制については、独占禁止法を強化し、それ以外の規制法についてもひとつひとつ具体的にその影響を検討して廃止あるいは修正をすすめていかなければなりません。環境についていうならば、景観保全のように地域的な条件の保全が重要です。都市に関連する計画も地域的特性があります。そのいみで中央政府の規制は制限し、地方団体に規制権を与えることが望ましいでしょう。そして官僚的統制にならぬように、情報を公開し、住民が監視し、チェックできる制度にしなければならぬでしょう。

「小さな政府」

新自由主義の改革でもっとも大きな影響をもったのは財政改革です。アメリカは中産階級を中心とした納税者の反乱に応え、レーガン政権の下で、所得税の累進税制をやめて、税率を一五％と二八％の二段階へ（従来は一一〜五〇％の一四段階）としました。法人税は種々の特別措置をやめる一方で、基本税率四六％を三四％に引き下げました。そして連邦政府から直接市町村や住民団体へ支出されていた住宅や社会保障などへの補助金をカットしました。

イギリスのサッチャー政権の改革でもっとも劇的だったのは、公営住宅の供給を削減し、既存の公営住宅を売却したことです。これは、建設資本の市場を広げる目的もありますが、それ以上に先の国有企業の株式の売却と同様に、人民に資産をもたせることによって、個人主義――保守主義をすすめる政策といえます。イギリス福祉国家の最大の公共投資であり、全住宅投資の三分の一をしめていた低家賃公営住宅の大量供給という社会政策は終わりを告げました。

日本でも同じように、中曽根内閣以来、生活保護などの福祉や教育の社会サービスなどの国庫補助金の削減がすすめられています。所得税と個人住民税については課税最低限の引上げと累進性の緩和（所得税では一〇・五％から六〇％までの一二段階を一〇％から五〇％までの五段階）、法人税の税率の引下げ（四二％を三七・五％さらに二〇％台を計画）をすすめ、その代わりに消費税（当初三％、現在八％）の導入をおこないました。この改革は直接には財政再建を目的としていましたが、新自由主義の思想にもとづいて、市場原理を徹底させて経済活動を民間主導にゆだね、福祉国家からの離脱をはかろうとしたのです。この背景には資本主義の構造的変化があります。

第一は、産業構造の変化で増大した知識労働者の「中産階級化」と居住の国際的国内的流動化によって、所得再分配や社会保障よりも、フラットな平均課税と負担の軽減が選択されたのです。租税思想も能力説から利益説にかわり、すべての国民から徴収する消費課税がのぞまれたのです。

第二は、多国籍企業が世界的に流動する結果、労働条件の規制緩和と法人税の減税、税率の均等化がもとめられたのです。

第三は、高齢化、少子化がすすみ、全面福祉の要求によって需要が多面的に急増している老人介護、保育、医療、保健、高等教育や環境などの社会サービス部門を市場経済へくみこむために、規制を緩和し、民営化して企業やＮＰＯなどに門戸をひらくことによって、資本主義経済の活性化をはかろうとしたのです。

それとともに、補助金などの財政支出を減らし、民営化までいかないまでも、一部の事務を民間委託させています。たとえば都市計画などでは、設計はもとより、住民のニーズを調査して、住民参加のあり方までの業務をシンク・タンクに委託しています。これによって公務労働が削減され、財政支出を合理化できるというのです。民間活力の増進と財政再建とが両立し、一石二鳥というのです。しかし、現実には社会サービスの公共性が失われ、受益者負担がふえ、貧富の差が増大しています。また公務員の現場感覚がなくなり、行政のプロが育たず、官僚化がすすんでいます。

地方分権と新中央集権

中央政府のスリム化によって、各国とも地方分権がすすみつつあります。この場合、次にのべるように、米英とヨーロッパではちがいがあります。アメリカでは「競争的地方自治」といわれるように、住民にお気にいりの自治体を選択させて、行政改善をさせるというような「古典的地方自治」へもどるような改革がおこなわれています。レーガン政権の下で新連邦主義がとられ、連邦政府から郡や市町村の社会保障や教育などへ直接支出されていた補助金はカットされ、その業務は州に移譲されています。したがって、州が社会的サービスの選択をおこなっています。もともとアメリカの地方行政は州や市町村ごとに、大きなちがいがありました。たとえば、ニューヨーク市はヨーロッパや日本の都市のように、社会サービスをおこなう「完全自治体」ですが、ロスアンゼルス市では社会サービスは上部団体やＮＰＯに委ねています。このような不均等が分権化の中で広がっています。

イギリスの場合にはサッチャー政権は労働党の勢力の基盤となっている地方自治制を解体して、市町村合併をおこない、中央集権化をすすめました。そして、伝統的なレートを廃止して、人頭税のようなコミュニティ・チャージを導入しようとして、反対にあいました。労働党の復権によって、ブレア政権は地方自治の民主化をかかげています。とくに差別化によって低下した貧困者の教育の充実のために、教育制度の充実など社会サービスの再建をすすめています。しかし、かつての労働党のような国有化への復帰ではありません。サッチャー時代に、自治体の社会サービスを制限してそれを代行するＮＰＯが生まれました。たとえばグランド・トラストは鉱工業衰退地域やインナーシティの再生、緑化などの環境改善、雇用訓練などをおこなっています。これにたいして、政府は一定のファンドを提供し、その地域の企業や個人も出資しています。これは当初は行政の下請け機関でしたが、その必要性から住民の参加がすすみ、いまでは全国で数十のトラストが活動し、ブレア政権もこれを援助しました。

イタリアは福祉国家でなく、早くから民営化がすすんでいました。教会などの慈善団体や協同組合が福祉事業をおこなっていたが、一九九一（平成三）年、教会と協同組合の福祉事業を統合するかたちで、社会的協同組合法ができました[4]。新自由主義の改革では、本流は社会サービスの民営企業化ですが、しかし、もうひとつの流れとして社会サービスの水準の低下をおそれ、自ら参加してサービスの改善や創造をはかろうとする住民参加の民営化もみられます。

こういう民営化や民間委託のすすむ中で、自治体の行政に二つの変化がでてきました。ひとつは自治体行政を民間と同じような企業管理方式をいれて運営しようとするＮＰＭ（New Public Management＝新行政管理）です。事業評価、費用効果分析、複式簿記などの導入です。もうひとつは、ＮＰＯや協同組合などが社会サービスを分担していくことから、自治体とそれらの組織とを総合的に統治するためのガヴァナンス（Governance）の必要です。

ＮＰＭはドイツの自治体では全国的に導入されています。しかし、後にのべるように社会保障の公的維持はまもられています。[5]「ガヴァメントからガヴァナンスへ」といわれるように、各国とも自治体の行政・政治は地域組織との関係が重視されてきました。

一九九〇年代後半にはいって、ヨーロッパでは新自由主義の改革を制限して、社会サービスの後退をとめようとする社会民主主義の勢力が強まってきました。戦後の国際化の先端をいったＥＵは、通貨の統一など経済の連帯をすすめるとともに、国民国家をこえた政治的連合をはかりつつあります。ここでは、新自由主義の流れはすすみつつありますが、アメリカのような市場原理主義ではありません。北欧を典型とするように住民自治を土台とした分権化によって、協同経済型福祉社会から維持可能な社会（Sustainabl Society）を目指す傾向がすすんでいます。そこで次にその潮流をみたいと思います。

三、分権化の新しい潮流

ヨーロッパ地方自治憲章

一九八五（昭和六〇）年、ヨーロッパ評議会閣僚委員会は、「ヨーロッパ地方自治憲章」を採択しました。これは一九八八年九月一日に発効した世界初の多国間協定です。EU加盟国四四カ国中四一カ国が署名し、三八カ国が批准をすませています。一九九七年には「ヨーロッパ地域自治憲章草案」が発表されました。これは州のような広域の自治体の原則をしめすもので、その精神は先の「憲章」と同じですが、まだ採択はされていません。また国際自治体連合は一九八五年九月のリオ・デ・ジャネイロ大会において、「世界地方自治宣言」を採択し、これを国連で承認することをもとめました。この宣言は国連で討議にかけられていますが、まだ採択されていません。この宣言の趣旨も、「ヨーロッパ地方自治憲章」にしたがっています。

「ヨーロッパ地方自治憲章」は、EUの成立により国民国家の再編がはじまった段階で、内政の機能を原則的に自治体に委譲しようというもので、歴史的な憲章といってよいでしょう。

この憲章は一八条からなっています。この前文では次のようにのべています。

「地方自治体はあらゆる民主主義体制の主要な基礎の一つであることを考慮し、公的事項の運営に参加する市民の権利がヨーロッパ評議会の全加盟国に共有されている民主主義の原則の一つであることを考慮し、この権利が最も直接的に行使されうるのは地方のレベルであることを確信し、真の責任を有する地方自治体の存在が効果的で市民に身近な行政を提供しうることを確信し、さまざまなヨーロッパ諸国における地方自治の擁護と強化が民主主義と分権の諸原則に基づく一つのヨーロッパの建設に重要な寄与をなすことを認識し、以上のことは民主的に構成された決定機関を有し、かつ、責任、責任遂行の手段及びその遂行に必要な資源について広範な自主性を有する地方自治体の存在を前提としていることを明記する」（原文では、「明記して」となっているが、構文上「明記する」とした）。

このように、憲章の原則は地方自治体があらゆる民主主義権利の主要な基礎であることを考慮し、住民のために法律の範囲内で公的事項の基本的な部分を規制し処理する地方自治体の権利を規定しています（「憲章」第三条）。そして法律の定めがなければ、中央政府であれ州・県のような広域自治体であれ、他の当局によって、自治体の権限は侵害され制限されてはならないとしています（第四条）。また地方自治体の財源については「国の経済政策の範囲内において、その権限で自由に処分しうる十分な固有の財源に対する権利を有するものとする」（第九条・一項）と明確に規定しています。さらに「財政力の弱い地方自治体に課せられた財政負担の不均等な配分の影響を是正するための、財政均等化の手続き又はそれと同等の処置の確立を必要とする。これらの手続き又は措置は、地方自治体がその固有の責任の範囲内で行使する自由な決定権を制約してはならない。」（第九条五項）としています。

この「憲章」を最初に紹介した廣田全男は、これは民主主義の基礎としての地方自治が地方自治体の全権限性、補完性の原理、自主組織権、自主財政権（財源の保障）を内容とすることを明らかにして、地方自治の国際的スタンダードをしめたものとして高く評価しています。また杉原泰雄はこれを彼の地方自治の基本理念としての「充実した地方自治」の具体例としてしめしています。(6)

ヨーロッパ各国はこの憲章にもとづいて改革をすすめています。地方自治の歴史のちがいなどによって、北欧、オランダ＝ドイツ、フランスで、さらには南欧などでちがいがあります。しかし、福祉、医療や教育などの社会サービスについて、公的保障を維持するために、地方自治をすすめていくという点では共通しています。

分権化の二つの流れと日本

新自由主義の改革は、市場原理による競争によって富の不平等や地域的不均等を生み、国際的には地球環境問題や南北問題を深刻化させています。このこともあって、ヨーロッパでは社会民主主義的な修正がおこなわれています。したがって、分権化も大きく二つの流れになっているといえます。

ひとつは、アメリカ・イギリス型の「小さな政府」による競争的分権です。もうひとつは

「ヨーロッパ地方自治憲章」による協同経済型の福祉社会のための住民自治をもとめるものです。

日本では前章のように分権推進委員会は、当初、新自由主義の分権とヨーロッパ地方自治憲章の補完性原理による分権という二つの理念を混合していました。つまり、あいまいな態度でしたが、現実に中央各省と事務配分をつめていくうちに、「小さな政府」の競争的分権に流れていきました。分権一括法以後の「三位一体」の改革では、「小さな政府」が大枠となり、競争的分権へむかってすすんでいます。

この二つの流れは、財政支出のあり方をみると明らかになります。**表6－1**は、一九世紀後半から一九九〇年代前半までの政府総支出のGDPにたいする割合の変化をみたものです。一九三〇年代には軍事化などもあって、資本主義国の政府活動が急に大きくなっています。そして戦争が終わった後、各国は福祉国家になり社会保障費などの増大によって、財政支出の規模は減少しないのですが、日本は一旦小さくなり戦前水準にもどります。そして一九七〇年代半ばから、福祉国家にむかってうごくために、財政規模は大きくなります。ここで注意してほしいのは、ヨーロッパ本土のドイツ・フランスとスウェーデンの財政規模がきわめて大きいことです。スウェーデンは国民所得の実に六〇～七〇％を公的部門に使っています。日本・アメリカ・イギリスが「小さな政府」の改革へむかっていることをしめしています。

では一体、各国の公的部門はどのような活動をしているのでしょうか。**表6－2**のように、アメリカは軍事費の比重が大きいのですが、日本は公共投資（表の政府固定資本形成）が圧倒的に大きく、他国の二～四倍になっています。ニューヨーク・タイムズが日本を「土建国家」と名付けたのはムベなるかなです。しかも、この世界最大の公共投資は**表6－3**の（行政投資）のように、実に四分の一以上が道路に投資されてきました。先述のように、サッチャー政権以来のイギリスの公共投資が低家賃公営住宅を中心にしていたこととくらべ、い

表6－1　政府総支出のGDPに占める割合の変化

（単位：%）

年　度	1880	1913	1938	1950	1960	1974	1985	1990	1993	1996
アメリカ	n.a.	8.0	19.8	21.4	27.2	32.1	36.4	36.6	37.3	32.4
イギリス	9.9	13.3	28.8	34.2	32.2	44.8	46.0	42.2	45.6	38.1
ドイツ	10.0	17.7	42.4	30.4	32.4	44.6	47.6	45.7	49.1	45.3
フランス	11.2	8.9	23.2	27.6	34.6	39.3	52.2	49.9	54.9	48.2
日本	9.0	14.2	30.3	19.8	17.5	24.5	32.3	32.3	34.9	31.7
スェーデン	*	*	*	*	31.0	48.1	64.9	60.8	74.1	62.9
OECD	*	*	*	*	28.1	34.6	41.5	41.0	43.1	*

（出所）　OECD, Historical Statistics, 1995 など　＊は不明

国内総生産に占める割合の推移

（単位：%）

1985年			1990年			1994年		
政府固定資本	軍事費	社会保障移転	政府固定資本	軍事費	社会保障移転	政府固定資本	軍事費	社会保障移転
5.9	1.1	13.7	6.3	1.1	13.7	8.2	1.1	16.3
1.9	7.4	12.8	1.9	6.6	13.2	2.0	4.7	15.3
2.2	5.7	17.1	2.6	4.6	14.8	2.1	3.9	18.1
2.6	3.1	21.4	2.5	2.5	22.0	2.3	−	26.4
3.5	3.7	27.9	3.9	3.4	26.9	3.9	3.4	30.1
3.7	3.2	23.3	3.6	3.1	25.4	4.0	3.3	32.7

かに日本が企業の高度成長のために、道路などの生産基盤優先であったかがわかると思います。

財政支出の次の問題点は社会保障にあります。先の**表6－2**のようにドイツ・フランスとスウェーデンはＧＤＰの約三〇％を社会保障に投じていますが、競争型分権をすすめている米英日はいずれも一〇％台で、日本はスウェーデンの半分の規模です。

ではその内容はどうなっているでしょうか。一九九八年度をとりますと、**表6－4**のように、老齢年金を主にした老齢現金給付は、ＧＤＰ比で、スウェーデンは七％にたいし日本は六％、保険医療も両国の規模はかわりません。ところが、出産育児等家族政策をとりますと、スウェーデンの三％にたいし、日本は〇・五％です。これはスウェーデンの保育所が九〇％の公的保障をしていることや、育児休業、児童手当などで大きな差がついているためです。その他の福祉でも大きなちがいがでていますが、この表で注目すべきは、雇用政策関係で、日本に

表6－2　各国の公的支出の

	1970年			1980年		
	政府固定資本	軍事費	社会保障移転	政府固定資本	軍事費	社会保障移転
日本	4.6	0.8	4.7	6.3	0.9	10.4
アメリカ	2.6	7.6	7.9	1.6	5.1	10.5
イギリス	4.8	4.7	8.6	2.7	4.6	11.6
ドイツ	4.3	2.9	12.2	3.5	2.8	15.3
フランス	3.8	3.2	17.0	2.9	3.4	22.4
スウェーデン	n.a.	n.a.	n.a.	n.a.	n.a.	n.a.

（出所）大蔵省資料より

表6－3　行政投資の使途
（1959-1994年度の累計）

		金額（億円）	比率（％）
Ⅰ 産業基盤	道　路	1,640,862	24.8
	港　湾	132,569	2.0
	農林水産	648,744	9.8
	その他共小計	2,644,816	40.0
Ⅱ 生活基盤	住　　宅	430,469	6.5
	下 水 道	494,490	7.5
	厚生福祉	237,491	3.6
	文教施設	675,714	10.2
	その他共小計	2,717,404	41.1
Ⅲ	治山治水・災害復旧	781,087	11.8
Ⅳ	官庁営繕など	460,785	7.0
	合　計	6,604,003	100.0

（注）詳細は宮本憲一『公共政策のすすめ』（有斐閣）、170～172ページ、参照。

くらべてスウェーデンが積極的なことです。

　では、公的支出の上で、地方財政のしめる割合はどうなっているでしょうか。**表6－5**のように全公的部門にしめる地方財政支出の割合は、日本は世界最高で五六・八％にのぼっています。これは連邦制の国

表6－4　社会保障給付費水準の2カ国比較

	GDP比 1998年 単位％	
	スウェーデン	日本
1. 老齢現金給付（主に老齢年金）	7.46	6.06
2. 保健医療	6.64	5.65
3. 出産育児等家族政策		
家族現金給付	1.63	0.21
家族サービス	1.68	0.26
小計	3.31	0.47
4. その他の社会サービス		
高齢者障害者サービス	3.71	0.31
5. その他の現金給付		
障害現金給付	2.10	0.32
傷病手当	1.62	0.06
遺族手当	0.69	1.08
住宅手当	0.81	
小計	5.22	1.46
6. 雇用政策関係		
積極的労働市場施策	1.96	0.25
失業給付	1.93	0.50
労働災害	0.32	0.20
小計	4.21	0.95
7. その他	0.93	0.16
計	31.47	15.05

藤井威「スウェーデン型福祉国家モデルに対する自信とその背景」

表6－5　政府部門と地方財政のシェア（1996年）

（単位：%）

国名		一般政府支出／GDP	地方支出／中央・地方支出	地方税収／中央・地方税収	中央移転支出／中央経常支出	地方移転収入／地方経常収入
連邦国家	アメリカ	32.4	48.8	42.6	26.0	21.8
	ドイツ	45.3	53.0	49.7	33.0	27.0
単一国家	日本	31.7	56.8	39.4	56.2	42.0
	フランス	48.2	29.8	19.4	33.1	40.2
	イギリス	38.1	24.8	0.0	26.8	77.5
	イタリア	45.6	24.0	10.8	32.6	63.5
	スウェーデン	62.9	42.9	44.8	7.1	15.4

（注）中央移転支出は中央政府の他政府への移転支出。地方移転収入は地方の他政府からの移転収入。

（資料）OECD, National Accounts, 1998, より作成。

とスウェーデンに匹敵します。これだけみれば、日本は世界最高の分権の国といえます。しかし、全税収にしめる地方税収の割合では、先述の三国より低くなり、三九・四%となります。これまでの分権改革が事務配分にかたより、必要な独立財源の移譲をしていないことが解ります。しかし、かりに三位一体が完成し地方歳出にふさわしい税源移譲をすれば、地方自治は前進するでしょうか。後述するように、日本の地方財政の不均等は、韓国などとともに、世界でも極端な部類にはいるので、多くの財政力の弱小団体をどうするかが問題です。それだけではありません。かりに税源移譲と交付税の財源調整がうまくいったとしても、先のスウェーデンとの比較のように、住民福祉は充実しません。

ここでの結論をのべておきましょう。分権をしたからといって、新自由主義型の「小さな政府」では、住民福祉の向上や人権保障がすすむのではありません。

スウェーデンを典型とするようにヨーロッパの分権は、「大きな自治体」による住民福祉と人権保障という行政の公共性を堅持しています。そこには分権を支える住民自治があるのです。

今日の流行の分権は、実はその背後にどのような国家をえらぶのかという未来の選択があるのです。アメリカ・イギリスに追随して、市場原理主義の「小さな政府」（軍事・治安費のみ大きな政府）を選択するのか、それとも福祉国家を維持しながら、それをのりこえて「維持可能な社会」を選択するのかということが問われているのです。[7] そういう未来社会の選択をかけて、地方自治のあり方が争われているのです。

（注）
(1) 宮本憲一『公共政策のすすめ』（有斐閣、一九九八年）の前半部分にサッチャー政権の改革と限界をしめしています。
(2) 松井和久編『インドネシアの地方分権化』（アジア経済研究所、二〇〇三年）、大阪自治体問題研究所編『東アジアの地方自治』（文理閣、一九九九年）。
(3) 内橋克人・グループ二〇〇一『規制緩和という悪夢』（文藝春秋、一九九五年）。
(4) 田中夏子『イタリア社会的経済の地域展開』（日本経済評論社、二〇〇四年）。
(5) 武田公子『ドイツ自治体の行財政改革』（法律文化社、二〇〇三年）。
(6) 廣田全男前掲「補完性原理と『地方自治の本旨』」、杉原泰雄前掲『地方自治の憲法論』。
(7) 宮本憲一前掲『日本社会の可能性』に新しい目標とその政治経済システムについての検討と提言をしています。神野直彦・宮本憲一・内橋克人・間宮陽介・吉川洋・大沢真理『経済危機と学問の危機』（岩波書店、二〇〇四年）も、いまの危機からどのように脱出するかの討論と提言をしています。

新自由主義の下でこんごの社会のあり方を考えるために、「公共性」をどう考えるかが、キーワードのひとつです。もっとも早く、この問題を提起したのは、宮本憲一編著『公共性の政治経済学』（自治体研究社、一九八九年）、さいきんの多様な論争をふまえた包括的な文献として、山口定・佐藤春吉・中島茂樹・小関素明編『新しい公共性』（有斐閣、二〇〇三年）。

第7章　三・一一大災害と戦後憲法体制の危機

政権交代で一部の国民には期待を抱かせた民主党政権が混迷を続けている時期に、東日本大震災が発生し、尖閣列島の国有化問題で日中関係の緊張状態を招き、政権の維持は困難になりました。二〇一二年衆議院選挙で、自民党は圧勝して第二次安倍内閣が成立しました。この政権は、戦後体制を基本的に変える改革を強権的に始めました。ここでは、その戦後最大の政治的危機の中での主な社会問題と地方自治の課題を述べたいと思います。

一、東日本大震災と原発公害

東日本大震災と自治体

二〇一一年三月一一日マグニチュード九の大地震は、大津波を派生させ、さらにそれらの影響を受けて福島第一発電所四基の原子力発電所の事故が発生しました。この三重の重複した災害は、近代日本史上最大の深刻な惨状をもたらし、まだ被害は続いています。死者・行方不明者は、災害関連死者三三三一人を含め二・二万にのぼり、直接経済的被害は約三〇兆円、いまだ修復できぬ原発の被害を入れるとこれ以上になるでしょう。一九九五年の阪神・淡路大震災が大都市圏の災害であったのと比べ、この被害は南北六〇〇㎞、一〇都府県二四一市町村にわたる広域で複雑な災害です。津波のために町ぐるみ・コミュニティが根こそぎさらわれ、戦災にあったような被害です。これは、農漁村・地方都市の災害です。被害の中心の岩手・宮城・福島三県の県民所得の合計は約一五兆円、三県の通常予算の合計は約三兆円です。これらと比べて被害額はけた違いに大きく、復旧費はこれらの自治体で処理できるものではありませんでした。人への被害は高齢者に多く、年齢のわかっている死者の五六％は六五歳以上の高齢者です。地域に密着した農林・漁業・商業などの生業が被害にあい、再生を困難にしています。建造物全壊一二万戸、半壊二七万戸、一部損壊七四万戸、冠水した田畑は二万四〇〇〇ha、漁船も約二万隻喪失し、農漁業の生産手段が根こそぎ奪われました。これらの地場産業は観光業などとともに放射能などによる風評被害を受け、その影響は長期にわたっています。東北地域は食糧とエネルギーの基地ですが、同時に電気機器、自動車、製紙加工、機械部品などの組み立て型消費財製造業が多いのです。このサプライチェインの被害も国際・国内的に大きな影響を生みました。

原発の問題は後に論ずるとして、ここでは自然災害の原因と復興の状況について述べます。

自然災害の第一次要因（素因）は自然現象ですが、災害の影響を軽減できず、拡大するのは社会的な要因によります。普段から防災体制の整備をし、訓練をした地域とそれを怠った地域では被害に相違が出ています。今回の場合、特に指摘されているのは、市町村合併が防災力の弱体化を生んだということです。市町村合併によって役場を失い、支所に少数の職員しかいない周辺地域では、住民の実態がつかめず、避難が遅れ、被災民の状況の把握に手間取り、復興も不完全でした。津波のために行方不明者が多く出ましたが、捜査が遅れ、本人の確認もうまくできなかったのは、職員が手薄だったためです。

川瀬憲子は一市六町を合併した石巻市と二町合併の東松島市を比べ、規模の大きくなった石巻市の被害が大きいことを、周辺部となった雄勝地域の深刻な被害をあげて説明しています。この災害で四分の一の職員を失った岩手県大槌町や陸前高田市の苦悩を見ると、災害防止に基礎的自治体の果たす役割の重要性が浮かび上がってきます。

災害後の政府の対応は遅れました。「東日本大震災復興基本法」は二〇一一年六月二〇日に成立し、七月二九日に「復興基本方針」が発表されました。「復興財源確保法」は一二月二日に、「復興庁設置法」は同月一六日に、復興庁は翌年の二月一〇日にようやくスタートしました。肝心の財源と主務官庁ができたのは震災から一年後で、被害対策から復興へ移る時期は遅れました。復興庁の責任者は、復興大臣でなく、総理大臣です。復興庁という組織によって、各省の予算が統合されるはずでしたが、実際は各省の事業が行われることから、この機関は総合調整にとどまっています。

復興の基本方針は、阪神・淡路大震災の理念を踏襲した創造的復興です。神戸の創造的復興は当時の中心にいた下河辺淳が計画したものですが、その中の神戸空港、長田地区の大規模開発、揚子江と結ぶ貿易航路などはすべて失敗あるいは赤字経営に終わっています。そして、災害に便乗した開発のための公共事業が優先し、被災者の生活救済が遅れ、塩崎賢明が『復興災害』と指摘するように、復興過程での災害関連死や孤独死が起こっています。このような反省なしに、同じ理念が東日本大震災の復興政策を支配しています。

これに対して、これまでのほとんどの災害の実態を研究してきた宮入興一は、関東大震災の際に福田徳三が提案した「人間復興」を理念とした政策を提案しています。それは地域コミュニティと住民自治の復興であり、被災者の生活・生業・雇用の再建に重点を置いて始めようとするものです。この理念は、先の塩崎賢明をはじめ災害研究者や都市・農村研究者の一致した考え方であり、被災者の願いでもあります。現実はどうであったのでしょうか。宮入はこの五年間を総括して次のように言っています(1)。

「(政府の政策は)グローバル時代の『創造的復興』を目指していた。すなわちTPPや規制緩和、復興特区や民間資本導入、農業や漁業の集約化など、財界主導の惨事便乗型で、新自由主義的提言を土台として提起され、それが復興財政の方向も大きく規定した。」

このため宮入の試算によれば二〇一〇〜一五年度間の公共事業などに四・三兆円(NHKの試算では一四兆円)が使われ、大企業には「国内立地補助金等」から七八〇〇億円、全国防災対策に一・五兆円が支出されましたが、被災者生活支援法の改正は見送られ、生活救助等関係費は一兆円、生活再建支援金一・三兆円にとどまりました。生活救援で、まず対応しなければならないのは住宅です。塩崎賢明によれば、応急仮設住宅が最大で五万戸が建設され、一一万人が入居しました。今回は木造建築がすすめられ、みなし仮設住宅（民間借り上げ住宅）の使用が多いことは進歩ですが、衛生面や立地面の問題はこれまで同様に解決していません。恒久的な対策は自力建設と災害公営住宅の建設になりますが、これは著しく遅れています。その理由は、東京オリンピックなど東京圏の建設需要が多いために、人材・建築資材が不足し、その価格上昇によって被災地の事業が進まないことにあります。

さらに問題は、防災のために巨大な防潮堤をつくり、沿岸部の住民を内陸部や高台に移住させる都市計画をつくりましたが、この事業が進まないことです。復興計画は当初から政府の目線で作られた計画で、沿岸地域で生業と生活をしてきた住民の意向が十分に反映していませんでした。高台に移住した場合には、漁業や漁業加工の仕事に従事している住民が移転することに障害が出ます。建設費が高く、元の住居の土地の価格が下がり、資金の手当てができず、新地域でコミュニティがつくれないなどの問題が出ています。避難者が帰還せず住民が減少する地域では、最初の移転計画を止める地域も出てきています。

復興財政は発動が遅れたとはいえ、二六兆円が計画されましたが、それを消化できる体制が民間にも自治体にもできていません。自治体には一度に数年分の予算が来ましたが、それを処理できる人員はいません。人手不足を補うための自治体間の協力はよく、二〇一二年度末消防警察を除いて八万五〇九六人が東北へ応援に行っていました。現在も三県へ一二〇〇人の派遣がされています。しかし人員不足は続き、特に土木・農漁業の専門家が不足しています。このような状況のため、予算を使うめどが立たず、二〇一二～二〇一三年度に三兆一一九一億円が不用額として国庫に返金されました。また問題となっているのは、復興財政が、地元に使われず、他の地域に流用されたことです。復興予算が他地域の下水道、ごみ処理施設、林業整備、雇用対策、全国防災対策などに流用されました。これは国会で問題にされ規制がされましたが、明らかに失政です。

復興計画の前半が終わったところで、建設業と製造業は回復しましたが、農漁業、地場の商業・サービス業は回復していません。回復したといわれる製造業や建設業の利益は、東京圏に流失しています。そして、復興格差といわれるような社会問題が深刻化しています。依然として応急住宅から転出できない住民もいます。これから復興の後半に入り、オリンピックに合わせて二〇二一年度で計画は終了する予定ですが、しかしこれでは復興は終わらない。とくに後に述べる原発公害の対策は道半ばです。

この復興事業の後半で、まずやるべきことは基礎的自治体の強化です。正規の職員を増員し、合併後の支所を強化することです。復興過程で、東北地域の資源・エネルギー・人材を東京圏へ供給する従属的な経済構造の是正ができませんでした。しかしこれからは、地域の食糧・エネルギーを生かした内発的な発展を進めることが人間復興の課題となるでしょう。

福島原発公害と自治体

福島第一原発事故によって、二市七町三村の一四万人を超える住民が強制疎開にあい、コミュニティを棄てざるを得なくなりました。五年後もまだ一二万人が故郷に帰ることができず、「流亡の民」となっています。おそらく長期的に住民の帰還が困難となり、自治体としての機能が廃止になる自治体もでてくるのではないでしょうか。

これは足尾鉱毒事件を超える史上最悪の公害といってよいでしょう。今回放散した放射能はチェルノブイリ事故の六分の一といわれますが、福島の汚染地域の産業や住宅・生活施設の集積度がチェルノブイリより高いことから、被害は大きくＩＮＳＥ（国際原子力事象評価尺度）は最悪のレベル七としています。原発事故は、地震・津波という自然災害と東電が安全対策を怠ったために生じた社会的災害が複合して起こりました。自然災害については裁判では想定外として東電の責任を認めませんが、災害の危険性については石橋勝彦や元国会議員の吉井英勝などが的確な警告を発しています。東電も内部では今回のような津波は予想していましたが、このような警告を受け入れなかったのです。その意味では、自然災害も想定外でなく、安全の注意を怠ったのです。

公害の原因については完全に解明されていませんが、吉田文和は「欠陥原発」であったと定義し、安全対策の節約として次の点を挙げています。①地震により送電線がすぐに倒壊、②原発コントロール室が電池切れで制御不能、③ベントとフィルターの不備、④非常用電源が津波で作動しなかった、という四点です。

私はこの内部施設の欠陥に加えて、危険な施設を地震や津波の予測される海岸に多数立地したこと、汚染の制御に困るような地下水系のある地点であること、などの「立地の過失」だと考えています。また政府がエネルギー政策として、これまで国策民営で原発をエネルギーのベースロードとして、建設を許可し、地震・津波、火山などの災害の多い地域に集積させ、電源三法による交付金の散布で誘導してきた責任は重いといってよいでしょう。

事故発生から五年を経て廃炉収束のめどは立っていません。安倍首相は東北の復興が進まぬ状況の下で、その失敗を覆い隠すようにオリンピックを誘致するために「放射能汚染水は完全にブロックされている」と放言しました。しかし汚染水は制御されていず、ようやく四号機の使用済み核燃料の取り出しがされたところです。果たして、メルトダウンした燃料棒の取り出し措置ができるのか、完全な廃炉ができるのかは未知数です。除染に安全な追加年間被ばく量一ミリシーベルト以下の状況を保持するための作業は半分終えたというが、山林は手がついていず、放射能汚染物の中間処理場が決まっていません。

公害は「被害に始まり被害に終わる」といわれるように、まず被害を明らかにして東電や国に賠償をさせ、さらに原型復旧で被害者の生活・生業・雇用を確保し、環境を再生する復興事業を進めねばなりません。淡路剛久[2]は裁判で取り上げられている被害は、①放射線被ばくそのもの、②被ばくを避けるための避難による被害、③地域社会を破壊され生活の地を奪われたことによる被害、④原状回復と生活再建にかかわる損害、⑤生態系の損害としています。彼は完全救済と原状回復の理念に立って、今回の被害は「身体や健康に直結した平穏生活権の侵害」で、財産権だけでなく、生存権、身体的・精神的人格権が包括されていなければならないとして「包括的生活利益としての平穏生活圏」の侵害とも言っています。この場合、これまでの公害と違うのは住民が避難することによってコミュニティを失い、自治体の機能が失われているということです。

経済的被害はまだ全容が不明です。原発事故被害総額は六～八兆円といわれていますが、これ以外に土壌汚染や中間貯蔵施設の費用などが予定されています。これらを入れると桁外れの莫大な費用になるでしょう。賠償については、原子力損害賠償紛争審査会（原賠審）が二〇一一年八月に紛争解決の「中間指針」を出し、二〇一三年一二月までに四つの追補を出して補償の範囲を示しています。帰還困難地区（大熊町、双葉町は全域）については一人一〇〇〇万円の慰謝料、それ以外の対象地域については一人月額一〇万円の慰謝料を払っています。この月額一〇万円の慰謝料については、故郷喪失が顧慮されていないという批判がされています。二〇一三年一二月現在で、約三兆二九一四億円（うち個人一兆七二七〇億円）の損害賠償金が支払われています。しかし被害が今までになく広く複雑なので、これでは不十分なため、現在二〇の集団訴訟が起こり、約八〇〇〇人の原告が国と東電を相手に闘争しています。

この膨大な損害賠償について、東電は負担できるでしょうか。国は資金を金融機関から借り、原子力損害賠償機構を通じて、五兆円を上限に東電に必要額を援助しています。東電や他の電力会社など一一社は主に電力料金収入から機構に返済し、東電が立ち直れば、利益から返済金を払うことになっています。国はすでに三兆八〇〇〇億円の援助を決め、さらにすでに一兆三〇〇〇億円の除染費用の予算措置をしています。両者で五兆円になるが、今後の汚染除去費用をいれると東電は返済できるでしょうか。今回の事故の責任を正当に果たすとすれば、東電は破産するでしょう。しかし国は資金を援助して、東電を支えています。水俣病問題のチッソのように、東電を分社化して補償を担う会社をつくって生き残らせる案も出ています。しかし分社化しても、この重大な被害の補償ができるとは思えません。いずれにしても、損害の賠償が消費者の料金負担か、国民の税金によって賄われていくのです。原発は国民の負担によってつくられたが、破産に瀕しても国民の負担で救済されるという無責任な体制になっているのです。

原発事故による直接・間接死亡者は一九〇〇人といわれています。放射能による健康障害については、一八歳以下の全県民を対象とした甲状腺検診が続けられています。疫学者の津田敏秀は福島では年間一〇〇万人当たり一人か二人発生の甲状腺がんが、三五万人中一一二人見つかっているが、これは原発事故による増加としています。これに対して、これを過剰診断という反対論もあります。私は原発公害による健康障害は、初めてのケースなので、過去の放射能被害のケースにとらわれず、観察と医療の救済を継続するべきだと考えています。

政府は二〇一三年八月に一一市町村の避難区域を、①避難指示解除区域、②居住制限区域、

③帰還困難区域に三区分しました。そしてインフラの早期復旧、災害廃棄物の処理、除染・中間貯蔵施設の設定などによる早期帰還定住プランを出し、各市町村に工程表を出すように命じました。こうして、賠償から復興へと政策の重点が移っているのですが、他の県の復興と同じくハードなインフラの復興は進むが、雇用やコミュニティ再生の視点が弱いのです。避難地区の役場機能は多くの市町村では郡山市など福島県の市町へ、双葉町は埼玉県へ移っているので、住民は元の住所に住民票を残し、避難地で住民サービスを受けて生活していました。

早期の帰還プランが出る前に、復興のフロントランナーと自認する川内村は二〇一一年九月には旧緊急時避難準備区域を解除し、二〇一二年三月に行政機能を再開しました。四月、診療所も機能を再開し、八月には避難費用と慰謝料賠償を打ち切りました。この早い復興は望まれるようにみえますが、実態は複雑です。この村を拠点にして総合調査をしている除本理史は、『原発災害はなぜ不均等な復興をもたらすのか』の中で、二〇一四年七月一日時点で人口二七三九人のうち村へ帰還して居住しているのは半数の一三九六人にとどまっていると報告しています。帰還者は五〇代後半の人が多数で、村に仕事があるか、リタイアして健康に心配のない人、自動車の運転ができる人です。この地域では、都市施設の整備されていた浜通りの病院や高校などのインフラの整備がないと子育て中の人や健康に不安のある人は帰れないのです。川内村がこのような状況ですから、他の地域では住民の帰還が遅れ、まだ一一万人が避難生活をしています。避難が長期にわたり、賠償は持続するが展望のない人たちと原住地復帰の可能性があるが賠償は定額、あるいは賠償が打ち切りになる人たちとの両極分解が起こっているのです。低濃度の放射線暴露が蓄積して障害が起こる可能性のある限り、帰還を強制することはできないでしょう。

清水修二「福島の避難自治体における復興の現局面と困難」では福島復興に向けた行財政措置について次のように述べています。

「宮城県や岩手県と違う福島県特有の事情です。まず住民の自由な立ち入りさえできない放射能汚染地域が広がっているところから、復興・再生といっても容易に着手すらできない部分があることです。もう一つは住民の選択、すなわち帰還するか避難を継続するか、それとも移住するかの、判断の帰趨を予想しながら対策を講じなければならない点です。」

原発公害の被災地の復興は進んでいず、住民の定住が不明という困難な事情があるので、他の被災地よりも交付金は少額です。福島対策に特化した財政措置としては「福島再生加速化交付金」が一二市町村に出ていますが、うまく活用されていません。二〇一五年度の福島県予算は一兆八九九四億円で過去最大、このうち震災・原発対応が一兆二八七億円で五四%、しかし予算化された予算がスムーズに執行されていず、県の復興補助金（四基金二二事業）の執行率は五二・二%にとどまっています。自治体としては帰還指示の解除が望ましいが、しかし避難者支援の打ち切りとセットになった避難指示解除は住民激減のクリティカルポイントになるかもしれず、住民数の減少幅を小さくすることが自治体の最大関心事になっていると、清水は指摘しています。被災地の財政状況では、歳入面では原発立地の大熊町では事故処理の投資もあって多額の固定資産税と電源三法交付金があり、被災以前と変わらない状況です。これに対して、浪江町は避難と同時に固定資産税が免除となって税収は激減し、復興交付金に依存しています。歳出面では農林水産費、商工費や土木費も低水準で、積立金の増大のための総務費が増えています。これは、被曝地では復興の端緒にすらついていないことを表しています。清水はこの論文のむすびで、今の被災市町村の状況は個別自治体の力ではいかんともしがたく、「広域連携」の具体的方法を構想しなければならない時期がせまっていると結論しています。

福島の原発公害は原子力村の安全神話を覆し、日本のエネルギー計画を根本的に変えねばならぬことを明らかにしました。それは原発をゼロにし、それに代えて、早い機会に再生可能エネルギーを普及することです。原発ゼロの状況で電力不足は起こっていないのですから、この新しいエネルギー計画に向かっていくチャンスといってよいでしょう。ところが政府は、原発をエネルギー計画のベースロードとし、全体の二二〜二五%のシェアを維持する計画です。このため改正した原子力規制基準（安全基準ではない）に従えば、地元の同意（法的でなく社会協定）を得て再開するとして、鹿児島県の川内一号機、二号機の再開を許可しました。そして原発輸出を新しい海外投資として、インドなどに売り込んでいます。これは、電力会社をはじめ原子力村の要求によるものです。しかし災害の多い日本で、原発の安全性の補償はありません。原発のコストは、他のエネルギーに比べて安くはないのです。何よりも放射能廃棄物の処理やリサイクリングが不能で、半永久的に将来世代に危険を与えます。ドイツ政府が原発の廃止を決めたのは、この将来世代に対する倫理の問題でした。さらに先ほど述べたように、代替の再生エネルギーの実用化が進んでいます。当面は固定価格買い取り制度によって導入すれば、その普及とともにコストも安くなります。

今国民の多数は原発の再開に反対です。福井県の高浜原発の再開については滋賀県前嘉田知事は明確な反対を表明しており、宮津市をはじめ市町村でも反対の意思表明がされ始めています。二〇一四年五月大飯原発発電所の差し止め裁判では、人格権が最優位の権利とし、企業の営業権が下位にあることを明確にし、二五〇キロ圏内の住民に差し止めの権利があることを示した名判決が出ています。また二〇一六年三月九日、大津地裁は再稼働していた高浜三、四号機に対して、この二基の運転を差し止める画期的な仮処分決定を下しました。現在の規制基準が福島原発事故の十分な反省の上につくられたものでなく、関電は原告の懸念に応える証拠を示せとしています。この稼働を止める理由の中に、避難計画の不備が指摘されていました。これは重要な指摘で、少なくとも原発から二五〇キロ圏内にある自治体と避難先の自治体は事故時の避難計画を確定しなければ、再開は不可能でしょう。立地自治体だけでなく、事故の影響のある自治体に原発の稼働についての同意権が認められねばならないでしょう。原発基地の運命はかっての炭鉱地域と同じ運命をたどるのでないでしょうか。自治体は原発再開に運命をかけるのでなく、早い機会に今後の新しい地域経済開発を考えていく必要があるといえます。

二、統治機構の再編―地方創生と大阪都構想

地方創生と自治体

少子高齢化・人口減少は、今世紀に入ってから社会問題になっていたが、二〇一二年一月の国立社会保障・人口問題研究所「日本の将来推計人口」が発表されて以来、政策課題となりました。二〇一四年五月、日本創成会議座長の増田寛也[3]はこれを利用し、二〇一〇年から四〇年の間に若年女性人口が五〇％以下になる消滅可能性都市が八九六市町村あるとし、「ストップ少子化・地方元気戦略」の必要を提言する増田レポートを発表しました。これはのちに『地方消滅』（中公新書）としてまとめられています。これによれば二〇〇五～一〇年の人口移動がそのまま続き、大都市圏への移動傾向が収束しないと仮定し、二〇四〇年に二〇～三九歳の若年女性が半数以下になる自治体を「消滅可能性都市」とし、その中の一万人未満の五二三市町村を「消滅市町村」と規定しました。人口が半分になっても自治体がなくなるのではないが、自治体消滅としたこのセンセーショナルな提言は政策担当者にショックを与えました。

増田らは、他方で大都市圏特に東京は地方よりも出生率が低いので、人口問題の解決には結婚・出産・子育てをしやすい環境づくり、男子の育児参加の提唱と同時に、若者を地方へ呼び

戻すための地方拠点都市の建設を提唱しています。このためには地方分権論だけでは解決せず、国家戦略が必要だとしています。この戦略は従来のように国が地域開発をするのでなく、活性化した地方のモデルを重視するとして、六モデルを挙げているが、鍵を握るのは福井県鯖江市や岡山県真庭市などの産業開発型としています。

政府はこの提言を受けて、二〇一四年九月「まち・ひと・しごと創生本部」をつくり、石破茂を地方創生担当大臣にしました。ここでは、次の三点が基本方針とされています。

(1)　若い世代の就労、結婚、子育ての希望の実現

(2)　「東京一極集中」の歯止め

(3)　地域特性に即した地域課題の解決

この(3)に関連して、中山間地域では生活サービスを支援する小さな拠点、連携中枢都市および近隣市町村定住圏に地域連携とネットワークの形成、大都市圏において過密問題などに対応する地域包括ケアの推進などが提案されています。人口計画については二〇六〇年に一億人を維持する計画です。地方創生では地元の住民や産官学などの連携と「自主的取り組み」が強調されています。これまでの集権型の国土形成とは異なって、地方自治の視点に立つ開発計画のように見えるが、実はそうではありません。多くの上からの指令があります。二〇一五年度中に地方公共団体は地方人口ビジョンと地域経済分析システムを活用して地域版総合戦略を策定しなければなりません。しかもＫＰＩ（重要業績評価指標）を設定しＰＤＣＡ（Plan, Do,

Check, Action）サイクルによる効果の検証が要求されています。これでは政府による業績管理がされ、それによる財政統制が可能になります。この自治体の再編で、最も重要な公共施設老朽化に対処するために公共施設管理計画を策定せねばなりません。先述の連携中枢都市圏や連携協約についても交付金が用意されているので、計画を組まねばなりません。このように自治体は人口政策のために競争させられ、評価を受けるのですが、政府は地方創生についての具体的な対策はなく、プレミアム付き商品など交付金のばらまきに終わっています。

地方創生はあたかも自治体の内発性を尊重するように見えて、人口問題の国家戦略のための統治機構の再編であるといってよいでしょう。岡田知弘は『自治体消滅論を超えて』の中で、地方創生は安倍流の富国強兵策で、国家戦略特別区域制度ではトップダウンで、東京圏など六カ所の特区を決め、「世界で一番ビジネスのしやすい環境」のための規制緩和を図り、他方農協などの農業改革や大学などの改革で「民主的組成原理の国家による破壊」となっていると批判しています。そして財界と自民党は「最終の構造改革」として、道州制を企図しているとしています。彼は安倍内閣の地方創生には展望がなく、地域の発展のためには自治体が「中小企業振興条例」や「公契約条例」などを制定して、地域内再投資を高める具体的な政策によって地域振興が可能であると提案しています。

全国町村会は道州制の導入に強い反対をしていますが、地方創生に対しても「都市農村共生社会の創造―田園回帰の時代を迎えて」（二〇一四年九月）という対案を出しています。ここでは、地域資源特に再生可能エネルギーが蓄積している農村の新たな可能性に立ち、都市との交流を進め、若者や女性が活躍できる自立した農村生活で農村価値を創生する提言をしています。

行政学の金井利之と社会学の山下祐介は震災復興の調査などの具体的な経験から『地方創生の正体』（ちくま新書）において、増田レポートや政府の地方創生事業に対して次のように痛烈な批判をしています。

「一連の増田レポートにはそもそも、自治体は住民のために存在するという前提がありません。地方に住民がいるにもかかわらず、国全体または東京に金がないから地方中枢部の自治体だけを残すというのが『選択と集中』の理論です。では、何のために、『選択と集中』をするのでしょうか。地方圏の多くの住民を切り捨ててまで、地方圏の中枢的な自治体が生き残ることに、その地域住民にとって何の意味があるのでしょうか。地方中枢拠点都市に集約させて、得をするのはいったい誰なのでしょうか。」

この二人の著者はそれぞれの立場から「地方創生は中央が地域へ侵略してゆくための戦略」で平成の大合併、大震災・原発事故をへて自治体をつぶそうとする政策といってよいとのべています。

私も地方創生事業は、市町村合併に続いて、自治に基づく地方統治機構の解体になる恐れがあると考えています。いうまでもなく人口が経済を左右し、また出産・子育ては福祉政策の中心でなければならぬと考えています。しかし市民が結婚・出産し家族をつくり、それを維持するのは基本的な人権であって、個人の自由です。そのことについて、国家が政策目標を立てて強制するのは基本的人権の侵害であると思います。戦争中の「生めよ殖やせよ」というスローガンは、国力、ひいては軍事力を高める国家利益への国民の服従でした。地方創生と三位一体の安倍内閣の「一億総活躍社会」も戦時中の「一億一心」「一億総決起」などのスローガンを連想し、市民と自治体を国家主義の網の中に巻き込む危険を感じます。結婚・出産・子育ては個人の人権を尊重し、自治体が福祉政策として行うべきでしょう。人口増加を経済主義の政策の目標にしてはならぬと思います。

地方創生だけでなく、最近の国土形成計画や都市計画では都市的機能と住宅を中心部に集積するコンパクトシティが提唱されています。高度成長期以来、都市の郊外部への拡張がニュータウンの建設とともに進められました。日本のニュータウンはイギリスとは異なり、事業所や文化施設を含む総合的な都市づくりでなく、住宅都市（悪く言えば大きな飯場）をつくり、住民は中心大都市に通勤・通学・買い物・観劇などのために、交通する生活様式でした。今このような郊外都市の人口が減り、高齢化して都市的生活のできない幽霊都市になり始めています。他方、自動車交通の発達とともに郊外に大きなスーパーやアウトレットが建設され、中心商店街の衰退を招いてしまいました。農村部では市町村合併によって、周辺部の旧町村は役場を失い、医療・福祉・教育など都市的な機能が縮減し、商店街は衰退の一途をたどっています。上下水道・道路・橋梁などの社会資本の老朽化も進んでいます。

このような半世紀にわたる都市政策の失敗の付けが一度にあらわれ、住民生活の不便と不安になっています。その解決策として、コンパクトシティが提案されています。机上の提案としては社会資本・生活サービスの合理的なネットワークのように見えますが、歴史のあるコミュニティを廃棄しなければ、統合はできません。戦災や災害のような非常時でも計画的な都市の建設は難しいように、人為的に都市はつくれるものではありません。とくに農村部では、生産と生活の共同体の長い歴史の中で形成された集落を捨てることは住民にとっては自殺行為です。行政区域を変更するのでなく、自治体や集落間の連携で、生活の維持を図る住民自治のあり方を考えることができないでしょうか。

大阪都構想をめぐって

市町村合併後の統治機構の改革として、政府与党と財界は道州制を進めたいと計画しています。しかしこれに対しては、全国知事会と全国町村会・全国町村議会議長会は反対で、法案の上程がはばまれています。また分権改革推進者の西尾勝は東京圏など大都市圏が巨大な財政・経済力を持ち、地方圏との格差が異常となることから道州制は事実上不可能で都道府県の維持がよいと述べています。その代りではありませんが、統治機構の問題としては政令指定都市と道府県の関係が取り上げられています。その亜種ですが、国政にかかわる異常な政治問題となっているのが大阪都構想です。

大阪都構想は、橋下徹が維新の会を結成し、日本の統治機構を変える機動力として、東京一極集中を是正するために大阪府を副首都とするという意図と、かねてから大阪府に対立していた大阪市をつぶしたいという目的で考案されたものです。最初に提起された案では、大阪府下の市町村を全部廃止して、できれば二〇万規模の特別区に再編し、中核市並みの権限を付与して、そのうえで大阪府が大阪都になるというものでした。これは広域行政を都に集中し、基礎的自治体を適正規模に画一的に整備するもので、一見合理的な案に見え、支持する研究者もいました。しかし市町村合併の失敗に見るように、政治的・経済的・文化的な歴史によって形成された地域を無視して、自治体の区域を機械的に変更することは社会的な混乱を生み、新しい区域は自治体とは言えないものになってしまいます。そこで、この案は捨てられ、次にできた案は政令指定都市の大阪市と堺市を廃止して、特別区に分解するという案でした。しかし堺市は、歴史的都市であり廃止はできないとし、また大阪府との間の二重行政はないとして、この案には反対であることを明らかにしました。そこで、大阪市のみを廃止して、五つの特別区に再編し、その税収の四〇％を府に取り上げ、経済開発などの広域行政を強化する案を最終案としました。

この案はいったん市議会で否決されたのですが、国政選挙がらみで公明党が変質して討議に応じたために復活し、住民投票で成否が決められることになりました。住民投票にかけられた大阪都構想はいい加減な内容のものでした。

この案の最大の目的は府と大阪市の二重行政の解消におき、大阪府の松井知事は年四〇〇〇億円の効果があるといっていました。しかしこの中には、市営交通の民営化など大阪都構想とは関係のないものが含まれていました。また特別区に再編した場合の新たな経費は含まれていません。森裕之の詳細な試算によると、経済効果は二億円程度で、制度改革に伴う新規の経費を入れるとマイナスになるのです。もともと大阪市は日本を代表する国際的な経済・文化・教育の中心都市なので、通常の基礎的自治体とは異なる多様な行政を行っています。二重行政で問題になっている図書館、研究所、大学、病院などは中小都市ではできない大都市であるから可能で必要な質の高い施設で、府と市では分野や業績の蓄積が異なる施設です。この大都市の国際・国内的な役割を抜きにして、大阪市を廃止して統合すれば、市民はもとより、国にとっても国際的にも大きなマイナスです。しかし大阪都構想や橋下維新の会の政策には、大都市の持つ歴史的役割についての視点はありません。橋下は大阪市長としての権限をフルに使い、市職員には大阪都構想について意見をのべることを禁じました。橋下市長はマスメディアを最大限に利用し、反対の研究者の登場を禁じ、批判者を悪罵するという非理性的な劇場型政治運動をしました。危機感を持った維新以外の政党と市民団体は大阪市制を廃止することには反対という一点で「オール大阪」の共同行動を組んで、住民投票に臨んだのです。

二〇一五年五月一七日、大阪都構想に対する住民投票が行われました。結果は「大阪都構想」に反対七〇万五五八五票（五〇・三八％）、賛成六九万四八四四票（四九・六二％）で、かろうじて維新の会以外の「オール大阪」が勝利しました。この直後、橋下市長は敗北を「民主主義の結論」として認め、政治から引退すると声明しました。しかしその後、彼は松井知事とともに安保法制が世論から「違憲」として強い反対を受けて苦境に立つ安倍首相を援護するために上京しています。六月二三日の沖縄の慰霊の日に松井知事と橋下市長は安倍首相と沖縄で会談していました。維新の党は分裂しますが、橋下の「おおさか維新の会」は官邸の支持のもとで、地域での勢力を維持しました。

そして、一一月大阪府知事・大阪市長のダブル選挙では住民投票で否定されたはずの「大阪都構想」を再び選挙の争点に出しました。明らかに反則なのですが、「オール大阪」がその後は政党ごとにバラバラになり、共同組織の樹立と「大阪都構想」を批判し、それに代わる政策の共同検討を怠っていたすきを突かれたといってよいでしょう。結果は府知事、大阪市長とも維新の候補が、民主党や共産党の支持を受けた自民党候補を大差で破りました。このため再び大阪都構想の焼き直しが行われ、今後の議会の状況によっては、住民投票がもう一度行われるかもしれません。ダブル選挙の結果、大阪の政治経済の危機が改めて明らかになりました。今の大都市の住民は、都市問題を自ら市民運動を起こして解決するのでなく、強権的な政治家による劇場型の政治に期待する空気が想像以上に強いということです。大阪の場合はそれに加えて三つの問題があります(4)。

第一は、戦後の日本経済が戦前のアジア中心の貿易構造からアメリカに中心がうつり、さらにグローバル化したこと、この過程で、政官財癒着の集権構造によって、東京一極集中の垂直支配型の経済構造が進み、関西財界の独自性が喪失したことです。このために関西の企業本社がバブル期の前後から東京に本社を移しました。これにつれて、企業の経営者だけでなく、芸能人や文化人の多くも東京に移りました。このため大阪の経済・芸能・文化の衰退が進みました。これは大阪府・市の行政で解決できるものではありませんが、大阪の現状に絶望的な府民が橋下徹の乱暴な再生策へ期待の基盤を抱かせたのです。

第二は、戦後の大阪政策の失敗に対する市民の批判です。戦後の大阪府・市の政策は東京の後追いでした。東京圏の重化学工業化に追い付こうとして、堺・泉北工業地帯をつくったが、公害を深刻にし完成した時は石油ショックや素材の過剰生産で、すぐにストップがかかりました。筑波学園都市の後追いをして関西学園都市をつくりましたが、財政危機のため、筑波と違い、国の援助はなく民間でつくるために規模は小さく、まもなく行き詰まってしまいました。そのほかオリンピック、関西新空港、沿岸開発など東京の後追いはすべて、所期の目的を果たしません。維新の会はこういう戦後の大阪政策の失敗を反省せず、副首都というセカンド東京を大阪都構想の目玉にしています。これでは恥の上塗りで、失敗するでしょう。

第三は、大阪の自治体行政は同和問題などで職員の採用・待遇などに大きな不公正があり、行政能率も悪く、市民から批判されていました。この改革は関淳一元市長の時から始まっていましたが、橋下はこれを受け継いで市民の支持を受けました。しかし関元市長と違って、憎悪に満ちた橋下流の公務員攻撃は長期的にみると職員の士気を下げ、市政を誤らせています。

大阪の政治状況についての客観的分析はまだありませんので、これからの研究が待たれますが、安倍政権との関連で危険な状況であるといってよいでしょう。維新の会は道州制を主張しています。しかしこれは、大阪都構想と矛盾しています。西尾勝は、参議院の国の統治機構に関する調査会議（二〇一五年三月一四日）の席上、山本太郎の質問に答えて、次のように述べています。「道州制になれば、大阪都は廃止になる。この場合大阪の五区も廃止になる。あらためてどうするかという話になり、大阪市への復活か五区を全部市にしてしまうのか、そこの始末をきちんと決めないと大阪府の廃止はできない」。橋下とおおさか維新の会がそのことをどこまで意識していたかわかりません。

私はおそらくこの西尾勝の指摘について、おおさか維新の会は前述のとおり十分な意識を持っていなかったと思います。おおさか維新の会は大阪都構想と道州制の関係については十分に検討し、研究者や専門家の意見を聞いたとは思えません。制度改革がいかに多面的で複雑な問題を生むかという検討なしに大阪市をつぶし、大阪政策の指揮官を一人にすればよいという一念だったのでしょう。この七年間、制度改革論議に追われて、府も大阪市もまともな行政の成果は上がっていません。もっとも急がねばならぬ災害対策も手がついていないと、専門家は指摘しています。これ以上、統治機構をいじることをやめて、まともな自治体行政をしなければ大阪の経済・文化は救いようない停滞をするのでないでしょうか。

途上国では集積利益を求める大都市化は進んでいますが、先進国では大都市化は終わりを告げています。過密のために福祉・医療などが停滞する東京の状況は異常です。これからはいかに大都市の持つ集積利益を維持しながら、集積不利益を是正し、生活環境の改善や格差の是正を図り、住民参加を進めていくかが、大都市の課題でしょう。アメリカの大都市が環境を重視して、Green City（Emerald City ともいう）の構想を掲げています。大阪市も歴史・環境・文化を重視し、ニューヨークのような住民参加の行政をつくることが、今求められているのでないでしょうか。

三、安全保障法制と地方自治

違憲の安保法制の成立と戦争法反対の市民運動

安倍政権は戦後憲法体制の大転換を意図して、二〇一三年特定秘密保護法を制定し、二〇一四年七月一日には公明党を抱き込み、閣議決定で集団的自衛権を容認しました。以後、安倍内閣は国会を無視し、アメリカ政府との間で集団的自衛権を具体化する行為を重ねました。すなわち二〇一五年四月二七日には日米防衛協力のための指針（ガイドライン）を決め、アメリカの指導の下に日本の自衛隊が世界中どこへでも出兵する協力体制を決めました。さらに安倍首相はアメリカの上下両院合同議会で演説し、夏までに集団的自衛権を制定すると予告しました。こうして事前にアメリカとの間で日米軍事協力の新しい段階を約束して、五月一七日政府は衆議院に安保法案を上程しました。集団的自衛権を提示する新規の立法は「国際平和共同対処事態に際して我が国が実施する諸外国の軍隊などに対する協力支援活動などに関する法律案」（「国際平和支援法」と略）であり、このために自衛隊法・有事法制・周辺事態法制一〇件の現行法制改正が「我が国及び国際社会の平和及び安全の確保に資するための一部を改正する法案」（平和安全制整備法案と略）として一括して両法制を上程しました。これは軍備という抑止力によって平和を進めるという安倍首相の「積極平和主義」に基づいており、内容は平和法制でなく、いつでもどこでも戦争体制に入れるという戦争法制といってよいでしょう。

七月一六日に衆議院、そして九月二〇日参議院で、いずれも強行採決でこの戦争法制が成立しました。集団的自衛権の行使は、弱体化したパックス・アメリカーナ（アメリカの軍事力による世界平和）を日本の自衛隊がカバーするもので、アメリカの戦争に加担するのが主目的です。ほとんどの憲法学者、元内閣法制局長官が反対声明をしているように、これは明らかに憲法九条の交戦権の放棄に違反し、集団的自衛権は違憲です。戦後六八年間にわたり、我が国は平和国家として戦争に加担せず、他国人を殺さず、一人の自衛隊員も犠牲にしなかった輝かしい歴史が、ここに幕を閉じ、戦争準備態勢に入る歴史的大転換です。

一般の日本人は日米安保体制が平和の保証となっていると信じていますが、そうではないのです。朝鮮戦争に加担しなかったのは、憲法九条のおかげです。ベトナム戦争では、米国との関係では日本と同じ状態にあった韓国は軍隊を派遣しました。日本は憲法によって参戦せず、その代りに日韓条約を結び、韓国経済を援助することで、アメリカ政府の同意をとったのです。湾岸戦争ではアメリカ軍の戦費の大きな部分を負担し、自衛隊の派遣は断りました。しかしアメリカ政府筋からはおおきな感謝もなく、「軍旗を立てろ」と非難されました。アメリカが九・一一の衝撃で、間違った情報判断のもとにテロとの戦争としてイラク戦争を始めました。日本政府は前回のアメリカ政府の批判にこたえて自衛隊を派遣しましたが、憲法の制約で、戦闘地域から離れて作業をし、幸いに犠牲を出しませんでした。しかし自衛隊機による人員と物資の輸送は名古屋高裁から憲法違反の判決を受けました。このように国際舞台でアメリカ軍との共同を阻んで、犠牲者を出さず中東諸国からも信頼されていたのは、憲法のおかげです。

二〇一五年夏の四カ月の国会の審議における政府の行動は非民主主義、非理性主義です。衆議院の憲法調査会の参考人に招待された三人の憲法学者は、この法案は違憲であると断定しました。国民の六〇％以上がこの法案に反対であり、八〇％以上がこの法案の必要についての政府の説明は理解ができぬという状況でした。国家の命運がかかる議案ですから、当然国会で採決せずに延期するか、廃案にすべきでした。しかし政府は、制定を強行しようとしました。反対する国民は連日デモを繰り返し、八月三〇日には実に一二万人の大デモが国会前で展開されました。法案通過後も抗議のデモは続いています。今回のデモは組織的動員というよりは市民が個人で参加しています。とくに新しい動きはシールズの学生や女性の参加です。また初めて一〇〇を超える大学が「安保法制に反対する有志」の組織をつくり、八月二六日に日本弁護士連合会との共同行動を行いました。このような市民の抵抗を無視して、国会では多数派の暴挙で、安保法制は制定されました。これは一種のクーデターといわれるように、選挙で多数を取れば独裁できるという反民主主義の禍根を残しました。

安倍内閣は当初集団的自衛権の行使の必要例として、米軍に収容された邦人の防衛やホルムズ海峡での機雷の除去を挙げていましたが、いずれもその必要性は否定されました。参議院ではこのために法案の必要を中国の急激な軍備拡張や東南アジア海域の活動などに対して、米軍のアジア戦略への協力と抑止力の拡大を挙げました。これは漠然と中国脅威論に陥っている国民の支持を得たいとしたのでしょう。これが安倍首相と支持者の本音でしょう。しかし財界人で元中国大使の丹羽宇一郎が指摘するように、日本は中国との経済協力なしに今後の持続する経済運営は不可能です。アメリカも中国の経済との協力なしには、体制の維持はできないでしょう。もし抑止力の論理で中国の軍事力に対抗しようとすれば、膨大な軍事力を育成せねばならず、国債の保有高が国民所得の二倍の一〇〇〇兆円という世界一の財政危機国家にとって、それは財政の破たんとなり、受け入れることはできません。しかしアベノミクスを誇示したい安倍内閣としては、軍拡による景気上昇を進めないとも限りません。

政府は二〇一四年四月、従来の武器輸出三原則は廃止して、防衛装備移転三原則を出し、積極的に武器の開発・輸出を進める方針に転換し、新たに防衛装備庁をつくりました。経団連は二〇一五年九月一五日に安保法制通過前に早々と「防衛産業政策の実行委に向けた提言」を出しました。これは、軍需産業を国際的に発展させるために全面的に政府の支援を求めるものです。これと並行して軍事研究の科学研究費が大学に支出されようとしています。先に制定された特定秘密保護法を使えば、軍事研究に加担した大学や研究機関の成果の公表や研究の自由は阻止されることになります。戦争中の経験では軍事化は自由を奪います。

二〇〇四年に施行された「国民保護法」では、自治体および指定公共機関が国民保護のための措置を迅速に実施することが規定されています。安保法制によって「存立危機事態」が生まれれば集団的自衛権が行使され、日本各地の自衛隊基地、米軍基地、コンビナート、原発基地などが危険地帯になります。この場合、「国民保護計画」に基づいて、国民避難計画が自治体によって実行されなければなりません。しかしこれは、原発事故の際の避難計画が実際には実行不可能なように、ミサイル戦争の有事の際に実現しうるとは思えません。政府は今後緊急事態法を策定したいようだが、これは自治体の権限を奪うものです。今回の安保法制に対して地方議会や首長の中にかなりの反対や慎重論があったのは、戦時における困難の処理がまず自治体の責任になることが明らかであったためでしょう。

この違憲＝反立憲主義、反平和主義、反民主主義の法制をこのままにしておくわけにはいかないでしょう[5]。すでに日米共同作戦の具体化が進みつつありますが、戦争体制の整備が完了しないように、安保法制を廃案にしなければ、再び日本は中国をはじめアジアを敵に回すことになるでしょう。

TPPと自治体

ＴＰＰ（Trans-Pacific Partnership Agreement. 環太平洋連携協定）はＦＴＡ（Free Trade Agreement. 自由貿易協定）の一種であるが、アメリカのアジア戦略、特に対中国政策の性格が強く、日本の加盟は単に貿易、投資など国際経済の問題でなく、安保法制とともに日米同盟の強化という政治的な性格を持つ協定です。

ＴＰＰは二〇〇六年ブルネイ、チリ、ニュージーランド、シンガポールが協定したのが基盤で、二〇一〇年アメリカ、オーストラリア、ペルー、ベトナム、マレーシアが交渉を開始しました。日本はすでに欧米並みの低関税国であったことから個別に各国とのＦＴＡ交渉をしていたのだが、突如二〇一〇年秋に民主党の菅直人元首相が「第三の開国」としてＴＰＰの加盟を宣言し、自民党政権はこれを受けて具体化したのです。アメリカと日本が入ったので、これはにわかに大きな国際経済の問題となりました。この協定はアメリカ主導です。アメリカは一九九四年以来、日本政府に対し「年次改革要求書」によって、六四〇兆円にのぼる公共事業、郵政の民営化、通信・情報技術の規制緩和、医薬品、流通、医療制度の改革など二四九項目の改革を要求してきましたが、このＴＰＰによって、一挙に自由化を進めることになりました。日本国内では農業関係者や医療など社会保障関係者は反対ですが、財界はこれによって投資と貿易の自由化が進むと賛成です。また日本経済新聞はもとより、朝日新聞などマスメディアもＴＰＰに賛成でした。

農水省は当初農産物の生産減少は四兆円を超え、関連産業を入れると八兆円（ＧＤＰの一・六％）減少し、米は一〇〇％、豚肉七〇％、牛肉は高級肉を除いて全滅、また農業による国土の災害防止・環境保全などの多面的機能の損失は貨幣換算にして三兆七〇〇〇億円の損失という試算を発表しました。北海道は農業の比重が大きいので、全道挙げて反対。三八道府県は反対または望ましくないという立場を表明していました。全国町村会は「ＴＰＰは地球温暖化による被害よりも現実的、加速度的」に被害をもたらすとして反対でした。このため政府はコメや酪農など重要五品目については現状維持、国民健康保険などの制度の維持を表明した上で、交渉に入りました。

ＴＰＰはＦＴＡと違い、個別品目の区別なく関税のすべてを廃止して、例外品目をなくし、完全な自由貿易を進め、またサービス（医療、福祉など）、投資、政府調達（公共事業・サービス）、知的財産、労働力移動などについて、締結国並みの規制緩和をするという内容で、アメリカ主導の新自由主義の制度化といってよいものです。アジアの国は途上国が多く、社会主義の国有化産業が主体の経済の国もあり、農業が主役の産業構造を持っている国も多いので、このようなアメリカの基準による完全自由化を飲むのは困難です。そこで、ＴＰＰの最初の要求のように一〇年間で関税を撤廃し、他の項目についてもアメリカの要求をすべて飲めるものではなく、交渉は長くかかりましたが、二〇一五年一〇月五日に大筋合意し協定の発表がされました。

ＴＰＰ協定は五五〇〇ページで英・仏・スペイン語などで発表されましたが、主要国であるはずの日本語の発表はなく、さいきん仮訳が発表されました。この協定の作成過程は秘密主義で、途中経過がまったく公開されませんでした。したがって、作成過程では民意は反映されず、一方的に決められ結果だけが公表されるという民主主義に反するものでした。したがって、これから全文の日本語版によって、詳細な検討が行われるでしょう。今わかっている点で次のような問題点が指摘されています。

まず第一は、この協定に臨むにあたっての農産物の重要品目について国会決議や自民党決議についての国民への約束が守られていないということです。重要品目の三〇%が関税撤廃になりました。最も重視された米については、関税枠外税率一kgあたり三四一円は維持できたが、ミニマムアクセス以外にアメリカから当初五万トン、一三年目以降七万トンの輸入、オーストラリアから当初〇・六トン、一三年目以降〇・八四万トンの追加輸入をきめました。小麦は枠外税率一kgあたり五五円据え置きだが当初一九・二万トン、七年目二五・三万トンの輸入を決めました。牛肉は関税撤廃でないが、現行の三八・五%を漸減し、一六年目に九%にする。豚肉は従価税現行四%を一〇年目以降〇%にします。鶏肉・鶏卵の関税の大半は一〇年かけて撤廃、野菜の関税は全廃、乳製品は低関税輸入七万トン。水産物はマグロ、鮭、マスなどの関税は一一年目までに撤廃。これに対して、米と対比して重視された自動車部品の米輸出関税は一五年目から削減開始し、二五年目に関税二・五%を撤廃。工業製品輸出は一〇〇%の関税撤廃です。このように輸入農林水産物・酪農生産物全体について、関税の撤廃、軽減措置がとられ、米などについての関税措置はまぬかれたものの輸入量を増やすことになったので、農家に対して大きな影響が出るでしょう(6)。

政府や財界はこのＴＰＰを機会に、農業を大規模化、機械化し、資本の導入を促し、輸出産業化したいと考えてきました。そのために農協の組織を改革しようとしてきました。しかし中山間地域では集約化は難しく、大規模化や機械化には限界があります。二〇一〇年三月農水省は、「食糧農業農村基本計画」で規模拡大だけでは農業所得の確保や多様な農業者を確保できなかったと自己批判しています。おそらくＴＰＰが進めば、農村部の地方創生は困難になるでしょう。

ＴＰＰの目的は、農業農村政策だけにあるのではありません。先述のように日本全体の規制緩和、公共部門の民営化、多国籍企業の自由を求めるものです。その点で、特に国民健康保険による公正な医療制度が、アメリカのように自由診療と民間保険制度へ移行になる恐れがあります。今度の協定では国民健康保険の改革は明示されていませんが、医薬品や特定保険医療材料の輸入について、価格の高騰が増えると国保の維持に影響が出るのでないかという懸念が出ています。またＩＳＤ（投資間国家紛争）によって、国家の正当な規制を、企業が不当として裁判に訴えることによって、不正な事業を続けることになるかもしれません。この批判に対して、協定では企業が「濫用」を防ぐ規定があると協定当局は述べています。しかしこれまでも濫用が多く、紛争を仲裁する機関に信頼がおけないので、企業の行為から不正を防ぐことができない懸念があります。

ＴＰＰは明らかに地域経済に影響し、地方創生事業に影響を与えます。政府は影響を受ける農業・農政に対して対策をとりますが、それが公共事業の補助金事業やばらまきにおわるのではないでしょうか。

沖縄の自治と安全保障体制

安保法制にとって、最も重要な課題は沖縄の基地問題です。辺野古の新基地問題で、沖縄県の翁長雄志知事はあらゆる手段を尽くして建設を阻止するとしており、現在裁判所の和解が成立しました。この問題は沖縄の未来にとどまらず、日本の安全保障、憲法の地方自治の本旨と環境政策の未来がかかっています。(7)

一九七二年、沖縄返還の際に県民の最大の願望は米軍基地の整理縮小でした。ところが沖縄返還にともなって、本土の基地は大きく縮小したのですが、沖縄の基地はほとんどそのまま残りました。驚くべき差別政策です。このため日本の面積の〇・六％の土地に全米軍基地の七三・八％が集中しています。しかもこれらは、最も発展余地のある沖縄本島中・南部に集中しています。これまで基地の維持と引き換えに、補助率八〇～一〇〇％の公共事業を中心として四〇年間の沖縄振興・開発政策が行われてきましたが、沖縄の経済は停滞し、自立できていませんでした。これまでの選挙では「基地か経済か」と言われ、基地所在地に交付金が支給され、それが基地の継続を許す傾向がありました。しかし、その後の返還された基地所在地（那覇副都心など）の経済発展から基地の解放なくして沖縄の振興はないということが、経験的にも明らかとなり、これまでの基地依存派の財界人の認識をも変えるようになってきました。二〇〇四年、沖縄国際大学に普天間基地のヘリコプターが墜落し、この飛行場が世界で一番危険な基地であることを証明したのですが、日米両政府は普天間基地の代替は辺野古基地以外にないとして、具体的な対策を取らぬどころか、危険なオスプレイを導入しました。二〇〇七年には沖縄戦で生じた「強制集団死」の事実をもみ消すような文科省の教科書改訂指示に県民の怒りが爆発し、米軍基地反対の動きが強くなりました。

その時以降の沖縄の世論は、辺野古の新基地反対を明確にしてきました。二〇〇八年七月に県議会は辺野古基地建設反対の決議をし、以後も反対派が多数を占めています。オスプレイの移駐を契機に、沖縄の全市町村長は、辺野古新基地建設反対とオスプレイの配置反対を沖縄のアイデンティティとする「建白書」を内閣に提出しました。このような状況のもとで仲井眞弘多前沖縄県知事は、辺野古の基地建設反対を公約として当選しました。しかし彼は、二〇一三年一二月に予算陳情で安倍首相と会い、今後五年間三〇〇〇億円の振興予算を約束されると、一転して辺野古基地建設のための埋め立てを許可しました。買収されたとしか思えない裏切り行為です。沖縄県民の怒りは爆発し、二〇一四年名護市長・市議会選挙で圧倒的に新基地反対派が勝利し、次いで翁長雄志候補が仲井眞知事を一〇万票差で破り知事に当選しました。二〇一四年末の衆議院選挙では、すべての小選挙区で新基地反対派が勝利する状況となりました。まさに先の建白書を実現する主体が「オール沖縄」といわれるようになりました。

このような状況の下で、政府が沖縄県の自治を認めるならば、普天間の移設・辺野古新基地建設については、政府は改めて県と協議をしなければならないはずですが、翁長新知事の表敬訪問すら認めず工事に着工しました。二〇一五年の一年間の安倍内閣の沖縄県に対する態度は強権的でおよそ沖縄の自治を認めない態度でした。ごく簡単に最近の経過を述べましょう。

翁長知事は合法的に工事反対を進めようとして、前知事の埋め立て承認に瑕疵がないかを検討する第三者委員会を発足させました。政府はこの結果が出るまでは工事を中止すべきでしたが強行しました。この調査の過程で、サンゴ礁などの破壊を恐れた県は三月二三日、沖縄防衛局の海面の現状変更の行為をすべて停止するように指示しました。沖縄防衛局は翌二四日、行政不服審査法によってこの指示を取り消すように農林水産大臣に審査を要求しました。三〇日、農林水産大臣は審査を経ずに指示の効力停止の決定をしました。このため工事は続行し、それを阻止する住民との間に紛争が続きました。

行政不服審査法は、国民が行政庁に対して不服がある場合に審査を要求することを目的につくられたものです。それを訴えられた政府が、政府に審査を申し入れるというのは茶番劇といってよいような不適法な行為です。農水省は沖縄県の指示を取り消し、工事は継続されました。

第三者委員会は七月一六日に、検討した結果、前知事の埋め立て許可には瑕疵があるという報告を出しました。前知事の出した公有水面埋立法（以下、法と略）による許可は法の要件を満たしてなく、四つの誤りがあるというのです。

第一は、埋め立ての必要性が立証されていない。沖縄防衛局は普天間基地移設の必要性から直ちに辺野古基地が必要だといっているが、移転の候補地は国内外にあるので、なぜ辺野古が唯一なのかという理由が示されていません。

第二は、「法」によれば、許可の要件として、この地域の埋め立てによる利益と不利益を比較衡量しなければならぬが、普天間飛行場の危険除去は大きな利益であるが、それは移転先がどこでもよく辺野古でなければならぬ合理的根拠はない。それに対して不利益については以下のような点があげられます。

(1) 生物多様性に富む辺野古・大浦湾の自然環境の喪失

(2) 造成後の基地の騒音・低周波音などによる生活環境の侵害

(3) 県や名護市の地域計画の阻害要因になる

(4) 過重な米軍基地負担が固定化する

これらを総合的に判断した場合、利益よりも不利益が大きく、辺野古海域の埋め立てが適正かつ合理的という「法」の要件を充足していません。

第三に、埋め立てが環境保全及び災害防止に十分配慮していません。二〇一一年のアセスメントにたいする前知事の意見は実に五七九の問題点を指摘し、「生活環境及び自然環境の保全を図ることは不可能と考える」としていました。ところがその後の承認時に、防衛庁はこの問題点を解決していません。また埋め立て承認一カ月前の一一月二九日、県生活環境部長は「環境保全措置などでは不明な点があり、生活環境及び自然環境の保全についての懸念は払しょくできない」としていました。このように前知事の判断の疑念は解決せず、明らかに生態系の評価、ジュゴンやサンゴ礁の移植などの調査と対策は不十分であり、環境アセスメントの不備は、前知事の許可段階では解決しておらず、前知事の埋め立て許可には明らかな瑕疵があります。

第四に、「法」の「埋立地ノ用途ガ土地利用又ハ環境保全ニ関スル国又ハ地方公共団体ノ法律ニモトヅク計画ニ違反セザルコト」について、十分な審査を行っていない。この地域は生物多様性の宝庫であり、沖縄でも最高の景観のある美しい観光地として発展しうる地域です。公有水面埋立法は高度成長期の海域や沿岸の公害・自然破壊の反省から環境保全を最優先しています。ところが防衛庁のアセスメントは、環境学者桜井国俊元沖縄大学長がアワセメントと批判しているように欠陥だらけで、許可を出す条件ではありません。

政府は安保法制に対する国民の批判が強く、辺野古での工事の強行が安保反対運動に拍車をかけるのを恐れ、八月一〇日、初めて内閣として沖縄県との協議をし、一時工事をストップしました。しかしこれは政局を乗り切るためのごまかしに過ぎませんでした。知事が沖縄戦と米軍占領下の被害の歴史と過重な基地負担問題について説明し、前知事の判断に瑕疵があり、新基地の建設は容認できないと説明しても、政府は普天間の代替として、辺野古は唯一の解決策であると繰り返すにとどまりました。そして安保法制が強行採決されるや否や一カ月で協議を打ち切り、工事を再開しました。

一〇月一三日、翁長知事はここに至って、第三者委員会の結論を精査したうえで前知事の埋め立て承認には瑕疵があるとして、その承認を取り消しました。翌一四日、沖縄防衛局は前回と同じように行政不服審査法に基づいて国土交通大臣に不服審査を求め、県の取り消し処分の撤回を求めました。県は九五〇ページに及ぶ意見書を呈しました。これに対して国土交通大臣は、閣議で前知事の埋め立て承認には瑕疵がないという口頭決定を受け、二七日に執行停止を県に通達しました。改正地方自治法によって、公有水面埋め立ては法定受託事務になっていることから、このような事態になれば、国は関与ができます。行政手続き的には、このほうが先になるはずだが、審査の結果、裁判になれば工事を差し止めえます。政府はこの国の関与を後にして、工事を強行するために、行政不服審査請求を先にしたのです。また二〇一六年の改正不服審査法以後であれば今回のような処分は難しいので、政府は工事を急いでかけ込み的に、地方自治法によらずに、私人を装い行政不服審査法で執行停止を求めたのです。

これに対し一〇〇人を超える行政法学者は、この政府の行為は不適法であると告発しています。政府はこのような不適法な強権を重ね、さらに名護市を通さずに、新基地予定地の辺野古地区、豊原地区、久志地区内の要望として交付金を授与しようとしています。これは明らかに反対運動を切り崩すための買収です。さらに一月に行われた普天間基地のある宜野湾市長選挙の自民党候補者にディズニーランドの誘致を約束して選挙を有利にしようとしました。また前知事が環境影響評価の欠陥を補うためにつくった環境監視等委員会専門委員に移設業者が寄付金一二〇〇万円を出すなど、非常識な行為がなりふり構わず行われています。

沖縄県は対抗上、国地方係争処理委員会に審査を申し出ました。一二月二四日、この委員会は審査をせず多数決で沖縄県の訴えを却下しました。それ以前の一一月六日、翁長知事は国土交通大臣の地方自治法二四五条の八第一項に基づく勧告に従わないことを表明しました。そして公開質問状を出し、政府は行政不服審査法では私人となり、地方自治法を使用する場合は国となるなど、都合に応じて立場を変えていることの矛盾について説明を求めたが、政府はまともに答えず、九日に知事に対して承認取り消しの是正を指示しました。知事は是正指示内容を拒否しました。この結果、一二月一七日政府は県にかわって代執行を求める裁判を提起しました。

政府の訴状では、本件埋め立て承認取り消しは最高裁の判例が示す授益的処分を行政庁が自ら適法に取り消すための要件がみたされていないので違法であり、前知事の埋め立て承認に法的瑕疵はないとして、取り消し処分の取り消しを求めています。最高裁一九六八年判決では、行政庁が自から違法または不当を認めて取り消すためには「処分の取り消しによって生ずる不利益と取り消しをしないことによる不利益を比較し、しかも処分を放置することが公共の福祉の要請に照らし著しく不当だと認められるときに限り取り消すことができる」と、きわめて限定的要件を満たす場合に処分の取り消しができるとしています。本件は、その比較衡量をしてみて要件を満たしていないとしています。政府は県がこれ以上新しい基地を置くことは承認できないとしているが、このオール沖縄のアイデンティティを考慮せず、普天間基地の危険がいかに深刻で、この除去による危険回避のための代替として辺野古が唯一だと繰り返し述べています。そして普天間基地が解放され、跡地を利用すれば大きな利益が上がるとして、これに比べて辺野古基地の被害は小さいと断定しています。

一二月二日、福岡高等裁判所那覇支部で裁判が始まり、冒頭両者の陳述が行われました。国の主張は先述のように普天間基地の移転が緊急を要し、辺野古基地が唯一の代替であり、これを拒否すれば米国および国際社会の信頼を失うというのです。そして知事には、法定受託事務として公有水面埋立法に基づく一定範囲の権限が与えられるだけで、米軍基地の配置場所などといった国防や外交に関する重大事項を判断する権限はないと断定しています。そして前知事の瑕疵の重要な点である環境影響評価についても、国の法律や県の条例に基づいて丁寧な事業がされていて、知事がこの結果を精査判断したので、裁量権の逸脱や乱用がないとしています。

これに対して県側は翁長知事が次のように冒頭陳述をしました。

「歴史的にも現在においても沖縄県民は自由・平等、人権・自己決定権をないがしろにされてまいりました。私はこのことを「魂の飢餓感」と表現しています。政府との間には多くの課題がありますが、「魂の飢餓感」への理解がなければ、それぞれの課題の解決は困難でありま す。（沖縄戦、米軍占領下で県民の抵抗の歴史を述べた後）沖縄が米軍に自ら土地を提供した ことは一度もありません。（中略）いま沖縄に日本国憲法が適用され、昨年のすべての選挙で 辺野古基地反対の民意が出たにもかかわらず、政府は建設を強行しようとしています。米軍基 地に関してだけは、米軍施政権下と何ら変わりません。」

まさに血を吐くような厳しい日本国民への訴えで、普天間基地の五年以内の運用停止と辺野 古基地建設反対を述べ、次のように結論しました。

「日本には、本当に地方自治や民主主義は存在するのでしょうか。沖縄県にのみ負担を強い る今の日米安保体制は正常なのでしょうか。国民の皆様すべてに問いかけたいと思います。沖 縄、そして日本の未来を切り開く判断をお願いしたい。」

重い正義の問いかけです。この問題を、沖縄の自治の視点で判断すべきでしょう。改正地方 自治法では事務配分で国際問題は国の事務としましたが、住民の福祉については全面的に自治 体に行政の責任を明確にしました。知事は政府が任命するのでなく、住民が選挙で選びます。 機関委任事務では自治体は政府の下部機関の役割をしていましたが、改正地方自治法ではそれ が廃止になり、法定受託事務として自治体の事務になりました。今回の争点になっている公有 水面埋立法は、埋め立てによって、沿岸や海域の形状を変え、先述のように特に当該地域の住 民の健康・生命・生活環境と自然環境・景観に不可逆的な影響を及ぼし、地域計画には決定的影響を及ぼすので、自治体にとっては最重要な判断を要する業務といってよいでしょう。したがって、国家の安全保障という国益から基地が必要であるといっても、予定地は国内外に多くあります。それに対して、辺野古地域のように不可逆的で絶対的な価値のある環境を維持し、基地建設後の人格権や環境権の侵害を許さない責務、この公共の福祉を守る責任は県知事にあります。したがって、基地の立地はこのような公益を侵さないことが第一です。改正地方自治法で、分権改革が進められたのですから、国際問題であろうとも地方自治そして環境が最高に尊重されねばなりません。沖縄県は一二月二五日抗告訴訟を地裁に提起しました。また沖縄県が審査を要求していたことに対して、国地方紛争処理委員会は審査せずに沖縄の要求を却下しました。沖縄県はこのため二〇一六年二月一日に国を控訴する裁判を提起しました。

このように三つの裁判が進行していましたが、裁判所はこの政府と自治体が真っ向から対立する異常事態を避けるために和解勧告を出しました。二〇一六年三月四日和解が成立し、工事は中止され、政府と沖縄県が協議を始めることになりました。しかし安倍首相は辺野古新基地が普天間基地の唯一の代替であるとしています。また翁長知事は公約した辺野古基地建設反対を続けると明言しています。したがって、このままでは協議が進むとは思えず、一年後に再び裁判になる可能性が大きいと思います。政府は宜野湾市長選挙の勝利のように参議院選挙や沖縄県議会選挙などを有利に進め、オール沖縄の世論を崩したいと考えていると思います。協議決裂後の裁判も予断を許しません。

今回の問題は分権改革で、住民の福祉と地方自治を最高の法益とした改正地方自治法の真価が問われるものです。裁判ではこの沖縄の訴えを憲法の地方自治の本旨で判断してほしいと思います。おそらく辺野古問題は裁判で終わらずに、今後の日本の針路を決める政治問題になると思います。沖縄の心を踏みにじるならば、日本は本土と沖縄が分断された国家への道を進むことになるでしょう。これでは国際的にも日本の安全保障とはならないでしょう。

（注）

(1) 戦後日本の主要な災害を政治経済学から調査・研究してきた宮入興一は、いち早く「創造的復興」を批判し、それに代えて福田徳三が関東大震災で提唱した「人間復興」の現代版を提唱した。おそらく「人間復興」が被害者とその立場に立つ支援者の復興哲学であろう。宮入興一「東日本大震災と復興のかたち」（『世界』二〇一一年五月号）参照。

その後の復興を検証した成果は次の論文。宮入興一「復興行財政の実態と課題」（『環境と公害』二〇一五年秋号）。市町村合併による自治体の縮小と合理化が災害の防災・避難・復興に大きなマイナスを招いたことは明らかであり、今後の防災にも大きな教訓である。室崎益輝・幸田雅治『市町村合併による防災力空洞化―東日本大震災で露呈した弊害』（ミネルヴァ書房、二〇一三年）、川瀬憲子「市町村合併と復興格差をめぐる現状と課題」（前掲『環境と公害』）。復興が被害者の救済・生活再建よりも便乗型の開発に流れるために新たな災害が起こることを二つの災害で示し、警告したのは塩崎賢明『復興〈災害〉―阪神・淡路大震災と東日本大震災』（岩波新書二〇一四年）である。

(2) 原発の立地から批判をし、今日の災害を予言してきたのは地元福島の研究者の清水修二である。清水修二『差別としての原子力』（リベルタ出版、一九九四年）同『原発になお未来を託せるか』（自治体研究社、二〇一一年）。清水は近年の被害自治体の事情について次の論文を書いている。清水修二「福島の避難自治体における復興の局面と困難」（前掲『環境と公害』）。震災当時の自治体の状況については桒田但馬「震災復興と自治体」（前掲『環境と公害』）。

原発の事故の原因・自己の責任・被害（直接・間接）の実態・救済・復興対策はいずれも進行中である。すでに膨大な資料が出ているが、もっとも最初に手を付けたいのは被害の救済である。ここでは次の共同研究を紹介した。淡路剛久・吉村良一・除本理史『福島原発事故賠償の研究』（日本評論社、二〇一五年）。また災害復興が不均等な状況を呈していることを実態調査して、地域再生への提言をしたのは、除本理史・渡辺淑彦『原発災害はなぜ不均等な復興をもたらすのか』（ミネルヴァ書房、二〇一五年）。原発立地の自治体の財政、特に原発立地交付金の実態を分析、警告したのは高寄昇三『原発再稼働と自治体の選択』（公人の友社、二〇一四年）、放射線被害については津田敏秀「福島・甲状腺がん多発の現状と原因」（『世界』二〇一六年三月号）。これまで企業と政府は原発のコストが安いことを開発の根拠にしてきたが、それを批判し、原発ゼロの道を示したのは大島堅一『再生可能エネルギーの政治経済学』（東洋経済新報社、二〇一〇年）である。事故後、大島は『原発のコスト』（岩波新書、二〇一一年）を出している。政府のエネルギー計画を批判して、市民のエネルギー計画を専門家で提唱したのは原子力委員会『原発ゼロへの道』（二〇一四年）である。原発ゼロで再生エネルギーを自治体を中心に普及させる提言については、諸冨徹編『再生可能エネルギーと地域再生』（日本評論社、二〇一五年）がある。

(3) 人口論はマルサス以来経済発展と関連して論争が繰り返されてきた。しかし人口と経済成長とは一義的に結びつくものではない。近年では、藻谷浩介『デフレの正体―経済は「人口の波」で動く』（角川oneテーマ21、二〇一〇年）が最初の問題提起であった。本文のように、増田寛也編著『地方消滅―東京一極集中が招く人口急減』（中公新書、二〇一四年）が人口減少による地方自治体への影響について市町村名を挙げて述べたので、大きな影響を生んだ。本論でのべたように、これが「地方創生」という政府の政策論となり、二〇一四年一一月二一日『地方創生法』と「地方再生法」改正を行った。具体的に各地方が「地方人口ビジョン」と「地域版総合戦略」策定しつつある。これは連携中枢都市圏構想のように行政圏域を動かすので、市町村合併に次ぐ地方統治機構の改革である。岡田はこれを道州制の布石としている。岡田知弘『「自治体消滅」論を超えて』（自治体研究社、二〇一四年）。また具体的な対策について、保母武彦「『地方創生』は国土環境をどこへ導くか」、小田切徳美「農山村における地方創生の課題」（『環境と公害』二〇一五年秋季号）、森裕之『公共施設の再編を問う—「地方創生」下の統廃合・再配置』（自治体研究社、二〇一六年）。地方団体は次のような提言を出している。全国知事会『地方創生から日本創生への提言』（二〇一五年六月）では、地方創生を地方の努力にとどまらず、「結婚・出産・子育て、企業の地方移転促進などの仕組みづくり、大学・政府機関などの地方移転などの東京一極集中是正の取り組み、多軸型国土の形成など、国がなすべき施策を長期的視点に立って、不退転の決意で、かつ大胆に実行していくべきと考える」として二〇一四年度補正予算を超える新型交付金の創設を要望している。全国市長会は、二〇一五年五月二六日に「人口減少に立ち向かう都市自治体と国の支援のあり方」を提出している。ここでは、人口問題が都市によって違っているので、画一的な対策でなく、多様な対策の必要を示してる。今後は人口減少が避けられないので、それに対応できる都市政策を提唱している。全国町村会については本文の通りで、地方創生について最も現実的対応をしている。

(4) 大阪都構想を巡る問題に関しては、次の二つの文献が参考になる。藤井聡・村上弘・森裕之『大都市自治を問う—大阪・橋下市政の検証』（学芸出版社、二〇一五年）。また外国と比較したものでは村上弘『日本の地方自治と都市政策—ドイツ・スイス・との比較』（法律文化社、二〇〇三年）。大阪都構想に一貫して反対し、橋下批判をした藤井聡の二つの著書が参考になる。『大阪都構想が日本を破壊する』（文春新書、二〇一五年）、同『〈凡庸〉という悪魔＝21世紀全体主義』（晶文社、二〇一五年)。

(5)安保法制については『世界』に連載している集団的自衛権問題研究会「安全保障法制の焦点」と、長谷部恭男・杉田敦編『安保法制の何が問題か』(岩波書店、二〇一五年)を参考にした。

(6)TPPについては協定以前には多くの批判的文献が出ている。TPP協定は五五〇〇ページを超え、これに付属文書や二国間交換文書が付いている膨大なもので、これから検討されるはずである。さしあたって、市民団体が使える文献をあげておく。TPPテキスト分析チーム『TPP協定の全体像と問題点—市民団体による分析報告』(二〇一六年一月)。

(7)沖縄問題については次の文献を参照。宮本憲一・西谷修・遠藤政治『普天間基地問題から何が見えてきたか』(岩波書店、二〇一〇年)、宮本憲一・川瀬光義編『沖縄論—平和・環境・自治の島へ』(岩波書店、二〇一〇年)、川瀬光義『基地維持政策と財政』(日本経済評論社、二〇一三年)、島袋純・阿部浩已『沖縄が問う日本の安全保障』(岩波書店、二〇一五年)。

終章　維持可能な社会（Sustainable Society）と内発的発展（Endogenous Development）

維持可能な社会

現代は不確実性の時代であり、もはやユートピアはないといわれます。前世紀の多くの思想家は、資本主義を超えて社会主義が誕生すると考えていました。しかし、ソ連型社会主義はその期待を裏切りました。私は七〇年代に、環境調査のために数回ポーランドを訪ね、中央指令型社会主義には未来がないと考えました。マルクス主義を全面否定するのは、誤りですが、これまでのマルクス原理主義者が主張してきた社会主義には未来がありません。では、いま主流となりつつある新自由主義の社会に未来を託しうるかといえば、すでにのべてきたように、否定的とならざるをえません。では、どういう社会をのぞめばよいのでしょうか。私は現代の資本主義と社会主義の双方を超える社会の全体像をすぐにしめすことができなくても、人類が維持していく社会の目標はあきらかでないかと考えてきました。その目標として次の五つをあげました。

(1)平和を維持する、とくに核戦争を防止すること
(2)環境と資源を保全・再生し、地球を人間をふくむ多様な生態系の環境として維持・改善すること
(3)絶対的貧困を克服して、社会的経済的な不公正を除去すること
(4)民主主義を国際・国内的に確立すること
(5)基本的人権と思想・表現の自由を達成し、多様な文化の共存を実現すること

この五つの目標を総合的に実現する社会を維持可能な社会とよびたいのです。

しかし、現実には、一国独善主義と軍事力による覇権をアメリカ政府がすすめる限り、維持可能な社会は夢物語となります。

このアメリカの覇権主義と一体化して、多国籍企業を主体とする経済のグローバリゼーションがすすむと、世界的規模での貧富の対立と地球環境の危機が発生し、維持可能な社会の建設はむつかしいといえます。すでにのべたように、このグローバリゼーションをすすめるために、WTOやIMFはありますが、それを制御する国際政治・行政・司法組織はありません。アメリカのイラク侵攻を止めうる国際機関はありませんでした。つまり国際的な民主主義制度が確立していないのです。いまわずかに地球環境政策やグローバリゼーションの社会問題などの解消に力をつくしているのは、国際的なNGOの運動です。労働組合や農民組合も十分な力を発揮しているとはいえません。「維持可能な社会」をつくるには、終局的には、多国籍企業やアメリカ政府などの大国を制御しうる国際的民主主義の制度が必要です。それは、WTOに対抗しうるようなWEO（世界環境機構）、あるいは国連環境保全理事会、国際環境裁判所などの設置が必要でしょう。なによりもまず、国際NGOの国際政治への参加権がみとめられねばならないでしょう。二〇一五年九月、国連総会は「持続可能な開発のための2030アジェンダ」を採択しました。そこには貧困対策、環境保護など一七の目標と一六九のターゲットが示されています。私の維持可能な社会のように平和や文化について触れていませんが、共通した目標が入っています。二〇一五年パリで開かれたCOP21では初めてアメリカや中国を含めた世界のほとんどの国が温暖化ガス制御について合意ができました。これは「維持可能な発展2030アジェンダ」の第一歩です。では具体的にどうするか。

足もとから維持可能な地域を

急激に進歩した地球環境科学によれば、CO_2やフロンガスなどによる地球の温暖化は確実にすすみ、このままでは異常気象による地球の危機はさけがたいといえます。これまでの欧米日のたどってきた近代化路線では、自然破壊、廃棄物汚染、情報や学術政策の無政府性などによる人間の肉体や精神の異常への進行はさけがたいといってよいでしょう。もはや手をこまねいていることはできません。足もとから維持可能な社会を構築していくことをはじめなければなりません。

すでにヨーロッパでは、一九九〇年代以降、維持可能な国づくりや維持可能な都市をつくるプログラムがすすんでいます。先述のヨーロッパ地方自治憲章にもとづいて、地方自治の拡大がすすみ、自治体の権限によって維持可能な地域づくりがすすめられています。

ヨーロッパの維持可能な都市のプログラムは、次の四つの目標をかかげています。

第一は自然資源維持可能な管理。都市内で自然エネルギーの導入やリサイクリングをすすめ、資源の完全循環社会を目指す。

第二は都市経済と社会システムの革新。このために環境基準の厳格化などの公的規制をつよめ、環境税などの経済的手段を使い、汚染物をへらすとともに環境ビジネスをすすめて、雇用を拡大する。

第三は維持可能な交通政策。このために、自動車交通を抑制し、公共輸送機関の充実をすすめる。さらに職住近接の街づくりをすすめて、交通自体を節約する。

第四は空間計画の改革。都心に居住空間を維持し、同時に経済機能などの過度の集積を避けるとともに、都市の郊外への拡張を制限して、自然や農地の保全をはかる(1)。

このような画期的な都市政策はすでに、ヨーロッパの各地で実行されています。たとえば維持可能な交通体系で有名なフランスのストラスブール市、自転車と市電の街のオランダのアムステルダム市、イタリアのラベンナ市やボローニャ市のように都心の再生に成功した都市、ドイツのフライブルグ市の旧フランス軍基地をエコ・シティに改造した事業などです。アメリカでは中央政府は企業寄りの環境政策をとっていますが、自治体は積極的に環境改善をすすめています。たとえば、ライト・トレイン（新型市電）の導入では、有名なポートランド市だけでなく、シリコンバレーのサンノゼ市も都心から郊外にかけて、素敵な電車が走っており、自動車を電車の停留場で乗りすてるパーク・アンド・ライドの方式がすすんでいます。

ヨーロッパでは都市だけでなく、農村においても、環境保全をすすめる農業への補助政策がすすめられ、大規模農場経営よりも家族経営がすすんでいます。イタリアでは一九八五年のガラッソ法（世界最初の景観保全法）によって、自然景観の保全政策がすすめられています。イタリアの穀倉地帯であったポー川干拓地は農薬や化学肥料によって汚染されていましたが、この地域六万㌶をもとの湿地や海にもどす壮大なパルコ計画がすすんでいます。再生された地域では、スローフードのエコ・ツアーがすすめられています。このような大規模な自然再生は、オランダ・ドイツやアメリカでもすすめられています。ダムをなくし、自然の河川や湖にもどし、海岸の修復をはかる事業もすすめられています[2]。

日本の環境再生

欧米にくらべれば、日本の環境保全は、はじまったばかりです。二〇〇四（平成一六）年六月、ようやく景観法ができたように、欧米に二〇年おくれています。しかも規制の手段がルーズです。これは土建国家といわれたように、公共政策の中心が環境保全でなく、環境を改造あるいは破壊する公共事業にあったためです。しかし、住民のねばり強い運動の成果として、ようやく公共事業が見なおされはじめました。とくに島根県中海・宍道湖の干拓の中止は戦後史のエポックをなすものでしょう。また徳島県の吉野川河口ぜきの改造中止にはじまり熊本県の川辺川ダムなど、各地でダム建設の中止がすすめられています。

日本の公害史上、画期的なことは、公害地域の再生がはじまったことです。これは、大阪市西淀川地域の公害患者が公害裁判の和解によって得た補償金の一部を寄付して、環境再生のシンク・タンクとして、あおぞら財団をつくったことがはじまりです。公害患者が二度と公害が発生しないように、健康で自然の美しい地域に再生したいというねがいをこめてつくられたものです。この崇高な行為は社会的に大きな影響をあたえ、以後同様の公害裁判の患者が勝訴した補償金の一部を基金にして、川崎・尼崎・水島・名古屋南部などで、環境再生事業をはじめています。これらは市民レベルのうごきで、まだ自治体が全面的に協力しているとはいえません。これにたいして、自治体主導型の環境再生事業では、水俣市が患者と市民の連帯を「もやい事業」でエコシティ建設をすすめています。(3)

滋賀県は、日本一の面積をもち、古代湖として世界でも貴重な琵琶湖をもっています。一九七八年に急激な工業化都市化の悪影響があらわれ、赤潮が発生しました。住民が水質保全の世論と運動をおこし、合成洗剤の使用をやめて、天ぷらの廃油で石鹸をつくる事業をすすめました。県はこれに応えて、富栄養化防止条制をつくり合成洗剤の使用を制限しました。そして国際的に湖沼会議をひらいて、閉鎖水面浄化・保全の運動をすすめました。このような中で生まれた滋賀県環境協同組合は、「菜の花エコプロジェクト」という地域内完全循環社会をつくる事業をはじめました。これは**図終－1**のように、休耕田に菜の花を植え、その天ぷら油を給食などに使い、その廃油から肥料や石鹸をつくり、さらに自動車や船舶の燃料にするという事業です。いまこれが全国二〇〇カ所に波及しています。京都府も廃油を自動車の燃料にする計画です。これはまだ小さな実験ですが、足もとから完全循環社会をつくるものといってよいで

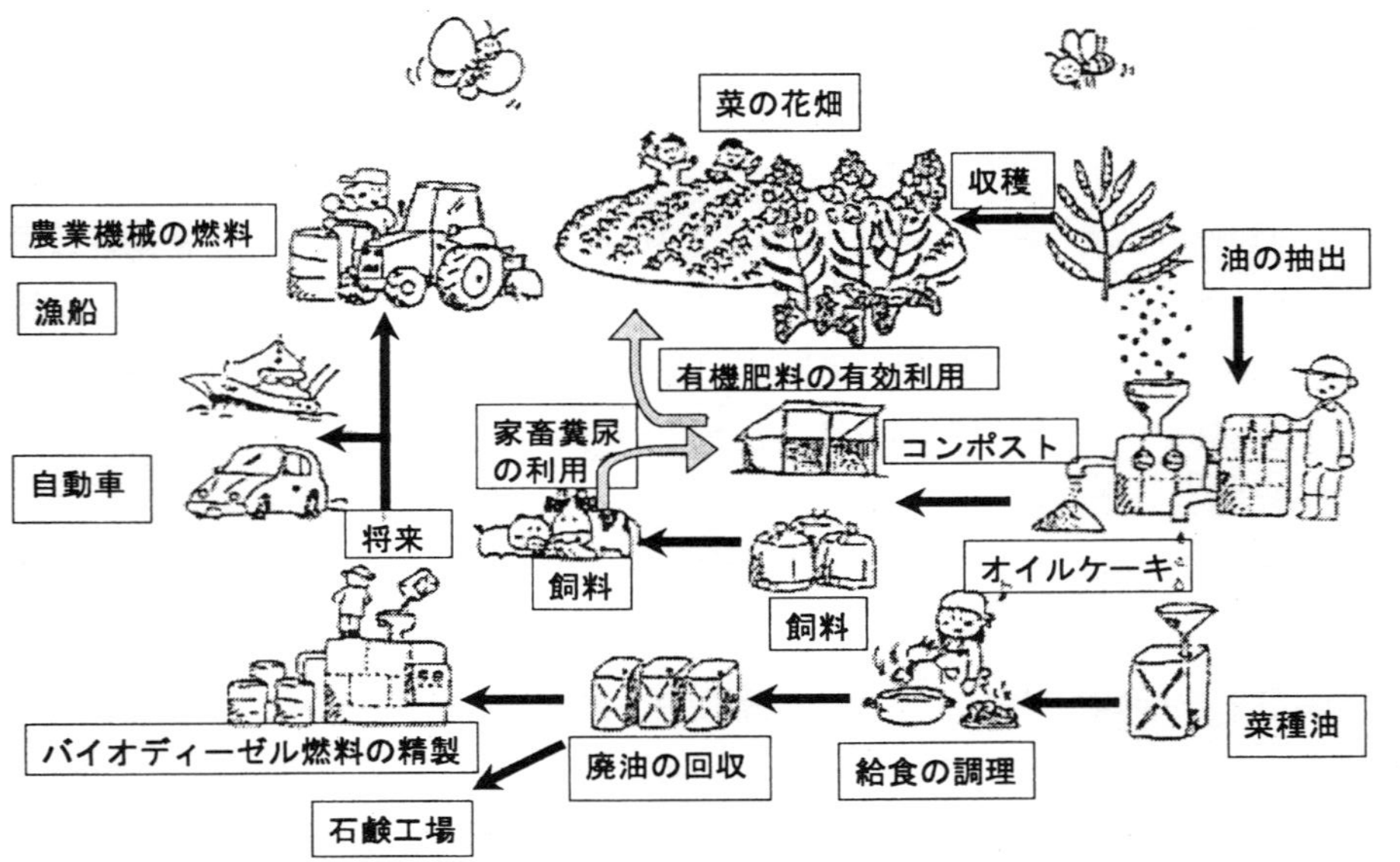

図終－1　菜の花プロジェクトの資源循環の例

全国90地域に展開、太陽光・風力・バイオエナジーなど
自然エネルギーの導入。

しょう。

実は地球環境の汚染源はすべて足もとの企業、公共機関、家庭にあるのです。そして、社会をかえていくのも、足もとの地域の世論や運動からはじまるのです。グローバリゼーションがすすんでいくと、すべての政治・経済・社会問題が雲のかなたにあるようにみえます。このためにとらえどころのない絶望感というか空虚な感じにとらわれるのはまちがいなのです。グローバルな問題も、実は足もとからしか解決できないのです。

内発的発展

いま日本の地方自治は転機に立っています。分権化路線にそっていけば、地方自治が発展すると考えていた自治体の関係者も、「三位一体改革」に直面して、別の改革路線をえらばねば、地方自治は衰退し、民主主義は後退するとかんがえるようになっています。

「地方自治の本旨」を実現するには、新自由主義の改革ではなく、団体の自治と住民の統治権を確立し、それにふさわしい財政を保障する改革がもとめられます。しかし、そのような改革がすぐに実現することは、いまの財政危機のもとでは不可能といえます。私はかねてから、中央政府の補助金依存あるいは中央の資本の誘致という外来型開発は地域の経済発展にならず、内発的発展の道を歩まねばならないと主張してきました。いまこそ、自治体は、内発的発展の道を模索し、その上でネットワークをつくらねばならぬ時がきたのです。

内発的発展というのは、私がはじめて理論化したことでなく、すでにインドのガンジーがインドの独立にあたって主張していました。彼はインドがイギリス型の近代化の道を歩めば、地球はいくつあっても不足するとのべ、大都市化ではなく、自給自足の小さなコミュニティのネットワークによる社会を構想していました。[4] これは現代ではインドですら実現不可能ですが、といってインドが市場経済化をすすめ、都市化、大量生産・消費生活様式の普及をすれば、地球は破滅するでしょう。私がさいしょに内発的発展を考えたのは、沖縄の大宜味村《おおぎみそん》の開発でした。一九六〇年代の軍政下にあって、根路銘安昌《ねろめやすまさ》大宜味村長は基地経済に依存せず、地元の野生の柑橘類のシークワーサーを健康ジュースとして商品化し、鰻やニジマスの養殖をはじめました。また台風に強い丈の低い温州みかんを栽培、のぼり窯をつくって陶器の製造をすすめ、また人間国宝の平良敏子さんの芭蕉布の伝承工房をつくるなどして、村の経済の自立をすすめました。私はここに沖縄の未来があると考えたのですが、残念なことに日本政府は復帰後の沖縄の基地を残存させ、それとひきかえに大規模な公共事業補助金を誘致する典型的な外来型開発に走りました。大宜味村も村長がかわり、ダム工事などの公共事業に依存する経済にかえてしまいました。しかしすでに述べたように、いま沖縄では基地を解放して内発的発展をすすむ道が求められています。ここにこそ「維持可能な社会」を内発的に創造する可能性があると思います。

これまでの日本は西欧に追いつき追いこすことを目標に、西欧型近代化とアメリカ文明の後追いをしてきました。この結果、経済力は大都市に集中し、政治と行政は中央集権をまねき、環境は破壊され、文化の多様性はなくなり、地方都市と農村は衰退しました。いま、この近代化という教科書による事業は終了し、自ら教科書をつくらねばならなくなりました。おそらく資本主義体制の下では、多国籍企業のグローバリゼーションはすすみ、巨大独占体が形成され、そのための大量生産・流通・消費の経済システムのための技術開発はすすむと思います。しかし、他方、これを制御しながら、国内の多様なそして地域独自のニーズにみあう経済システムとそのための等身大の技術もすすむと考えられます。たとえば日本の場合、ゆたかな森林を生かすバイオマス・エナジー・太陽光・地熱・風力などの自然エネルギーの開発、廃棄物の資源化が、地域に根ざして発展するでしょう。このことはすでに一九八〇年代にEUの技術の未来の検討委員会の責任者であったイタリアのペトレーラが予言していました。国際化がすすむと普遍的な需要に応える国境をこえた巨大独占化の一方で、地域のニーズに応える企業や個人組織の発展の二つに分かれるというのです。まずは前者の経済のグローバリゼーションが進行していくのですが、これは次第に矛盾が大きくなり、同時並行的に地域の内発型発展がすすんでいくと考えられます。

日本の経済の歴史をみますと、常に外国の資本や技術の導入が優先していますが、それを巧みに日本的な経営や日本独自の技術に修正するいとなみがつづけられてきました。地域内の産業革命や産業循環を主体にして独自の経済が、豊田、浜松、金沢、京都などで展開し、その特化した産業が世界市場に進出するとともに、地域内に複雑な産業連関をつくり、独自の地域社会を形成しています。日本資本主義の急速な発展のために、農村は自立性を失い、都市に従属し、生活や文化も都市的になりつつありますが、その中でも、独自の内発的発展をすすめている地域もあります。とくに一九六〇〜七〇年代の経済の高度成長と国土開発にとりのこされた地域の中から、内発的発展のモデルが生まれてきました。先の大宜味村もひとつの例ですが、有名なのは大分県の湯布院町（現由布市）や大山町（現日田市）などがはじまりで、いま全国的に内発的発展の町村が広がっています。私は一方で、すでにのべたような外来型開発の失敗に学び、他方こういう都市や農村の先進例に学んで、次のような原則にまとめてみました。

(1)内発的発展の目的はＧＤＰや人口の増大を中心にするのでなく、地域の環境・福祉・教育・文化などの総合的な向上をもとめて、地域の資源や技術を最大限に生かそうとするものです。外来型開発は大規模な環境破壊を生みますが、内発的発展は環境を保全します。

(2)開発の方法は外来型開発のように大都市の資本や中央政府の公共事業を誘致するのでなく、地元の産業の連関を密にして、できるだけ地域内で付加価値をつけるようにします。外来型開発では利潤や租税が大都市に吸収され、政治的利益も中央の政府や政党に帰属します。外来型開発では、地方の開発がすすむほど、大都市に利益が集中して大都市が繁栄します。しかも産業構造が変化して、地方の事業所の利益が上がらなくなると、外来企業は撤退してしまいます。たとえば六〇年代に建設された日本の重化学工業コンビナートは衰退をして、今は生産を停止した地域が多くなっています。これに対して、内発的発展では社会的余剰（利潤＋租税＋貯金）は地元で投資され、雇用を維持し、さらに福祉・教育・文化に寄与します。

(3)開発の主体は外来型開発では、大企業・中央政府とそれに寄与する地方資本・地方自治体です。内発的発展では地元企業・自治体・ＮＰＯやＮＧＯです。開発がすすむと、外来型開発では中央依存がすすむのにたいして、内発的発展では地方自治の発展となります。

このような原則がそのまま実現できるのではありません。地域によって多様な形態をとると思います。とくに人口の過疎化のすすむ地方都市や農村では、若い住民が少なく、また資本も少ないので、どうしても大都市の住民や資金の援助が必要でしょう。都市と農村の連帯がもとめられます。とはいえ、地方都市や農村の再生は、内発的発展をめざす主体的な努力がもとめられます。また、一村一品でなく、産業連関をつくるためには、広域のネットワークが必要になります。この場合も住民の自治にもとづく分業と協業がもとめられるでしょう(5)。

いま地方自治をめぐって、しのぎをけずるような対立がはじまっています。「維持可能な社会」のための内発的発展をもとめる民主的な住民の勢力は決して強くはありません。しかし、「三位一体改革」や市町村合併、さらに地方創生という「地方自治」の命運をかけた選択が強制される中で、自由民権、大正デモクラシー、そして戦後の革新自治体の時期につづくような市民運動がもとめられています。それは「オール沖縄」のように保守、革新を問わず、「地方自治の本旨」を守ろうとする首長や議員の声や運動と共鳴しはじめています。ここに日本の地方自治の未来をみたいと思います。

（注）

(1)「我々の世界を変革する：持続可能な開発のための２０３０アジェンダ」（外務省仮訳）。EU European Sustainable Cities, 1996.

(2)井上典子「イタリア・ポーデルタ地域における環境再生地域計画」、小山善彦「英国の地域再生とグランドワーク」『環境と公害』一九九九年一月号。

(3)永井進・寺西俊一・除本理史編『環境再生』有斐閣、二〇〇二年、参照。

(4)M. K.Gandhi "Hind Suraj" 1969.

(5)内発的発展論については、前掲『日本社会の可能性』や『都市政策の思想と現実』『環境経済学（新版）』などに紹介しています。また、鶴見和子・川田侃編『内発的発展論』（東京大学出版会、一九八九年）、保母武彦『内発的発展論と日本の農山村』（岩波書店、一九九六年）、宮本憲一・遠藤宏一編『地域経営と内発的発展』（農山漁村文化協会、一九九八年）、中村剛治郎『地域政治経済学』（有斐閣、二〇〇四年）などが参考になります。

あとがき

戦後憲法体制が施行されて六八年目に地方自治の本旨が問われる大事件が始まりました。本文の沖縄の普天間・辺野古新基地をめぐる問題です。政府が沖縄県民の願いを踏みにじって新基地の建設を本格化するならば、日本の地方自治＝民主主義は絵に描いた餅に過ぎなかったということになるでしょう。戦前の帝国憲法ならば天皇の大権の下に軍事は地方自治よりも優先したかもしれません。しかし戦後憲法は基本的人権を最高の権利とし、軍事的行動もこの権利を侵害することはできません。さらに地球環境危機の時代には不可逆的な環境破壊や人格権侵害は、仮に国家的利益が大きくても、許されないはずです。しかし第7章でみたように政府は国民の世論を無視して、集団的自衛権容認、ＴＰＰへの加入、辺野古基地の建設、マスメディアへの政治的圧力など、次々と強権的な政治をすすめています。

平和、基本的人権、民主主義を枠組みとしてきた戦後体制は歴史上最大の危機に直面しています。おそらく今後の四半世紀は戦後憲法体制を維持するか、戦前の憲法体制への復古的修正をすすめるのかをめぐる政治的な対立の時代が続くと思います。そこで、問題点を地方自治の視点で第7章を書き下ろして、本書の増補版をつくりました。

本書はもともと地方自治研究活動から生まれたものです。地方自治の制度史だけではなく、日本社会の歴史的な流れの中で、地域経済・地方財政の変化を踏まえ、政府と地方自治運動の対抗関係の中で生まれる政策形成の歴史を総合的に描いたものです。市民がこの重大な転換期を理解するために、歴史を振り返ってその中から未来の道標を見つけ出すことを願って書いたものです。

本書の年表は自治体問題研究所の職員斎藤太氏が作成し、二〇〇五年以降近年の部分は大阪市立大学創造都市研究センター研究員の栗本裕見さんが作成しました。この増補版については深田悦子さんに編集のお世話になりました。ありがとうございました。

二〇一六年一月

宮本憲一

西暦	年号	政治・経済・社会	地方自治（制度）・社会運動
2015	27	自民党総裁選、安倍首相無投票再選。アベノミクス第2ステージとして、「一億総活躍社会」推進を表明（9/24）。 防衛装備庁発足（10/1）。 第3次安倍内閣発足（10/7）。 文科省「高等学校等における政治的教養の教育と高等学校等の生徒による政治的活動等について（通知）」（10/29）。 日韓首脳会談、慰安婦問題早期妥結で一致（11/2）。 原子力規制委、もんじゅ運営主体の交代勧告（11/13）。 **政府、TPP政策大綱決定**（11/25）。 一億総活躍国民会議、「一億総活躍社会の実現に向けて緊急に実施すべき対策―成長と分配の好循環の形成に向けて―」決定（11/26）。	東北被災4県知事、国に支援道路や防潮堤事業の全額国費負担を要望（6/11）。 沖縄県議会、自民党議員勉強会での言論弾圧、沖縄県民侮辱発言に抗議決議（7/2）。 八戸市、「本のまち」として活性化をねらい市営ブックセンター開設へ（7/2）。 越前市議会、原発の運転延長反対意見書可決、福井県内で初（7/2）。 関西広域連合、奈良県が防災と観光2分野で加入表明（7/23）。 特別区設置住民投票の結果を受け、大阪府、大阪市、堺市による政策調整に向けて、大阪戦略調整会議開催（7/24）。題提案の進め方などで紛糾、3回で途絶し成果なし（9/28）。 つくば市で運動公園計画について住民投票、反対が投票者数の8割に（8/2）。 三重県、報道写真展の後援中止、基地移設反対を問題視（8/8）。 **川内原発再稼働**（8/11）。 鹿児島県、川内原発再稼働で立地自治体などに新交付金（9/10）。 岩手県議会、安保関連法廃止求める意見書可決。都道府県議会初（9/24）。 沖縄県知事辺野古埋め立て承認を取り消し（10/13）。沖縄防衛局、国交相に対し行政不服審査法に基づく審査請求と効力停止申し立て（10/14）。国交相埋め立て承認取り消しの効力停止（10/27）。工事着工（10/29）。沖縄県知事が国地方係争処理委員会に審査申出（11/2）。申出却下決定（12/24）。 小牧市でTSUTAYA図書館建設計画に対する住民投票実施。反対多数で計画撤回（10/20）。 美深町、町内の高校存続目的で給付型奨学金創設へ（11/20） 大阪市の労組事務所退去、中労委が不当労働行為と認定（11/26）。 沖縄県による辺野古埋め立て承認取り消し処分に対し国が代執行を求めて提訴（11/17）。

西暦	年号	政治・経済・社会	地方自治（制度）・社会運動
2014	26		氏当選（11/16）。仲井眞知事、退任4日前に辺野古埋め立て変更申請承認（12/5）。 総務省、合併算定替え終了後に新たな財政支援で特例分の7割確保を決定（12/16）。 大阪都構想で（公明党が住民投票の実施賛成に方針転換（12/26）。 **「まち・ひと・しごと創生法」「地域再生法」の地方創生2法成立**（11/21）。**「まち・ひと・しごと創生総合戦略」閣議決定**（12/27）。
2015	27	原子力規制委員会、福島第一原発汚染地下水海洋放出を初認可（1/21）。 「イスラム国」日本人人質を殺害（2/1）。 政府・自民がJA全中の指導・監査権廃止する農協改革案（2/9）。 固定価格買い取り制度の太陽光発電価格3年連続引き下げ（2/24）。 老朽原発5基の廃炉決定（3/18）。 中国主導のアジアインフラ投資銀行創設国57カ国で確定。日米は参加せず（4/15）。 日米両政府は新ガイドラインを決定（4/27）。 日米両政府、オスプレイ10機を横田基地に配備と発表（5/12）。 「平和安全法制」衆院提出（5/26）。 衆院憲法審査会の参考人質疑で全参考人が安保法案は違憲と表明（6/15）。 公職選挙法改正、選挙権18歳以上に（6/17）。 与党、95日間の国会会期延長（6/22）。 自民党内の議員勉強会で沖縄二紙をつぶせなど、報道の自由への侵害発言（6/25）。 文科相、五輪会場となる新国立競技場建設費が大幅増の2520億円と公表（6/29）。 骨太方針閣議決定（6/30）。 安保法案、衆院安保特別委員会で与党単独で強行採決（7/15）。安保法案反対の国会前デモに数万人参加（7/15）。 経産省、長期エネルギー需給見通し決定、原発割合を20～22％（7/16）。 米軍ヘリがうるま市沖に墜落（8/12）。 戦後70年談話を閣議決定、首相自身の歴史認識として「反省」「お詫び」言及せず（8/14）。 **農協改革法成立**（8/28）。 マイナンバー法改正。2018年から銀行預金口座にも適用拡大（9/3）。 **安全保障関連法強行採決で成立**（9/19）。	沖縄防衛局、辺野古埋め立て工事に向け資材搬入（1/11）。 文科省、学校統廃合推進の方針（1/19）。 大阪都構想協定書議案、大阪府市両議会に提出（1/23）、（1/24）。前年の否決案と同内容。 沖縄防衛局、県の許可なく新基地建設調査を強行（12/8）。 西宮市、UR借り上げ住宅の明け渡しを阪神大震災被災者に通知（2/3）。 沖縄県知事、沖縄防衛局に辺野古海中へのブロック投入停止を指示（2/16）。 新公立病院改革ガイドライン公表（3/31）。 大阪府市両議会で特別区設置協定書可決市（3/13）、府（3/17）、住民投票実施決定。 沖縄防衛局、辺野古ボーリング調査再開（3/12）。知事は防衛局に作業停止指示（3/23）、沖縄防衛局は農水省に執行停止求める申立書提出（3/24）。農水省、工事停止指示の効力を一時停止する決定書を県に送付（3/30）。 南相馬市、全国初の「脱原発都市宣言」（3/25）。 矢祭町が住基ネットに接続し、全自治体が住基ネット参加（3/30）。 大阪地裁、大阪市職員に対する思想調査アンケートに違憲判決。（3/30）。 辺野古工事中止求め、大江健三郎氏ら有識者が緊急声明（4/1）。 統一地方選挙（前半4/12、後半4/26）。 **福井地裁、高浜原発再稼働を認めず**（4/14）。 **大阪市で特別区設置住民投票。反対多数で否決**（5/17）。 「辺野古基地ノー」沖縄県民大会に3万5000人参加（5/17）。 東北6県市町村長九条の会連合、戦争法案反対緊急声明（5/22）。

西暦	年号	政治・経済・社会	地方自治（制度）・社会運動
2014	26	改正国民投票法成立、施行。投票年齢18歳以上に（6/13）。 骨太方針、**「日本再興戦略」閣議決定**。法人実効税率20％を目指して引き下げへ（6/24）。 **医療・介護総合推進法成立**（6/18）。 過労死等防止対策推進法成立（6/20）。 **集団的自衛権の行使を認める憲法解釈の変更を閣議決定**（7/1）。 日朝政府拉致被害者全面調査で合意（7/1）。 原子力規制委、川内原発が新規制基準に適合とする（7/16）。 アルゼンチン、13年ぶりにデフォルト状態に（7/31）。 検察審査会、福島第一原発事故で東電会長らを起訴相当と議決（7/31）。 広島市北部で土砂災害、74人犠牲に（8/20）。 米、イスラム過激派組織ISに空爆開始（8/8）。 欧州中央銀行がマイナス金利導入（8/7）。 ロシア、北方領土で軍事演習（8/13）。 名護市辺野古沿岸部でボーリング調査（8/18）。 第2次安倍改造内閣（9/3）。 御岳山噴火、死者57人（9/27）。 電力会社5社、再生可能エネルギー買い取り中断（9/30）。 スコットランド、独立の是非を問う住民投票（9/18）。結果は否決。 赤崎勇、天野浩、中村修二の三氏ノーベル賞受賞（10/7）。 泉南アスベスト訴訟、最高裁は国の賠償責任認める（10/09）。 年金積立金管理運用独立行政法人、年金資金の株運用拡大（10/31）。 最高裁、2013年の参院選での一票の格差最大4.77倍を「違憲状態」とする（11/26）。 衆院選自民党圧勝、自公で3分の2超（12/14）。 米、キューバ、国交正常化交渉へ（12/17）。 特定秘密保護法施行（12/10）。 第3次安倍内閣発足。アフガニスタン駐留米軍、戦闘任務終了（12/28）。	する提案募集の実施方針」決定（4/30）。 大阪市、水道事業運営権を市が出資の運営会社に売却方針決定（4/17）。 **総務省「公共施設等の総合的かつ計画的な管理の推進について」**（4/22）。 **函館市、大間原発の建設許可取り消しと建設停止を求め国と電源開発を提訴**（4/3）。 **地方公務員法改正、人事評価導入へ**（4/25）。 **日本創成会議、「消滅自治体」の提示**（5/8）。 池田市、国保、介護、後期高齢者医療保険窓口を一本化し民間委託（5/16）。 **福井地裁、大飯原子力発電所運転差し止め判決**（5/21）。 地方自治法改正（指定都市制度改革、中核市、特例市制度の統合）（5/23）。 第四次一括法成立（5/28）。 官邸・国会前で川内原発再稼働反対集会。1万人が参加（6/1）。 地方教育行政組織法改正（6/13）。 集団的自衛権行使容認の閣議決定に抗議、官邸前に2日間で10万人（7/2）。 国交省、直轄国道のうち112区間で管理権限を自治体移管（7/1）。 **総務省「地方中枢都市圏構想推進要綱」**（8/25）。 愛知県・愛知労働局が高校生に労働法講座。「ブラック企業」対策（8/5）。 那覇市、新基地建設断念求め意見書（8/23）。 岡山県備中の10市町、人口減少社会を見据えて広域連携推進へ協議会（8/25）。 沖縄県議会、辺野古工事中止を求める意見書（9/3）。 小牧市、TSUTAYAを市立図書館の指定管理者に（9/4）。 名護市議選、辺野古移設反対派が勝利（9/7）。 大阪地裁、大阪市庁舎内の労組事務所の使用不許可処分を違法と判決（9/10）。 全国町村会「人口減少対策に関する有識者懇談会」設置（9/16）。 大阪都構想案、大阪府議会、大阪市会本会議で否決（10/27）。 川内原発再稼働に薩摩川内市長同意（10/28）。知事、県議会も再稼働へ同意（11/7）。 地方分権改革有識者会議（中間報告）、地方に129項目の権限移譲へ（10/30）。 沖縄県知事選、辺野古移設反対の翁長雄志

西暦	年号	政治・経済・社会	地方自治（制度）・社会運動
2013	25	**日本政府、TPP 交渉に正式参加**（7/23）。 米デトロイト市財政破綻（7/18）。 福島第一原発タンクで汚染水漏れ（8/23）。 内閣法制局長官に小松一郎氏。集団的自衛権解釈見直しの立場（8/30）。 宜野座村で嘉手納基地所属のヘリ墜落（8/5） 東京が 2020 年五輪開催都市に決定（9/7）。 日米共同訓練でオスプレイ初参加（9/10）。 大飯原発定期検査で停止。再び原発稼働ゼロに（9/15）。 台風 26 号で伊豆大島豪雨土石流災害（10/16）。 「水銀に関する水俣条約」採択（10/10）。 **国家安全保障会議設置法成立**（11/27）。 中国、尖閣諸島を含む防空識別圏設定発表（11/23）。 持続可能な社会保障制度の確立を図るための改革の推進に関する法律成立（12/5）。 生活保護法改正、生活困窮者自立支援法成立（12/6）。 **特定秘密保護法成立**（12/6）。 「国家安全保障戦略」決定。「防衛計画の大綱」「中期防衛力整備計画」閣議決定（11/17）。 福島第一原発 5 号機、6 号機廃炉決定（12/18）。 三井金属工業、イタイイタイ病被害者団体と一時金支払い合意（12/17）。 国家戦略特区法成立（12/23）。 産業競争力強化法成立（12/25）。	に指定、全国初（8/7）。 地方分権改革推進本部「国から地方公共団体への事務・権限の移譲等に関する当面の方針について」閣議決定（9/13）。 大阪府労委、大阪市の団交拒否は不当と命令書交付（9/26）。 鳥取県で全国初の手話言語条例制定（10/8）。 教科書採択問題で、文科相が県に竹富町への是正要求を指示（10/18）。 合併 241 市が連絡協議会設立。交付税特例措置終了後も財政支援を要望（10/16）。 全国町村議会議長会、道州制反対の特別決議（11/13）、全国町村会も同様の特別決議（11/20）。 岩沼市で集団移転先のまちづくりを考える住民主体の検討委員会が報告書（11/26）。 自民党沖縄県連、普天間基地の辺野古移設容認へ転換（11/27）。 広島高裁岡山支部、2013 年参院選「一票の格差」4.77 倍を違憲、無効とする（11/28）。 中教審答申「今後の地方教育行政のあり方について」（12/13）。 千葉市、市営住宅に「子育て世帯枠」創設（12/17）。 沖縄県仲井眞知事、辺野古沿岸部埋め立て承認（12/27）。 「事務・権限の移譲等に関する当面の見直し方針について」閣議決定（12/20）。
2014	26	国家安全保障局発足（1/7）。 ソチオリンピック（2/6-2/23）。 大雪で政府に豪雪対策本部（1/18）。 福島第一原発汚染水漏れ（1/20）。 2014 年度から閣議議事録の公開決定（3/4）。 消費税 5% から 8% に（4/1）。 武器輸出三原則変更（4/1）。 日豪 EPA 合意（4/7）。 新「エネルギー基本計画」閣議決定。原子力は「重要なベースロード電源」として再稼働明記（4/11）。 日米共同声明、尖閣諸島に安保適用（4/24）。 安保法制懇報告書、集団的自衛権行使容認（5/15）。 産業競争力会議「残業代ゼロ」で一致（5/28）。 内閣人事局発足（5/30）。	うきは市、市が発電事業者となって小水力発電めざす（1/22）。 由布市、景観保護へメガソーラー建設規制条例制定（1/28）。 名護市議会、辺野古への基地移設抗議の意見書（2/3）。 沖縄県議会、百条委員会で仲井眞知事による辺野古埋め立て承認調査（2/14）。 尼崎市クボタ旧神崎工場周辺住民のアスベスト訴訟、大阪高裁クボタに賠償命令（3/6）。 木島平村で 6 次産業化を担う「村民会社」設立（3/12）。 文科相、竹富町教育委員会に八重山採択地区協議会で決定した育鵬社版教科書の採用を求める是正要求（3/14）。 地方分権改革推進本部「地方分権改革に関

西暦	年号	政治・経済・社会	地方自治（制度）・社会運動
2012	24		についての中間報告」（12/20）。 豊島区「豊島区マンション管理推進条例」成立（12/20）。 小田原市、市と地域住民、企業が参加した発電事業会社を設立（12/20）。
2013	25	教育再生実行会議設置を決定（1/15）。 日銀、共同声明で 2% のインフレ目標（1/22） 「安全保障の法的基盤の再構築に関する懇談会」集団的自衛権の議論再開（2/8）。 政府、辺野古埋め立て申請（3/22）。 日銀総裁に黒田東彦氏（3/20）。日銀、異次元の量的・質的緩和決定（4/4）。 広島高裁、2012 年衆院選の 1 票の格差 2.43 倍を違憲、無効（3/26）。 公職選挙法改正、インターネットを使った選挙運動解禁（4/19）。 教育再生実行会議第二次提言「教育委員会制度等の在り方について」（4/15）。 文科相、中教審に「今後の地方教育行政の在り方について」諮問（4/25）。 尖閣諸島周辺の日台漁業協定調印（4/10）。 宮城県の水産特区初認定（4/23）。 政府主催「主権回復・国際社会復帰を記念する式典」、沖縄では「屈辱の日」大会（4/28）。 「行政手続きにおける特定の個人を識別するための番号の利用等に関する法律」（**マイナンバー法**）**成立**（5/24）。 原子力規制委、高速増殖炉「もんじゅ」の試運転再開準備停止命令（5/30）。 原子力規制委、敦賀原発 2 号機直下の断層を活断層と認定（5/22）。 東海村の原子核素粒子実験施設で放射性物質漏出。34 人被ばく確認（5/29）。 衆院小選挙区「0 増 5 減」区割り法成立（6/24）。 骨太方針、「日本再興戦略」を閣議決定（6/14）。 原子力規制委、原子力安全対策の新規制基準決定（6/19）。原発再稼働の適合性審査開始（7/16）。 尼崎公害訴訟元原告団、国交省、阪神高速道路会社の三者による最終合意（6/13）。 参院選、自民大勝。衆参ねじれ解消（7/21）。 東京証券取引所と大阪証券取引所統合（7/16）。	大阪市会、大阪府・大阪市特別区設置協議会設置規約可決（2/1）。 総務省「地域の元気創造本部」設置（2/8）。 地方分権改革推進本部設置（3/8）。「義務付け・枠付けの第四次見直しについて」閣議決定（3/12）。 経団連、2018 年に道州制実現求める緊急提言（3/14）。 飯田市「飯田市再生可能エネルギーの導入による持続可能な地域づくりに関する条例」（3 /25）。 鳥取県民参画基本条例可決。常設型住民投票制度を盛り込んだ初の県条例（3/22）。 武雄市立図書館、TSUTAYA による指定管理開始（4/1）。 地方分権改革有識者会議設置（4/5）。 邑南町出羽自治会、地区の空き家を所有者に代わり回収、解体する取り組み開始（4月）。 土佐清水市、再生エネルギー基本条例（4/9）。 岩手県、防潮堤用地取得にかかる弁護士調整費を負担（4/30）。 長崎市、米公文書館原爆資料を収集へ（5/09）。 憲法 96 条改正反対の学者・研究者「96 条の会」結成（5/23）。 小平市で都道の計画見直しの是非を問う住民投票実施。投票率 50% 未満、住民投票「不成立」で開票されず（5/27）。 原発再稼働反対、原発ゼロを掲げた国会包囲行動に 6 万人参加（6/1）。 「地域の自主性及び自律性を高めるための改革の推進を図るための関係法律の整備に関する法律」（第三次一括法）成立（6/7）。 地方制度調査会「大都市制度の改革及び基礎自治体の行政サービス提供体制に関する答申」道府県から政令市への事務権限移譲促進など（6/18）。 「住民の幸福実感向上を目指す基礎自治体連合」設立総会に 52 自治体参加（6/6）。 上伊那地域 8 市町村を消防広域化重点地域

西暦	年号	政治・経済・社会	地方自治（制度）・社会運動
2012	24	北海道電力泊原発停止。全原発停止（5/5）。 首相、大飯原発運転再開意向表明（6/8）。 子ども被災者支援法成立（6/12）。 災害対策基本法改正、原子力規制委員会法成立（6/20）。 東京電力が原発事故最終報告書公表（6/20）。 自然エネルギー固定買取価格制開始（7/1）。 「電力システム改革の基本方針」小売全面自由化など（7/13）。 九州北部豪雨、死者 30 人（7/22）。 福島第一原発事故、国会の事故調査委員会（7/5）、政府の事故調査・検証委員会（7/23）が最終報告発表。 政府、尖閣諸島の国有化方針（7/7）。 岩国基地にオスプレイ搬入（7/23）。 原子力損害賠償支援機構、東電に 1 兆円出資。実質国有化（7/31）。 消費税法、子ども・子育て関連三法などを含む**社会保障・税一体改革関連法成立**（8/10）。 韓国大統領竹島上陸（8/10）。 「革新的エネルギー・環境戦略」。2030 年代末までに原発稼働ゼロ実現を提言（/914）。 原子力規制委員会発足（9/19）。 日中国交正常化 40 周年記念式典延期（9/23）。 米 FRB 量的緩和第 3 弾決定（9/13）。 日銀、追加金融緩和策 10 兆円決定（9/19）。 山中伸弥氏ノーベル賞受賞（10/8）。 オスプレイ、普天間基地配備完了（10/6）。 日銀、11 兆円の金融緩和追加を決定（10/30）。 衆議院解散（11/16）。衆院選で自公連立政権復活（12/16）。 社会保障国民会議初会合（11/30）。 中央道笹子トンネル天井崩落事故（12/2）。 COP18 ドーハ合意。京都議定書 8 年延長（12/08）。 EU にノーベル平和賞（12/10）。 第 182 国会、第 2 次安倍内閣発足（12/26）。	京都市、独居高齢者全戸訪問を実施、政令指定都市初（4 月）。 東京都知事、尖閣諸島の買い取り表明（4/16）。 京都・滋賀両知事が脱原発工程提示等の共同提言発表（4/17）。 沖縄本土復帰 40 年（5/15）。 鳥取市で市庁舎整備に関する住民投票実施。耐震改修が多数に（5/20）。 沖縄県知事、宜野湾市などが防衛相にオスプレイ配備中止申し入れ（6/19）。 経済三団体、道州制早期実現で声明（6/27）。 福島県、放射線不安等で転校（園）児童が 12000 人超（6/29）。 大阪市、全生活保護受給世帯の扶養義務者調査実施を発表（6/29）。 全国村長サミット初開催（7/14）。 原発事故後最大規模の脱原発集会。主催者発表約 17 万人参加（7/16）。 全国町村会、道州制導入反対・TPP 参加反対などの意見書（7/5）。 大阪市、職員の政治的行為の制限に関する条例成立（7/27）。職員 55 人が市を提訴（7/30）。 地方自治法、改正通年会期の選択制度導入、直接請求の要件緩和など（8/29）。 大都市地域特別区設置法成立（8/29）。 政府が双葉・大熊・楢葉の 3 町に汚染土等中間貯蔵施設の建設計画提示（8/19）。 **自民党「道州制基本法案（骨子案）」発表**（9/6）。 沖縄県へのオスプレイ配備反対県民集会に 10 万人参加（9/9）。 静岡県議会、浜岡原発再稼働の是非を問う住民投票条例案否決（10/11）。 足立区「ごみ屋敷」解消条例（10/24）。 愛知県、2014 年度から個人県民税の減税実施決定。都道府県初（11/8）。 中核市・特例市長会が両制度の統合、都市制度の抜本再編を国に要請（11/14）。 国の特定地方行政機関の事務等の移譲に関する法律案閣議決定（11/15）。衆院解散により国会提出はされず。 福島県知事、汚染土保管中間貯蔵施設調査受け入れ表明（11/28）。 地域主権推進大綱閣議決定（11/30）。 地方制度調査会専門小委員会「大都市制度

西暦	年号	政治・経済・社会	地方自治（制度）・社会運動
2011	23	費税を段階的に10%にと明記（6/30）。 EU首脳会議、ギリシャ追加支援で一致（6/23）。 復興対策本部「東日本大震災からの復興の基本方針」決定（7/29）。 政府、電力使用制限令を発動（7/1）。 新潟・福島の記録的豪雨で避難指示・勧告43万人（7/30）。 障害者基本法改正（7/29）。 原子力損害賠償支援機構法成立（8/3）。 泉南アスベスト訴訟、大阪高裁で原告敗訴（8/25）。 福島原発事故調査委員会法成立（9/30）。 緊急時避難準備区域の指定を一括解除（9/30）。 震災復興特別交付税創設（10/21）。 環境省、除染対策で工程表（10/29）。 社会保障審議会、年金額2.5%削減、被用者年金一元化等の見直し案公表（12/1）。 復興財源確保法成立（11/30）。 東日本復興特別区域法成立（12/7）。 福島第一原発の冷温停止状態を宣言（12/16）。 国交相、八ッ場ダム建設継続発表（12/22）。 政府、武器輸出三原則原則緩和を決定（12/27）。	税を決定（7/1）。 「大阪都」「中京都」「新潟州」に関わる5首長、大都市制度に関する宣言採択（7/31）。 「地域の自主性及び自立性を高めるための改革の推進を図るための関係法律の整備に関する法律」（第2次一括法）成立（8/26）。 「さようなら原発集会」に6万人参加（9/19）。 九州電力第三者委員会、「やらせメール」問題で知事の関与を認定（9/30）。 TPP参加反対でJA、全漁連、全森連、日医、消費者団体が決起集会（10/26）。 泊原発の廃炉を求め周辺住民提訴（11/11）。 横浜市と隣接5都市が大規模災害に向けて相互応援協定を締結（11/11） 「義務付け・枠付けのさらなる見直しについて」閣議決定（11/29）。 堺市議会、教育基本条例案、職員基本条例案を否決（12/15）。 多摩市、相模原市で公契約条例成立（12/22）。 大阪府市統合本部発足（12/27）。 地方制度調査会「地方自治法改正案に関する意見」（12/25）。 鳥取県、米子市、境港市中国電力と原子力安全協定締結（12/25）。
2012	24	原発の運転期間原則40年、原子力規制庁設置を閣議決定（1/30）。 **復興庁発足**（2/10）。 EUによるギリシャ支援合意（2/21）。 福島第一原発に関する独立検証委員会（民間事故調）報告書公表（2/27）。 自公が大阪都構想実現に向けた議員立法提出に向けて調整（3/2）。 福島復興再生特別措置法成立（3/30）。 震災瓦礫広域処理を自治体に要請（3/11）。 児童手当法改正。「児童手当」復活（3/30）。 2012年度予算成立（4/5）。 日米安全保障協議委員会、在日米軍再編計画中間報告。海兵隊約9000人国外移転、約1万人残留（4/27）。 郵政民営化法改正、日本郵政グループを4社体制に再編（4/27）。 東電が再建計画を提出。実質国有化へ（4/27）。 日銀追加金融緩和5兆円。デフレ脱却を意図（4/27）。	大阪府市統合本部、都構想実現へ大都市制度に関する条例案まとめる（1/12）。 川内村、避難区域解除で帰村宣言（1/31）。 東京都で原発是非を問う住民投票の直接請求署名が法定数を上回る（2/9）。都議会は原条例案を否決（6/20）。 大阪市、労働組合や政治活動に関する「労使関係に関する職員アンケート」実施（2/9）。大阪府労委はアンケートの続行を差し控えるよう勧告（2/22）。 堺市議会、大都市制度推進協議会参加条例を否決（3/12）。 沖縄県知事、普天間飛行場の県外移設と早期返還求める意見書提出（2/20）。 大阪府教育基本2条例、職員基本条例成立（3/23）。 北海道で水源保全条例（3/23）。 泉佐野市、歳入確保等で市の名前を売却方針決定（3/26）。応募はゼロ（12/3）。 大阪地裁、泉南アスベスト第2次訴訟で国の責任認定（3/28）。

西暦	年号	政治・経済・社会	地方自治（制度）・社会運動
2010	22		行（10/1）。 大阪府被保護者等に対する住居・生活サービス等提供事業の規制に関する条例成立（10/27）。生活保護受給者をターゲットとした貧困ビジネスに対する規制を盛り込む。 佐久市で総合文化会館建設の是非を問う住民投票実施し、建設反対派が多数。市長は建設中止を表明（11/14） 出先機関原則廃止に向けてのアクション・プラン閣議決定（12/28）。 阿久根市、解職請求による解職の是非を問う住民投票が実施され、竹原氏再度市長失職（12/5）。 関西広域連合発足（12/1）。12月16日には地域主権戦略会議への緊急提案「国の出先機関改革について」。 池田市で「高齢者安否確認条例」可決（12/21）。
2011	23	宮崎県で鳥インフルエンザ（1/31）。 新潟水俣病、国と初の和解成立（3/3） **東日本大震災**（地震、津波、原発事故の三重災害）（3/11）。**東京電力福島第一原子力発電所、全電源喪失により冷却不能に。水素爆発発生**（3/12-3/15）。**半径20km圏内の住民に避難指示**（3/12）。 東日本大震災復興構想会議設置閣議決定 政府、原発事故経済被害対応本部を設置（4/11）。 **原子力安全・保安院、福島原発事故を「レベル7に相当」と発表**（4/12）。 東日本大震災国税臨時特例法、地方税法改正成立。税制上の負担軽減（4/27）。 独、2022年末までに脱原発で与党合意（5/30）。 最高裁「君が代」起立命令合憲判決（6/6）。 **東日本大震災復興基本法成立**（6/24）、**復興対策本部設置**（6/28）。 東日本大震災復興構想会議「復興への提言」（6/25）。 伊達市の4地区を「特定避難勧奨地点」に指定（6/30）。 介護保険法改正、24時間対応訪問介護・看護サービスの創設など（6/15）。 児童虐待防止へ親権停止など民法・児童福祉法改正成立（5/27）。 総合特区法成立（6/22）。 「社会保障・税一体改革案」正式決定。消	泉田新潟県知事と篠田新潟市長が新潟州構想発表（1/25）。 名古屋市長選、愛知県知事選で河村たかし氏、大村秀章氏当選。市議会リコール成立（2/6）。名古屋市会出直し選挙（3/13）。 阿久根市議会、解散請求の住民投票により解散決定（2/20）。 関西広域連合初議会（2/20）。 中川村あげてTPP参加反対デモ（2/20）。 全国知事会、緊急広域災害対策本部設置（3/12）。 全国市長会、被災市の行政機能回復支援に行政職員らの派遣決定（3/22）。 統一地方選挙、41の道府県議選で民主党大敗（4/11）。 **地域主権改革関連三法成立**（国と地方の協議の場に関する法律ほか）（4/28）。 中部電力、浜岡原発3号機再開表明（4/28）。 鳥取県智頭町、「“疎開”保険」をスタート。 宮城県知事、民間企業に漁業権認める水産復興特区創設を提案（5/10）。 福島県、原発周辺住民15万人超の30年間健康調査実施を決定（/523）。 大阪府「君が代起立条例」成立（6/3）。 「国と地方の協議の場」法制化後初開催（6/6）。 那覇市、普天間基地へのオスプレイ配備方針撤回を全会一致で決議（6/20）。 泉佐野市、関空連絡橋通行に対して独自課

西暦	年号	政治・経済・社会	地方自治（制度）・社会運動
2010	22	ギリシャ支援、ユーロ圏とIMFが13兆円を融資（5/2）。 国民投票法施行（5/18）。 大阪地裁、泉南アスベスト訴訟で国の責任を初認定（5/19）。 首相、普天間飛行場移設先を名護市辺野古周辺とする方針を公式表明（5/23）。 行政刷新会議、37事業「廃止」求める（5/20-25）。 児童扶養手当法改正、父子家庭にも児童扶養手当支給（5/26）。 普天間基地移設問題で日米共同声明（5/28）。 「新しい公共」宣言（6/4）。 政府、「新成長戦略」閣議決定（6/18）。 「財政運営戦略」と「地域主権戦略大綱」閣議決定（6/22）。 「新年金制度に関する検討会」（6/29）。 「障害者制度改革の推進のための基本的な方向」を閣議決定（6/30）。 公共サービス改革基本方針を閣議決定（7/8）。 IMF、日本に消費増税を提言（7/14）。 広島、被爆65周年平和祈念式典に国連事務総長、米英仏代表が初参加（8/6）。 「韓国併合」100年で首相談話、「痛切な反省とおわび」表明（8/10）。 政府の安保防衛懇が報告書、集団的自衛権・武器輸出三原則見直し提起（8/30）。 尖閣諸島で中国漁船と海上保安庁巡視船衝突、中国船船長逮捕（9/8） 日本振興銀行破綻。初のペイオフ発動（9/10）。 鈴木章氏、根岸英一氏ノーベル賞受賞（10/6）。 生物多様性条約締約国会議、名古屋議定書などを採択（10/30）。 行政刷新会議が18特会事業仕分け（10/30）。 国交省、八ツ場ダム中止方針棚上げに（11/6）。 COP 16で日本政府代表団、京都議定書延長に反対を表明（12/2）。 菅首相、諫早湾潮受け堤防開門判決で上告断念を表明（12/15）。 防衛省、基地移設反対を理由に名護市への米軍再編交付金停止伝達（12/24）。	「自立と分散で日本を変えるふるさと知事ネット」設立（1/21）。 安土町、住民投票条例否決の議会解散を問う住民投票で過半数賛成。解散決定（2/14）。出直し選挙反対が過半数、合併反対決議（3/16）。 沖縄県議会で普天間基地の早期閉鎖・返還、県内移設反対意見書を全会一致で採択（2/24）。 日光市、国保税滞納世帯の子ども救済のため高校生以下に正規の国民健康保険証発行（3/3）。 合併特例法改正、「平成の大合併」終結（3/26）。 阿久根市長、条例、補正予算、副市長選任などの専決処分乱発（4/17～）。 名古屋市会、恒久的な市民税10%減税条例案を否決（4/21）。 米軍普天間飛行場の沖縄県内への移設に反対する県民大会（4/25）。 九州市長会「九州府」準備検討委員会設置（5/12）。 全国知事会の出先機関原則廃止プロジェクトチーム、「国の出先機関の原則廃止に向けて（素案）」（5/20）。 「全国小さくても輝く自治体フォーラムの会」発足（5/29）。 地域主権戦略大綱閣議決定（6/22）。 総務省「地方公共団体による基本構造の選択などの地方自治法抜本改正に向けての基本的な考え方」公表（6/22）。 鹿児島県知事、阿久根市長に適切な市政運営求める文書（6/22）。 福岡高裁、北九州市の生活保護老齢加算廃止を違法とし、市の処分取り消す（6/14）。 京都府と18市町村で淀川水系流域自治体会議設立、地元主導で河川整備（7/23）。 政府、「地域主権戦略大綱」決定（6/22）。 足立区で、生きていれば111歳の男性遺体発見（7/28）。 地方議長会三団体、議長に議会招集権付与の方向で法改正を求める緊急声明（8/4）。 阿久根市で臨時議会招集、専決処分のうち14件が議会で否決（8/25） 日之影町、過疎債を活用して集落の道路整備する「水源の里振興基金」創設（9/2）。 所沢市空き家等の適正管理に関する条例施

西暦	年号	政治・経済・社会	地方自治（制度）・社会運動
2009	21	消費者庁スタート（9/1）。 第172国会で、民主、社民、国民新党の連立の鳩山内閣発足（9/16）。 首相・国交相が八ツ場ダム・川辺川ダム建設中止を表明（9/17）。 国連安保理全会一致で「核なき世界」初決議（9/24）。 文科省、全国学力テストの全員参加方式中止方針を表明（10/9）。 国交省、国直轄48ダム事業凍結表明（10/9）。 2009年度補正予算の執行停止を閣議決定（10/16）。 玄海原発でプルサーマル発電始動（11/5）。 国交省、国道100カ所建設凍結（11/9）。 行政刷新会議「事業仕分け」開始（11/11） 原爆症基金法成立。全原告を救済へ（12/1）。	地方分権改革推進委員会「国直轄事業負担金に関する意見」（4/24）。 全国知事会、地方消費税引き上げなど分権改革推進要請（5/11）。 新潟県、農家経営安定へ所得補償制度（5/1）。 地方分権改革推進委員会「義務付け・枠付けの見直しに係る第3次勧告に向けた中間報告」（6/5）。 兵庫県豊岡市、副市長を全国公募（6/5）。 名古屋市河村市長、公約の市民税10%減税実施条例案を議会提出。（6/12）。 自民党道州制推進本部が道州制基本法案骨子公表（6/18）。 **第29次地方制度調査会「今後の基礎自治体及び監査、議会制度のあり方に関する答申**」（6/16）。 定住自立圏で飯田市と13町村が全国初の協定締結（7/14）。 総務省、住基ネット不参加の矢祭町に是正要求実施を指示（8/11）。 安土町、合併強行で町長リコールの住民投票。賛成多数で町長失職（8/23）。 大阪府、税務・監査など6業務で市場化テスト実施方針決定（9/10）。 **野田市公契約条例制定、全国初**（9/29）。 地方分権改革推進委員会、新型交付税の比重拡大等をもりこんだ第4次勧告提出（11/9）。 地域主権戦略会議設置閣議決定（11/17）。 緑の分権改革推進本部設立（(12/15）。 経済三団体が道州制推進へ国民会議設立（12/17）。 地方団体が「国と地方の協議の場」法制化で法案要綱提示（12/18）。 半田市、2010年度に限り個人市民税を10%減税する税条例改正案を可決（12/11）。 名古屋市でも同様の市民税減税条例が可決（12/22）。
2010	22	**日本年金機構発足**（1/1）。 「新しい公共」円卓会議設置（1/27）。 「子ども・子育てビジョン」閣議決定（1/28）。 子ども手当法成立（3/26）。 高校授業料無償化法成立（3/31）。 雇用保険法改正、派遣労働者らの雇用保険加入を促進（3/31）。	地方行財政検討会議初会合（1/20）。 名護市長に普天間基地移設受け入れ反対の稲嶺進氏当選（1/24）。 名古屋市、地域に予算案作成権限付与する地域委員会モデル地域発表（1/18）。 名古屋市河村市長辞職し市長選に再立候補（1/21）。名古屋市会解散請求に基づく住民投票実施へ。

西暦	年号	政治・経済・社会	地方自治（制度）・社会運動
2008	20	後期高齢者医療制度スタート（4/1）。 道路整備財源特例法失効（4/1）。再可決で法律復活（4/30）。 岩手・宮城内陸地震（6/15）。 骨太方針 2008 閣議決定（6/28）。 「教育振興基本計画」を閣議決定（7/1）。 北海道洞爺湖サミット開幕（7/7）。 学習指導要領解説書「竹島は日本領」、韓国が抗議（7/14）。 北京オリンピック開催（8/8）。 政府・与党が緊急総合対策決定 11 兆円、財政再建路線転換（8/29）。 リーマン・ブラザーズ経営破綻、世界同時不況へ（9/15）。 益川敏英氏、小林誠氏、南部陽一郎氏ノーベル賞（10/7）。 防衛大臣、侵略国家はぬれぎぬとした論文執筆の航空幕僚長を更迭（10/31）。 社会保障国民会議最終報告（11/4）。 米大統領選、民主党オバマ候補勝利（11/5）。 イラクの航空自衛隊に撤収命令（11/28）。 国籍法改正。「婚外子」国籍取得要件緩和（12/05）。 「年越し派遣村」開村（12/31）。	道州制ビジョン懇談会中間報告（3/24） 大阪府「大阪府財政再建プログラム試案」公表（4/11）。 地方分権改革推進委員会第 1 次勧告（権限移譲と自由度の拡大など）（5/30）。 総務省・定住自立圏構想研究会が報告書提出（5/15）。先行実施圏域決定（10/28）。 白老町で通年議会条例施行（6/1）。 地方分権改革推進本部「地方分権改革推進要綱」（6/20）。 山形県公共調達基本条例公布（7/18）。 北海道、道州制特区で指定都市なみの権限を持つ広域中核市創設を提言（7/18）。 自民党道州制推進本部「道州制に関する第 3 次中間報告」（7/29）。 地方分権改革推進委員会「国の出先機関の見直しに関する中間報告」（8/1）。 熊本県知事、川辺川ダム建設中止表明（9/11）。 智頭町、100 人委員会が予算案（10/9）。 京都府 3 町村が広域連合で教育委員会運営、全国初（10/9）。 指定都市市長会、地方分権改革で第 3 次提案提示（10/8）。 全国町村会「『平成の合併』をめぐる実態と評価」発表（10/8）。 全国町村長大会、道州制反対の特別決議（11/26）。 地方分権改革推進委員会第 2 次勧告（義務付け、枠付けの見直し、出先機関改革など）（12/8）。 横浜市「横浜みどり税」条例制定（12/10）。
2009	21	第 2 次補正予算成立、定額給付金を盛り込む（1/27）。 国家公務員制度改革推進本部「工程表」決定（2/3）。 アフリカ・ソマリア沖へ海賊対策に海自護衛艦派遣（3/14）。 **裁判員制度開始**（5/21）。 足利事件再審へ（6/4）。 骨太方針 2009 閣議決定、道州制検討機関の設置などを盛り込む（6/23）。 元外務次官が米軍核兵器持ち込みの日米密約文書の存在認める（6/29）。” 水俣病救済特別措置法成立（7/8）。 衆議院解散（7/21）。総選挙、自民党大敗。民主党 308 議席（8/30）。	全国市長会が第 2 期地方分権改革提言Ⅱを決定（1/26）。 地方制度調査会のヒアリングに対し町村会・町村議長会は「特例町村」に反対（2/6）。 大都市制度構想研究会「日本を牽引する大都市・『都市州』創設による構造改革構想」（2/18）。 阿久根市議会、市長不信任可決（2/6）。市長は市議会を解散（2/10）。出直し選後、市議会で市長不信任案再可決、市長失職（4/17）。 楢葉町、町議会反発で原発放射性廃棄物最終処分場誘致撤回（3/19）。 大阪府、国指定の特例市を上回る権限を移譲する独自の特例市制度創設（4/20）。

西暦	年号	政治・経済・社会	地方自治（制度）・社会運動
2007	19	防衛省発足（1/9）。 宮崎県で鳥インフルエンザ発生（1/23）。 米軍再編協力自治体に「再編交付金」を閣議決定（2/9）。 社会保険庁による年金記録管理の不備が明らかに（2/14）。 クラスター爆弾禁止を目指す「オスロ宣言」採択。日本は署名せず（2/23）。 上海市場から世界同時株安に（3/28）。 「安全保障の法的基盤の再構築に関する懇談会」発足（4/26）。 国民投票法成立（5/14）。 規制改革会議「脱格差と活力をもたらす労働市場へ」公表（5/21）。 米軍再編促進法成立（5/23）。在日米軍再編の協力度合いに応じて補助金を配分。 教育再生会議第2次報告、徳育の教科化、国立大学再編統合など（6/1）。 骨太方針2007決定（6/19）。 参院選。民主党参院第一党に（7/29） 新潟県中越沖地震（7/16）。 厚労省、ネットカフェ実態調査（8/28）。 安倍改造内閣発足（8/27）。安倍首相、国会代表質問当日に突然辞任表明（9/12）。 **郵政民営化スタート**（10/1）。 中教審学習指導要領改定案「ゆとり教育」見直しへ（10/30）。 被災者生活再建支援法改正成立（11/9）。 違法派遣実施のグッドウィルに事業停止命令（12/22）。 教育再生会議第3次報告、学校統廃合支援、学校間競争制度施行などを提言（11/25）。	東洋町、高レベル放射性廃棄物最終処分事業調査への応募めぐり臨時議会で反対請願可決、町長の辞職勧告決議可決（2/9）。 夕張市議会、財政再建計画案を承認（2/28）。 名古屋市「道州制を見据えた『新たな大都市制度』に関する調査研究報告書」（3/1）。 日本経団連「道州制の導入に向けた第1次提言」（3/28）。 地方分権改革推進委員会発足（4/2）。 全国学力テスト。犬山市は不参加（4/24）。 地方分権改革推進本部設置（5/29）。 地方分権改革推進委員会「地方分権改革推進にあたっての基本的な考え方」（5/30）。 「首長の多選問題に関する調査研究会報告書」（5/30）。 愛南町全住民の住民基本台帳コード、インターネットへの流出が発覚（5/14）。 自民党道州制調査会「道州制に関する第2次中間報告」（6/14）。 **地方公共団体の財政の健全化に関する法律成立**（6/15）。 第29次地方制度調査会発足（7/3）。 全国知事会が第二期分権改革へ提言（7/13）。 沖縄県で、軍による「集団自決強制」の記述が教科書検定で削除されたことを批判する県民大会（9/29）。 「神奈川県知事の在任の期数に関する条例」成立（10/12）。 大阪市、区役所の税務部門統合し専門組織「市税事務所」設置。全国初（10/9）。 地域活性化統合本部「地方再生戦略」（11/30）。 「限界集落」全国連絡協議会発足（11/30）。 総務省、地方財政健全化法に基づく「健全化団体」「再生団体」の基準決定（12/7）。 総務省、公立病院改革ガイドライン（12/24）。 四街道市で文化施設の建設をめぐる住民投票実施、反対多数（12/9）。 与党税制協議会税制改正大綱「ふるさと納税制度」「地方特別法人税」導入（12/13）。 矢祭町、議員報酬日当制条例制定（12/28）。
2008	20	京都議定書の約束期間スタート（1/1）。 新テロ対策特別措置法衆議院再可決（1/11）。 公務員制度改革懇談会答申、内閣人事庁創設など（1/31）。 海上自衛隊イージス艦と漁船衝突（2/19）。 日銀総裁人事で参議院不同意（3/19）。	全国知事会、国の出先機関見直しで8割の組織5万人以上の職員移譲を提言（2/8）。 指定都市市長会が第2期分権改革に向けて第2次提言を提出（2/26）。 宮崎市、地域コミュニティ税実施決定（3/14）。

西暦	年号	政治・経済・社会	地方自治（制度）・社会運動
2005	17		の検討について（中間報告）」(10/27)。 三位一体会改革で国の生活保護費負担率引き下げに反発し、各市一斉に生活保護統計月報の報告を停止決定（11/25)。 三位一体改革に関する政府・与党合意（11/30)。 **第28次地方制度調査会「地方の自主性、自律性の拡大及び地方議会のあり方に関する答申」**(12/9)。 矢祭町、自治基本条例制定、「法令による命令以外、市町村合併しない」を明記（12/22)。 市川市納税者等が選択する市民活動団体への支援に関する条例制定（12/20)。
2006	18	ライブドアショックで東証全株式売場取引停止（1/18)。 防衛施設庁で官製談合発覚（1/30)。 石綿健康被害救済法成立（2/3)。 日本経団連「義務教育改革についての提言」発表（4/18)。 日米安全保障協議委員会、在日米軍再編で最終合意（5/1)。在日米軍再編に関する基本方針を閣議決定（5/31)。 簡素で効率的な政府を実現するための行政改革の推進に関する法律成立（5/26)。 **競争の導入による公共サービスの改革に関する法律（公共サービス改革法）成立**（5/27) イラクの陸上自衛隊に撤退命令（6/20)。 郵政公社郵便局再編計画（6/28)。 骨太方針2006閣議決定（7/7)。 陸上自衛隊イラク撤収完了（7/17)。 規制改革・民間開放推進会議、中間報告公表（7/31)。 人事院勧告、比較対象の民間企業を50人以下に引き下げ、ベアゼロ（8/8)。 第165国会開会。安倍内閣発足（9/26)。 教育再生会議が初会合（10/19)。 米中間選挙で与党・共和党が大敗（12/7)。 教育基本法改正（12/15)。 規制改革会議最終答申（12/25)。	指定都市市長会「道州制を見据えた新たな大都市制度の在り方についての提言」(2/1)。 **第28回地方制度調査会「道州制のあり方に関する答申」**権限移譲内容と区割り案（2/28)。 岩国市で岩国基地への空母艦載機移転案の受け入れ是非をめぐる住民投票（3/12)。 平成合併後の自治体数1820に。 米軍普天間基地移転で名護市への移転について市が合意。沖縄県知事反対（4/7)。 **地方自治法改正**。「副知事・副市長制」、中核市の面積要件緩和など（5/31)。 栗山町、議会基本条例制定（5/18)。 北九州市で、生活保護申請拒絶で餓死者（5/23)。 全国知事会道州制特別委員会「分権型社会における広域自治体のあり方案」を議論。 地方六団体「地方分権の推進に関する意見書」を国会と内閣に提出（6/7)。 夕張市「財政再建団体」移行を正式表明。 嘉田由紀子滋賀県知事は新幹線新駅建設について協定破棄表明（7/20)。 **21世紀ビジョン懇談会報告書**「新型交付税」導入求める（7/3)。 総務省「地方行革指針」(9/3)。 「自治・自立のための信州地域づくりフォーラム」(10/28)。 新地方分権構想検討委員会、分権型社会のビジョン（最終報告）公表（11/30) **地方分権改革推進法成立**（12/8)。 「新しい地方財政再生制度研究会報告書」公表（12/8)。
2007	19	経団連消費税10%提言（1/1)。	道州制ビジョン懇談会発足（1/26)。

西暦	年号	政治・経済・社会	地方自治（制度）・社会運動
2004	16	9/17 施行。 経済財政諮問会議が「骨太の方針 2004」(6/3)。6/4 閣議決定。 少子化社会対策大綱（6/4）。 IT 戦略本部「e－Japan 重点計画－2004」(6/15)。 国民保護法（武力攻撃事態等における国民の保護のための措置に関する法律）成立（6/14）。 新潟県中越地震。M6.8 死者 46、負傷者約 3000、避難者は一時 10 万人に（10/23）。 アメリカ大統領選、ブッシュ氏再選（11/2）。 新防衛計画大綱閣議決定（12/10）。 国民の保護に関する基本指針要旨発表（12/14）。 インド洋大津波で、死者・行方不明者約 30 万人（12/23）。	子力発電所から出る使用済み核燃料の中間貯蔵施設誘致断念を決定（6/11）。 有明海・不知火海フォーラムで、諫早湾干拓見直し求めるアピール採択（8/2）。 諫早湾干拓工事差し止め仮処分決定（8/26）。 全国市民オンブズマン第 11 回全国大会、警察裏金問題を中心テーマに北海道で開催（8/28·29）。 8/13 に起きた「沖縄国際大学への米軍ヘリ墜落事故に抗議し、普天間飛行場早期返還を求める宜野湾市民大会」が開かれる（9/5）。 **政府・与党「三位一体改革の全体像」合意決定**（11/26）。
2005	17	京都議定書発効（2/16）。 JR 福知山線脱線事故（4/25）。 骨太方針 2005 閣議決定（6/21）。 介護保険法改正、地域包括支援センター設置などが盛り込まれる（6/22）。 知床、世界自然遺産に（7/14）。 衆議院で郵政民営化法案可決（7/5）。8 月に参議院で否決。 衆議院本会議「戦後 60 年決議」採択（8/2）。 小泉首相終戦 60 年談話閣議決定（8/15）。 総選挙で自民党圧勝、自民・公明の与党で 326 議席（9/11）。 国土交通省、川辺川ダム建設計画で強制収用裁決申請を取り下げ（9/15）。 第 163 国会開会、第 3 次小泉内閣発足（9/21）。 自民党、改憲第 2 次案発表（10/12）。 障害者自立支援法成立（1014）。 米軍普天間基地の移転先として、名護市内のキャンプシュワブとその沖埋め立て案を日本政府受諾（10/26）。 **自民党「新憲法草案」決定**（11/22）。 米大統領、イラクの大量破壊兵器について誤情報で開戦したことを認める（12/14）。	島根県議会「竹島の日」条例制定（3/16）。 総務省「新地方行革指針―新しい公共空間の形成を目指して」発表（3/29）。 **総務省「地方公共団体における行政改革の推進のための新たな指針」「集中改革プラン」作成・実施を要請**（3/29）。 **市町村合併の特例等に関する法律施行**（4/1）。 総務省「分権型社会における自治体経営の刷新戦略研究会」最終報告書発表（4/15）。 全国知事会「憲法問題特別委員会」設置（5/24）。 第 28 次地方制度調査会、道州制区割り案発表（5/29）。 全国市長会「分権時代の都市自治体のあり方について」（6/6）。 大田原市、中学校教科書に「つくる会」教科書を採択（7/13）。 東京都議会選挙。民主党議席増（7/3）。 地方六団体「三位一体改革」で国庫補助負担金 9973 億円削減案を提出（7/20）。 自民党道州制調査会「道州制に関する中間報告」（7/28）。 九州地区自立町村ネットワーク設立（8/26）。 地方六団体「地方分権改革の推進を求める共同声明」（9/11）。 「日本で最も美しい村」連合設立（10/4）。 福井県アスベストによる健康被害の防止に関する条例制定（10/17）。 副大臣道州制プロジェクトチーム「道州制

西暦	年号	政治・経済・社会	地方自治（制度）・社会運動
2003	15	次世代育成支援対策推進法公布（7/16）。 総合規制改革会議「規制改革推進のためのアクションプラン・12の重点検討事項に関する答申」（7/15）。 IT 戦略本部「e－Japan 戦略Ⅱ」（7/2）。 イラク特措法、与党3党の採決強行で成立（7/26）。12/9、派兵の基本計画決定。 北朝鮮の核兵器開発をめぐる6ヵ国協議、北京で開催（8/27～29）。 北海道十勝沖地震発生、M8.0（9/26）。 政府、事業分野別長期計画を一本化した「社会資本整備重点計画」決定（10/10）。 第43回総選挙で、民主党躍進（11/9）。11/29 第2次小泉内閣。 総合規制改革会議「規制改革の推進に関する第3次答申」（12/22）。 社会資本整備審議会「都市再生ビジョン」を答申（12/24）。	北陸・中部・関西の3電力会社、珠洲原発計画凍結（12/5）。 巻原子力発電所建設予定地の町有地を町長が反対派住民に売却したことの是非を問う住民訴訟で、最高裁は、推進派住民の上告を退け、「売却は適法」との決定を出す（12/18）。 総務省・公務員制度調査研究会報告書「分権新時代の地方公務員制度－任用・勤務形態の多様化」（12/25）。
2004	16	インド・ムンバイで第4回世界社会フォーラム（WSF）、アメリカ主導に代わる世界秩序求め10万人がデモ（1/16～21）。 陸上自衛隊第1陣90人が、新千歳空港からイラクへ派兵（2/3）。 北京で第2回6ヵ国協議（2/28）。 総合規制改革会議「規制改革で豊かな社会を　2004年版」（3月）。 **「規制改革・民間開放推進3か年計画」閣議決定。**（3/19） 国立大学独立行政法人化実施（4/1）。 規制改革・民間開放推進会議発足（4/1）。 改正食糧法施行。コメの生産調整の主体を農業者・農民団体へ移行（4/1）。 日本経団連「多様化する雇用・就労形態における人材活性化と人事・賃金管理」（5/18）。 農業改革基本構想で「プロ農家」へ支援集中、株式会社の農業参入など（5/24）。 国土審議会調査改革部会、21世紀の国土づくりへ報告書「国土の総合的点検」（5/14）。 規制改革・民間開放推進本部決定「規制改革・民間開放推進のための基本方針」（5/25）。 地域再生本部決定「今後の地域再生の推進にあたっての方向と戦略」（5/27）。 有事関連7法と3協定・条約可決成立（6/14）。特定公共施設利用法・国民保護法は	全国知事会第7次自治制度研究会報告書『地方自治の保障のグランドデザイン』（3/29）。 総務省「分権型社会に対応した地方行政組織運営の刷新に関する研究会」が中間論点整理（3月）。 秋田県の国際教養大学が日本初の地方独立行政法人として開設（4/1）。 警視庁がNBC（核、生物、化学）兵器によるテロに対処する訓練を実施（4/26）。 地方分権改革推進会議「地方公共団体の行財政改革の推進等行政体制の整備についての意見」（5/12）。 21世紀臨調、市長村長連合会議、提言・実践首長会「地方財政自立改革（三位一体改革）提言〔第3弾〕～分権国家へのリセットを」（5/13）。 **新しい市町村合併推進3法成立**（5/19）。 **地方自治確立対策協議会・地方六団体の地方財政危機突破総決起大会に7600人が参加。「地方財政危機突破に関する緊急決議」**（5/25）。 地方財政審議会「地方税財政制度改革（三位一体の改革）に関する意見」（5/26）。 自民党道州制推進議員連盟「道州制導入基本法案」（5/26）。 **地方分権改革推進会議「三位一体の改革についての意見」**（6/6）。 島根県隠岐・西ノ島町の松本茂樹町長、原

西暦	年号	政治・経済・社会	地方自治（制度）・社会運動
2002	14	「国家安全保障戦略（ブッシュ・ドクトリン）」で先制攻撃を宣言（9/20）。 日朝首脳会談で金正日書記、核開発の「国際合意」の受入れと、2003年以降のテポドンミサイル発射凍結言明（9/17）。 高齢者医療費の定率負担導入（10/1）。 イタリア・フィレンツェで大規模な反戦および反米反イスラエルデモ（11/9）。 総合規制改革会議第2次答申。医療、福祉、教育、農業等の分野への株式会社の全面的導入を主張（12/12）。 厚生労働省「医療保険制度の体系の在り方について」（12/17）。 構造改革特別区域法成立（12/11）。	決。排ガスと健康被害の因果関係を認め、道路管理者の国・公団・都に損害賠償を命じ、公害未認定患者へ賠償も命じる（10/29）。 **地方分権改革推進会議が「事務・事業の在り方に関する意見－自主・自立の地域社会をめざして」**（10/30）。 **第27次地方制度調査会の副会長西尾勝氏が私案。小規模町村の強制合併案**（11/1）。 第27次地方制度調査会、地方財政対策に関する意見（11/29）。 島根県の澄田信義知事、県議会で中海干拓・淡水化事業中止を正式表明（12/2）。
2003	15	日本経団連「活力と魅力溢れる日本をめざして」（1/1）。 総合規制改革会議「規制改革推進のためのアクションプラン」（2/17）。 第13回非同盟諸国首脳会議でクアラルンプール宣言（2/25）。 関西経済連合会「地方の自立と自己責任を確立する関西モデル」提案（2/4）。 長崎県のハウステンボス㈱（第3セクター）倒産。負債約2289億円（2/26）。 米英が国連決議なしでイラクに侵攻。大量破壊兵器開発・所持疑惑を口実（3/20）。 WHOがSARSで警告（3/12）。7/5終息宣言。 中央教育審議会最終答申。「日本人」の自覚と形成へ5つの目標（3/20）。 郵政事業庁が日本郵政公社へ移行。（4/1） サラリーマン医療費3割負担へ（4/1）。 りそな銀行破綻、事実上の国有化（4月）。 ブッシュ米大統領、イラクでの戦闘終結宣言。戦闘は終らず米軍の死者増加（5/1）。 個人情報の保護に関する法律成立（5/23）→2005年4月施行。 健康増進法施行（5/1）。 有事3法（武力攻撃事態法・自衛隊法改正安全保障会議設置法）採択強行（6/6）。 政府税制調査会答申「少子・高齢社会における税制のあり方」（6/17）。 **経済財政諮問会議「骨太の方針2003」。三位一体の改革提起**（6/26）。6/27閣議決定。 都市基盤整備公団、公共賃貸住宅建設から手を引き、都市再生機構に改編（6/20）。→2004年7/1施行。	**長野県栄村で「第1回小さくても輝く自治体フォーラム」。46人の首長を含む600人参加。**（2/22～23）。 **日本武道館で全国町村会と全国町村議長会が「町村自治確立総決起大会」**（2/25）。 全国市長会・政策推進委員会「地方自治の将来像についての提言」（4/15）。 第27次地方制度調査会、地方税財政のあり方についての意見（5/23）。 **市町村合併促進プラン**（片山プラン）（5/8）。 **地方分権改革推進会議「三位一体の改革についての意見」**（6/6）。 公の施設の管理委託（指定管理者制度導入）で地方自治法改正公布（6/13）→9/2施行。 地方独立行政法人法成立（7/16）→翌年4/1施行 東京都議会「東京都安全・安心まちづくり条例」可決（7/9）。全国防犯協会連合会調べで、2002年10/21現在、約1200の区市町村で「生活安全条例（地域安全条例）」など制定。 住基ネットシステム本格稼働、住民基本台帳カード（住基カード）交付始まる（8月）。 長野県「市町村『自律』支援プラン」作成（9月）。 **第27次地方制度調査会最終答申「今後の地方自治制度のあり方に関する答申」。地域自治組織の設置、府県廃止と道州制の検討など**（11/13）。 日本青年会議所「地域主権型社会をめざして―国家構想プラン2003」（11/26）。 政府、各都道府県に「今後5年間における国民保護関連事業の想定」を示す（12/5）。

西暦	年号	政治・経済・社会	地方自治（制度）・社会運動
2001	13	界の倒産では最大規模（9/14）。 米英、アフガニスタンへの侵攻開始（10/8）。 経済対策閣僚会議、改革先行プログラム決定（10/26）。 第1号介護保険料の全額徴収始まる（10/1）。 テロ特措法成立（10/29）→11/2 公布・施行。 ドイツ連邦議会、原子力発電所全廃法案を可決（12/14）。 **総合規制改革会議「規制改革の推進に関する第1次答申**」（12/11）。	施。合併反対6万2382票、賛成4万4700票（7/29）。 名古屋市南部大気汚染公害裁判で、被告企業、国との間で1〜3次訴訟が和解（8/8）。 経済財政諮問会議で、片山総務大臣が「平成14年度に向けての政策推進プラン（片山プラン）」（8/30）。 総務省市町村合併支援本部が「市町村合併支援プラン」策定（8/30）。 総務省、合併運営マニュアル公表（8/6）。 静岡空港建設の是非を問う住民投票条例案が、静岡県議会で自民党の反対多数で否決（9/12）。 堂本千葉県知事、三番瀬埋め立て計画撤回を正式表明（9/26）。 福島県矢祭町議会が「市町村合併をしない矢祭町宣言」決議（10/31）。 公務員制度改革大綱、閣議決定（12/25）。
2002	14	ブッシュ米大統領、一般教書演説で、イラク、イラン、北朝鮮を、大量破壊兵器を開発している「悪の枢軸」と批判（1/29）。 構造改革と経済財政の中期展望」閣議決定（1/25）。 金融機関のペイオフ解禁（4/1）。 第一勧銀・富士・日本興業の3行合併でみずほ銀行発足（4/1）。 都市再生特別措置法公布（4/5）。建築基準法、都市再開発法等関連法改正（7月）。 「全国都市再生のための緊急措置―稚内から沖縄まで」決定（4/8）。 政府首脳が「非核三原則を変更することもあり得る」と発言（5/31）。 経団連と日経連が統合して日本経団連発足（5/28）。 経済財政諮問会議「骨太方針2002」（6/25）。 税制調査会「あるべき税制の構築に向けた基本方針」（6/17）。 総合規制改革会議「中間取りまとめ－経済活性化のために重点的に推進すべき規制改革」。特区制度を提案（7/23）。 「都市再生基本方針」閣議決定（7/19）。 都市再生緊急整備地域第1次指定（7/24）。以後、第4次（2004年4月）まで。 改正健康保険法成立。介護保険モデルの医療への拡大（7月）。 内閣府に構造改革特別区域推進本部設置（7/26）。	総務省「市町村合併の協議の進展を踏まえた今後の取組」（第3次指針）を通知。合併重点地域の複数指定を求める。併せて、片山総務相が全市町村長と全議長へ一刻も早い協議会設置を求める手紙（3/29）。 PHP総合研究所「『地域主権』の確立に向けた7つの挑戦（5/23）。 地方分権改革推進会議「事務事業のあり方に関する中間報告」。幼保一元化など（6/17）。 福島県議会、核燃料に対する課税変更案を可決。価格課税を7%から10%、さらに重量課税の新設で実質16.5%（当面13.5%）に引き上げるもの。東京電力は反発（7/5）。 長野県議会、田中康夫知事不信任可決（7/5）→9/1 知事選で田中知事再選。 東京都、都市再生へ「環境影響評価条例」改正。大幅な規制緩和（7/3）。 福島県矢祭町、8/5から稼働予定の住民基本台帳ネットワークシステムに不参加の意向表明（7/22）。8/1に杉並区も不参加を表明。全国で6自治体が不参加（8/5）。横浜市・中田宏市長、住基ネットへの参加を住民一人一人が選択できる措置表明（8/2）。 分権型社会における地方公務員の任用制度のあり方等に関する検討会「分権型社会にふさわしい地方公務員の多様な任用制度の実現へ向けて」（9月）。 東京大気汚染公害裁判1次訴訟の地裁判

西暦	年号	政治・経済・社会	地方自治（制度）・社会運動
2000	12	公開（7/6）。 雪印乳業集団食中毒事件（6/27）。 先進国首脳会議沖縄サミット開催（7/21～23）。 大蔵省から独立し、金融庁発足（7/1）。 ㈱そごうとグループ21社、東京地裁へ民事再生手続き開始申し立て（7/12）。 米国公文書館で、沖縄返還時の「有事の核持込み密約」が発見される（8/2）。 三宅島雄山最大規模の噴火。9/4までに全島民が避難（8/18）。 東海豪雨水害（9/11）。 鳥取県西部地震（10/6）。 「米国と日本－成熟したパートナーシップに向けた前進（アーミテージ報告）」（10/11）。 IT戦略会議「IT基本戦略」。電子政府実現など4つの重点改革（11/27）。 IT基本法（高度情報通信ネットワーク社会形成基本法）成立（11/29）→翌年1/6施行。 教育改革国民会議最終報告「教育を変える17の提案」（12/22）。	自治省、市町村合併推進室設置（5月）。 むつ小川原開発（第3セクター）倒産、負債1852億円（9/18）。 第26次地方制度調査会「住民自治制度のあり方及び地方税財源の充実確保に関する答申」（10/25）。 長野県知事に田中康夫氏初当選（10/15）。 自民党道州制を実現する会「道州の実現に向けた提言」（11/9）。 **地方分権推進委員会、市町村合併の推進についての意見**（11/28）。 **行政改革大綱、閣議決定。合併後の市町村数の目標1000と明示**（12/1）。 合併特例法の一部改正、市の要件人口3万に（12/6）。 愛知県高浜市、住民投票条例可決（12/20）。 川崎市議会「川崎市子どもの権利に関する条例」可決（12/21）→2001年4/1施行。 東京都「東京構想2000」発表。高速道路網で東京圏を環状型（リング状）に結合させる戦略（12/21）。
2001	13	中央省庁再編で1府12省庁体制スタート。経済財政諮問会議設置、男女共同参画会議設置（1/6）。 「e－Japan戦略」制定（1/22）。 **規制改革推進3ヵ年計画閣議決定**（3/30）。 政府・与党、社会保障改革大綱（3/30）。 小泉純一郎内閣発足（4/26）。 総合規制改革会議設置（4/1）。 都市再生本部発足。「都市再生に取り組む基本的考え方」決定（5/18）。 **経済財政諮問会議「今後の経済財政運営及び経済社会の構造改革に関する基本方針（骨太の方針）」**（6/25）。 都市再生プロジェクト第1次決定（6/14）以後、第7次（2003年11/28）まで。 司法制度改革審議会「最終意見」（6/12）。 第19回参院選、自民党改選過半数（7/29）。 狂牛病の牛が日本でも発見（9/10）。 総合規制改革会議、重点6分野に関する中間とりまとめ（7/24）。 民間都市開発投資促進のための緊急措置、都市再生重点分野決定（8/28）。 「総合雇用対策－雇用の安定確保と新産業創出を目指して」策定（9/20）。 大手スーパー・マイカル倒産。スーパー業	北海道が「道州制　北海道発・分権型社会の展望」（2/9）。 田中長野県知事が「脱ダム宣言」（2/20）。 宮崎のフェニックスリゾート（第3セクター）倒産。負債総額2762億円で第3セクター史上最高。「シーガイア」はリゾート法第1号（2月） **総務省「『市町村の合併の推進についての要綱』を踏まえた今後の取組（第2次指針）」**（3/19）。 北海道・ニセコ町「ニセコ町まちづくり基本条例」施行（4/1）。 東京都、行政評価をスタート（4/1）。 柏崎刈羽原発でのプルサーマル計画実施の賛否を問う住民投票で反対多数（5/27）。 浦和・大宮・与野3市合併で、さいたま市誕生（5/1）。 地方分権推進委員会最終意見。2層の地方公共団体からなる現行制度を改める観点から検討を（6/14）。 行政改革推進本部「公務員制度改革の基本設計」（6/29）。 **地方分権改革推進会議発足**（7/3）。 埼玉県上尾市で、さいたま市との合併についての全国初の条例にもとづく住民投票実

西暦	年号	政治・経済・社会	地方自治（制度）・社会運動
1999	11	/5)。 **PFI 促進法（民間資金等の活用による公共施設等の整備等の促進に関する法律）公布**（7/30）→**9/24 施行**。 農業基本法を廃し、食料・農業・農村基本法を公布・施行（7/16）。 国旗及び国歌に関する法律（国旗国歌法）公布（8/13）。 通信傍受法（盗聴法）など組織犯罪対策3法成立（8/12）。 苫小牧東部開発（第3セクター）倒産。負債総額1423億円（9月）。 茨城県東海村の核燃料加工会社JOC東海事業所で臨界事故。多量の放射線により作業員2人死亡（9/30）。 小渕恵三首相と小沢一郎自由党党首と神崎武法公明党代表、連立政権発足の合意書に署名（10/4）。 規制改革委員会第2次見解（12/14）。 国会等移転審議会答申（12/20）。 政府、沖縄県の普天間米軍基地移転候補地に名護市辺野古地先決定（12/28）。	20）。 関西連携協議会設立（6/9）。 徳島市議会、住民投票条例可決。国の河川事業対象の初の条例。実施時期は「議会が別の条例で」（6/21）。 **中央省庁改革関連法と、地方分権一括法、参議院本会議で可決成立**（7/8）。 地方分権一括法を受けて自治省に市町村合併推進本部（7/12）。 高知県が2000年度当初予算から、県税の0.3%分の使途に限り県民参加で。今回は1億7400万円（7/1）。 第2次厚木基地騒音公害訴訟で、東京高裁は住民134人に総額1億7000万円を支払うよう国に命じる判決（7/23）。原告、国ともに上告せず8/7判決確定。 **自治省「市町村合併の推進についての指針」通達**。都道府県は、人口規模に着目した合併推進要綱を策定することを求める（8/6）。 改正住民基本台帳法制定。住民基本台帳ネットワーク盛りこむ（8月）→施行2002年8/5。 宮城県、仙台市民オンブズマンの請求に対して、1998年度の県警本部総務課の支出関連文書を部分公開（8/11）。 大阪府箕面市の「遺族会補助金訴訟」上告審で、最高裁、補助金支出は合憲判断。（10/21） 自治省の発表で、自治体の汚職が1990年代で最悪。1998年に発覚が127件、部門別では土木・建築が27件で最高（12/28）。
2000	12	コンピュータ2000年問題（1月）。 衆参両院に憲法調査会設置（1/20）。 中部電力、三重県の芦浜原子力発電所計画を断念（2/22）。 定期借家制度スタート（3/1）。 年金改正法成立。支給開始年齢引上げ、水準の見直しなど（3/28公布・施行）。 「食料・農業・農村基本計画」策定（3/24）。 自民・公明で森喜朗内閣発足（4/5）。 介護保険制度スタート（4/1）。 過疎地域自立促進特別措置法施行（4/1）。 社会福祉法（社会福祉事業法等の一部を改正する法律）成立（5/29）。 循環型社会形成推進基本法（廃棄物・リサイクル法）公布・施行（6/2）。 規制改革委員会「規制改革に関する論点」	徳島市で、吉野川可動堰建設の是非を問う住民投票。反対10万2759（91.6%）、賛成9367、投票率55%と規定の50%を上回る。国の大型公共事業に対する全国初の住民投票（1/23）。 尼崎公害訴訟で神戸地裁判決。国と阪神高速道路公団の責任を認め、2億1000万円の支払いと自動車排ガス規制を求める（控訴審で12月和解）（1/31）。 自治省「地方公共団体の総合的な財政分析に関する調査研究会報告書」。バランスシート作成を（3月）。 **地方分権一括法施行**。中核市要件見直し、特例市制度創設（4/1）。 地方自治経営学会「地方行革への手引き－公立と民間とのサービス比較」（4月）。

西暦	年号	政治・経済・社会	地方自治（制度）・社会運動
1998	10	金融監督庁発足。大蔵省より分離独立（6/22）。 第18回参議院選挙。自民惨敗、民主・共産躍進。自民45、民主27、共産15、公明9、自由6、社民5、無所属19（7/12）。 小渕恵三内閣発足（7/30）。 北朝鮮、初の大型ミサイル発射実験。三陸沖へ落下（8/31）。 大阪・泉佐野コスモポリス（第3セクター）倒産。負債額607億円（10/23）。 日本長期信用銀行経営破綻、一時国有化、2000年6/5、新生銀行として発足（10/23）。 地球温暖化対策推進法公布（10/9）→翌年4月施行。 金融再生関連4法（10/12）及び金融機能早期健全化法（10/16）成立。 小渕総理が我が国総理として25年ぶりにロシアを公式訪問。エリツィン大統領と「モスクワ宣言」に署名（11/13）。 稲嶺恵一氏が現職大田昌秀氏を破り沖縄県知事に（11/15）。 金融再生委員会発足（12/15）。	への補助金は違法として、下関市の前市長に賠償を命じる判決（6/9）。 大阪の西淀川公害訴訟で、第1次提訴以来20年ぶりに和解。国と公団が交通量削減など環境対策を約束、患者側は一審判決が認めた6600万円の賠償金を放棄。全国の大気汚染訴訟で国が和解に応じたのは初めて（7/29）。 福岡市議会、市長と市議を対象とする2つの政治倫理条例案を可決し、政令指定都市では初めて資産公開の対象を配偶者や扶養の親族まで広げた（8/1）。 自動車排ガスの二酸化窒素と浮遊粒子状物質（SPM）による健康被害を訴えた川崎公害訴訟で、横浜地裁川崎支部は国の責任を認定、原告住民48人に計1億4911万円を支払うよう国と首都高速道路公団に命じた（8/5）。 神戸空港建設の是非を問う住民投票条例の直接請求、神戸市有権者の4分の1を上回る35万2000の署名（市議会否決）（8/21～9/30）。 地方分権推進委員会第5次勧告、公共事業のあり方見直し（11/19）。
1999	11	欧州に通貨ユーロ誕生（1/1）。 小渕恵三首相、内閣を改造し自民、自由両党の連立政権発足（1/14）。 経済戦略会議答申「日本経済再生への戦略」（2/26）。 地域振興券発行（3月）。 規制緩和委員会、規制改革委員会へ名称変更（4/6）。 女子の時間外・休日・深夜労働保護規定撤廃（4/1）。 小渕恵三首相とクリントン米大統領、ワシントンで日米首脳会談（5/3）。 情報公開法（行政機関の保有する情報の公開に関する法律）公布（5/14）。 周辺事態法ほか新ガイドライン関連法、強行採決、成立（5/24）→8/25施行。 産業構造転換・雇用対策本部が緊急雇用対策・産業競争力強化対策を決定（6/11）。 日産自動車のCOO（最高執行責任者）にカルロス・ゴーン氏（6月）。 山一証券自己破産。負債5100億円（6/2）。 経済審議会「経済社会のあるべき姿と経済新生の政策方針」（新10ヵ年計画答申）（7	新潟市の万代島再開発で、平山知事を相手取り、住民164名が住民訴訟を提訴（1/12）。 名古屋市、藤前干潟ごみ処分場計画を断念（1/25）。 地方議員の法定制廃止。人口区分別に上限数を設定し範囲内で各自治体が定める（2/9）。 「尼崎公害訴訟」、神戸地裁で、被告企業側が原告側に解決金24億2000万円を支払うことなどで和解（2/17）。 第2次地方分権推進計画閣議決定（3/26）。 ガイドライン関連法案に反対したり、慎重審議を求める意見書などが少なくとも177の地方議会で可決、採択（4/13）。 石原慎太郎氏、東京都知事に当選（4/11）。 東京・国立市で東京初の女性市長に、市民運動家の上原公子氏（4/25）。 自治省・公務員制度調査研究会報告「地方自治・新時代の地方公務員制度―地方公務員制度改革の方向」（4/27）。 川崎公害訴訟（1～4次）の控訴審で和解が成立。提訴から17年ぶり（5/20）。 自治省「第3セクターに関する指針」（5/

西暦	年号	政治・経済・社会	地方自治（制度）・社会運動
1997	9	臓器移植法成立（6/17）。 第 23 回先進国首脳会議（デンバー・サミット）開催（6/21～22）。 香港が中国に返還（7/1）。 バーツが暴落してタイが通貨危機。以後、国際金融不安へ（7 月）。 第 2 次橋本改造内閣発足（9/11）。 新たな「日米防衛協力のための指針」（新ガイドライン）調印（9/23）。 北朝鮮、金正日総書記に（10/8）。 三洋証券、北海道拓殖銀行経営破綻（11/17）。山一証券、自主廃業決定（11/24）。 財政構造改革法（財革法）が成立（11/28）。 気候変動枠組条約第 3 回締約国会議京都会議（COP3）、京都議定書で温室効果ガス削減目標などの大枠決定（12/1～11）。 東京湾横断道路アクアライン開通（12/18）。 行政改革会議が最終報告。内閣機能強化、独立行政法人化など中央省庁の改革・再編案（12/3）。 介護保険法成立（12/9）。 行政改革委員会最終意見（12/12）。 新進党が 6 つに分裂（12/31）。	（7/8）。 国内最大規模の約 50 万トンの産業廃棄物が不法投棄された香川県・豊島産廃問題で、住民大会開催（7/18）。 建設省、中止するダム事業に投入した国の補助金返還を地元自治体に求めない方針（8/18）。 地方分権推進委員会第 3 次勧告。駐留軍用地に関わる事務の事務区分見直しなど（9/2）。 沖縄県名護市議会、米軍普天間飛行場建設に伴う代替海上ヘリポート建設の是非を問う市民投票条例案を、一部修正し可決（10/2）。 **地方分権推進委員会第 4 次勧告。国と地方の係争処理手続き、国の関与の見直しなど**（10/9）。 宮崎県小林市の処理場建設をめぐる市民投票で、産廃反対が約 58%（11/16）。 横浜市の職業病裁判判決で最高裁、保母の頸肩腕障害を初めて職業病と認定（11/28）。 米軍普天間飛行場返還に伴う海上航空基地（ヘリポート）建設の是非を問う沖縄県名護市の市民投票で、反対票が 52.9%（投票率 82.45%）（12/21）。12/24、比嘉鉄也市長、海上基地受け入れと辞職を表明。 **機関委任事務制度の廃止後における地方公共団体の事務のあり方等についての大綱**（12/24）。
1998	10	長野冬季五輪開催（2/7～22）。 金融安定化 2 法が成立（2/16）。 「21 世紀の国土のグランドデザイン（五全総）」閣議決定（3/31）。 規制緩和推進 3 ヵ年計画閣議決定（3/31）。 特定非営利活動促進法（NPO 法）成立（3/19）→同年 12/1 施行。 野党 4 党合流し、新しい民主党、東京都内で統一大会を開催（4/27）。 第 24 回主要国首脳会議（バーミンガム・サミット）、イギリスで開幕（5/15）。 「大規模小売店舗立地法」（6/1 施行）と中心市街地活性化法（7/24 施行）、改正都市計画法が成立。大規模小売店舗法（大店法）は廃止へ（5/27）。 自民・社会・さきがけ連立解消。（6/1） 金融システム改革法成立（6/5）。 中央省庁等改革基本法成立（6/9）。	道府県制度研究会報告「地方分権と都道府県議会について」（1/22）。 全国市議会議長会都市問題研究会報告「地方分権と市議会の活性化」（2 月）。 大田昌秀沖縄県知事、名護市沖への海上航空基地（ヘリポート）の建設反対を正式に表明（2/6）。 高知県、知事交際費を全面公開（4/10）。 **第 25 次地方制度調査会「市町村の合併に関する答申」**（4/24）。 沖縄の米軍嘉手納基地周辺住民が夜間飛行差し止めなどを国に求めた訴訟で、福岡高裁那覇支部は損害賠償対象を拡大し総額 13 億 7300 万円を支払うよう国に命じる。原告・国とも上告せず（5/22）。 **地方分権推進計画閣議決定。機関委任事務を全廃、自治事務と法定受託事務に**（5/29）。 山口地裁、日韓高速船㈱（第 3 セクター）

西暦	年号	政治・経済・社会	地方自治（制度）・社会運動
1996	8	(10/20)。 財政制度審議会「財政構造改革特別部会海外調査報告」(10月)。 国連食糧農業機関（FAO）による世界食糧サミット（ローマ）(11/13—17)。 第2次橋本龍太郎内閣発足、社・さ閣外協力へ (11/7)。 特養老人ホーム建設をめぐる埼玉県の「彩福祉グループ」疑惑で、岡光序治厚生事務次官が辞任 (11/19)。 経団連「財政民主主義の確立と納税に値する国家を目指して—財政構造改革に向けた提言」(12/10)。 財政制度審議会「財政構造改革特別部会最終報告」(12/12)。 行政改革委員会第2次意見。同官民活動分担小委員会「行政関与の在り方に関する考え方・基準」(12/16)。 「経済構造の変革と創造のためのプログラム」閣議決定 (12/17)。 「行政改革プログラム」閣議決定 (12/25)。	東京・狛江市で共産党員市長矢野裕氏当選 (7/7)。 PHP総合研究所「日本再編計画—無税国家への道」で州府（12州257府）など提案 (6/11)。 **新潟県巻町で、東北電力・巻原子力発電所建設の賛否を問う全国初の住民投票実施。反対が60.86%、計画は事実上凍結に** (8/4)。 東京都知事の食料費に関する公文書の非公開決定の取り消しを求めた行政訴訟で、東京地裁は、全面公開を命じる判決 (8/29)。 東京・足立区長選挙で、吉田万三氏当選（共産・新社会推薦）(9/8)。 沖縄県民投票で、米軍基地整理・日米地位協定見直しが賛成89.06% (9/8)。 **大阪・西淀川大気汚染公害訴訟の和解金の一部で、財団法人公害地域再生センター（愛称「あおぞら財団」）発足** (9/11)。 三重県「『さわやか運動』推進大綱」。事務事業評価システムを導入 (10月)。 地方分権推進委員会第1次勧告。機関委任事務の廃止を求め、規制緩和と地方分権は車の両輪と委員長談話 (12/20)。 川崎大気汚染公害訴訟（1〜4次）で、住民と企業側が和解 (12/25)。
1997	9	橋本首相、新年記者会見で行政改革、財政構造改革、金融システム改革、社会保障構造改革、経済構造改革に教育改革を追加した「6つの改革」を一体的に断行と施政方針演説 (1/20)。 ロシア船籍タンカー「ナホトカ号」島根県沖で沈没 (1/2)、日本海沿岸に重油漂着。 政府、新総合土地政策推進要綱決定。地価抑制から土地の有効利用へ (2/10)。 消費税率3%から5%へ引き上げ (4/1)。 健康保険本人2割負担実施 (4/1)。 容器包装リサイクル法施行 (4/1)。 在沖縄アメリカ海兵隊の実弾砲撃演習移転先の大分県日出生台と静岡県東富士両演習場の関係自治体や地権者、受入れ容認。本土移転問題事実上決着 (4/22)。 密集市街地整備法制定 (5/9)→11月施行。 経済構造の改革と創造のための行動計画閣議決定 (5/16)。 環境影響評価（アセスメント）法成立 (6/9)。 雇用機会均等法改正、労働基本法の女子保護規定を撤廃など成立 (6/11)。	全国市民オンブズマンが第1回情報公開度ランキング発表。1位宮城、最下位山形 (2/3)。 第25次地方制度調査会、外部監査制度導入など監査制度改革に関する答申 (2/24)。 第4回地方自治研究集会（大阪）で「地方自治憲章（案）」発表 (3/1)。 北海道平取町の二風谷ダム建設をめぐる行政訴訟で、札幌地裁はアイヌが先住民族であることを司法の場で初めて認めた (3/27)。 愛媛玉串料訴訟で、最高裁大法廷が「公費支出は憲法違反」として白石春樹前愛媛県知事に賠償を命じる判決 (4/2)。 諫早湾干拓事業で水門締め切り強行。有明海の水質悪化へ (4/14)。 改正児童福祉法成立。保育所の「措置」をはずす (6/3)→1998年4月施行。 全国初の産業廃棄物処分場建設の賛否を問う岐阜県御嵩町の住民投票。反対が有権者全体の69.7% (6/22)。 地方分権推進委員会第2次勧告。国の関与の手続きルール創設、市町村合併推進など

西暦	年号	政治・経済・社会	地方自治（制度）・社会運動
1995	7	新食糧法施行（11/1）。 ウインドウズ 95 発売（11/23）。 「防衛計画の大綱」成立（11/23）。 敦賀市の高速増殖原型炉「もんじゅ」で、冷却用液体ナトリウム漏れ事故（12/8）。 「構造改革のための経済社会計画―活力ある経済・安心あるくらし」閣議決定（12/1）。 財政制度審議会「財政の基本問題に関する報告」（12/12）。 東京電力思想差別裁判で、損害補償を命じる判決（12/12）。12/25、1 都 5 県すべての原告について和解成立。 首都移転調査会最終報告（12/13）。 行政改革委員会「規制緩和の推進に関する意見（第 1 次）」（12/14）。 総理府障害者対策推進本部「障害者プラン・ノーマライゼーション 7 ヵ年戦略」策定（12/18）。	（一審敗訴）で福岡高裁、「水不足は給水拒否の正当な理由にあたる」と逆転勝訴判決（7/19）。 第 2 回全国市民オンブズマン大会で「官官接待」の実態明るみに（7/29～30）。 兵庫県「阪神淡路大震災復興計画（ひょうごフェニックス計画）」発表（8/4）。 大田昌秀沖縄県知事、米軍基地強制使用の土地調査への代理署名拒否を表明（9/28）。 米兵による少女暴行に抗議して沖縄県民総決起大会（8 万 5000 人）（10/21）。 水俣病救済問題訴訟原告団、和解案を受け入れ事実上決着（10 月）。 福岡・行橋市議会、直接請求による政治倫理条例改正案を可決（10/30）。 「第 1 次厚木基地騒音公害訴訟」差し戻し後の控訴審判決で東京高裁は、被害が受任限度を超えることを認定、違法性を指摘し国に総額約 1 億 600 万円の支払い命令（12/26）。
1996	8	経団連ビジョン「魅力ある日本」。（1/16） 村山首相退陣表明（1/5）、第 1 次橋本龍太郎内閣発足（1/11）。 薬害エイズ問題で菅厚生相が謝罪（[illegible]）。 住専問題で国会が空転（3/4）。 クリントン米大統領来日。「日米安全保障共同宣言」（4/17）。 日米特別行動委員会で、沖縄の普天間基地返還合意。代替地提供条件に 6～7 年以内返還（4/12）。 住専処理法等金融 6 法成立（6/18）。 公的介護保険制度について、老人保健福祉審議会が大綱を厚生省に答申（6/10）。 消費税 5% を閣議決定（6/25）。 大阪・堺市で病原性大腸菌 O―157 集団食中毒（7/23）。 財政制度審議会「財政の構造改革を考える―明るい未来を子供たちに（財政構造改革白書）」発表（7/10）。 薬害エイズ問題で、安部英帝京大学前副学長（8/29）、ミドリ十字幹部ら逮捕。 国連総会、包括的核実験禁止条約（CTBT）採択（9/10）。 民主党結党大会（9/28）。 初の小選挙区比例代表並立制による第 41 回総選挙。自民 239、新進 156、民主 52、共産 26、社民 15、さきがけ 2、無所属 10	非核宣言を行った自治体が、フランス核実験や「戦後 50 年」の影響で 1995 年に急増し 2050 自治体に（原水協調べ）（1/3）。 倉敷市のチボリ公園管理運営の第 3 セクター会社チボリ・ジャパン社への県職員派遣について、岡山地裁が違法と判決（2/27）。 地方分権推進委員会「中間報告－分権型社会の創造」（3/29）。 自治省行政局長の私的諮問機関「住民記録システムのネットワークの構築などに関する研究会」、住民基本台帳番号制度を提言（3/28）。 第 12 次公務能率研究部会「TQC 発想による創造的行政運営について―TQC の発想・手法を応用した行政運営マニュアル」（3 月）。 東京 HIV 訴訟が和解（3/29）。 米軍横田基地周辺住民ら約 3100 人でつくる「新横田基地公害訴訟団」、米国政府と日本政府を相手取り、夜間・早朝飛行の差し止めと、騒音の損害賠償を求めて提訴。基地騒音訴訟で米国政府を被告としたのは初めて（4/10）。 市民が岸昌・元大阪府知事に交際費の情報公開を求めた訴訟の差戻し控訴審で、大阪高裁は 39 件を全面公開、36 件を氏名を除いて部分公開するよう命じる判決（6/25）。

西暦	年号	政治・経済・社会	地方自治（制度）・社会運動
1994	6	れ問題で辞任表明（4/8）。 社会党ぬきの「改新」結成で社会党連立政権離脱（4/25）。4/28 羽田孜内閣スタート。 ニューヨーク外国為替市場で 1ドル＝99 円 85 銭。戦後初の 100 円割れ（6/22）。 羽田内閣総辞職（6/25）。自民・社会・さきがけで村山富市内閣発足（6/30）。 閣議決定「今後における規制緩和の推進について」（7/5）。 北朝鮮の金日成主席（82 歳）死去（7/8）。 水不足探刻化（8 月）。 関西国際空港が開港（9/4）。 税制改革関連 4 法案成立、消費税は 1997 年 4 月から 5% に引上げ（11/25）。 新生、公明、日本新、民社などで新進党結成（12/10）。 厚生省「高齢者介護・自立支援システム研究会」、社会保険方式による介護保険導入を提言（12/13）。 環境基本計画閣議決定（12/16）。 行政改革委員会発足（12/19）。閣議決定「当面の行政改革の推進方策について」（12/25）。	地域保健法公布（7/1）→12/12 施行。 地方自治法の一部を改正する法律公布（中核市・広域連合）（6/29）。 ［地方六団体］地方分権推進委員会＆地方自治確立対策協議会「地方分権推進委員会勧告―新時代の地方自治」（9/16）。 自治省「地方公共団体における行政改革推進のための指針について」（10/7）。 逗子市の池子弾薬庫跡地めぐり国、県、市が和解合意文書調印。沢光代市長辞任（11/17）。市長選で住宅容認派平井義男氏当選（12/25）。 **第 24 次地方制度調査会「地方分権の推進に関する答申」「市町村の自主的な合併の推進に関する答申」**（11/22）。 愛知県西尾市の中学 2 年大河内清輝君がいじめを苦に自殺（11/27）。 「今後の子育て支援のための施策の基本的方向について（エンゼルプラン）」4 省合意（12/16）。 **閣議決定「地方分権の推進に関する大綱方針」**（12/25）。
1995	7	阪神・淡路大震災（1/17）。死者約 6300 人、建物全壊 10 万棟。家屋の全壊 9 万 2887 棟、半壊 9 万 9829 棟（4/29 兵庫県発表）。 最高裁、在日韓国・朝鮮人ら定住外国人への地方政治参政権付与合憲の判決（2/28）。 地下鉄サリン事件（3/20、死者 11 人、負傷者 5500 人）。 規制緩和推進五ヵ年計画（3/31）。 経済同友会「学校から『合校』へ」（4 月）。 **東京に青島幸男、大阪に横山ノック知事が誕生、“無党派層”への注目**（4/9）。 「容器包装に係る分別収集及び再商品化の促進等に関する法律」公布（6/16）。 製造物責任法（PL 法）施行（7/1）。 社会保障制度審議会勧告（公的介護保険の導入）（7/4）。 第 17 回参院通常選挙。与党敗退（自民 49、社会 16、さきがけ 3）、野党躍進（新進 40、共産 8、無所属他 10）（7/23）。 コスモ信用組合（7/31）。木津信用組合（大阪）（8/30）経営破綻、業務停止に。 住専主要 8 社の回収不能不良債権が 6 兆 3000 億円に上ることが判明（6 月）。12 月、その処理に政府が多額の財政資金を投入。	**新潟県巻町で原発建設に関わる住民自主投票**（1/22）。4/23 町議会選挙で条例制定派多数に。 「市町村の合併の特例に関する法律の一部を改正する法律」成立（3/17）。 三重県南島町、原発環境調査で住民投票条例を可決（3 月）。3/24 公布 **地方分権推進法成立**（5/19）→7/3 施行。 広域連合制度施行（5/15）。 **青島東京都知事「世界都市博中止」表明**（6/1）。 新潟県巻町議会が原発建設に関する住民投票条例可決（90 日以内実施）（6/26）。 韓国、35 年ぶりの統一地方選挙（9 道知事、6 特別広域市長、230 市郡区長の直接選挙）、ソウル市長に民主党候補など「3 金時代」（6/27）。地方分権推進委員会発足（7/3）。 西淀川公害訴訟で大阪地裁、自動車排ガスの健康への影響認め、国と阪神高速道路公団に賠償命令判決（7/5）。 「国道 43 号線訴訟」で最高裁は騒音について国と阪神高速道路公団の賠償責任を認める判決（7/7）。 福岡県志免町のマンション給水拒否規則

西暦	年号	政治・経済・社会	地方自治（制度）・社会運動
1992	4	バンコクで第4回 APEC。常設事務局をシンガポールに設置（9月）。 米国大統領選でクリントン氏圧勝（11/3）。 韓国大統領選で金泳三氏当選、30年ぶりに本格的文民大統領（12/18）。 国会等の移転に関する法律施行（12/24）。	多摩川水害訴訟差し戻し審で東京高裁判決。河川管理の欠陥認め国に賠償命令（12/17）。 政治改革推進協議会（民間政治臨調）「地方分権に関する緊急提言」（12/22）。
1993	5	EC統合市場発足（1/1）。 改正外国人登録法施行、指紋押捺制廃止（1/8）。 東京地検、金丸信元自民党副総裁を脱税容疑で逮捕（3/6）。 小沢一郎『日本改造計画』（5/20）。 宮沢内閣不信任案可決、衆院解散（6/18）。 ゼネコン汚職で石井亨仙台市長逮捕（6/29）。竹内勝男茨城県知事逮捕（7/23）。本間俊太郎宮城県知事逮捕（9/27）。 東京で第19回主要先進国首脳会議（7/7）。 北海道南西沖地震、M7.8奥尻島に津波直撃、死者・不明230人余（7/12）。 第40回総選挙。自民223、社会70で歴史的敗北、新生党・日本新党・さきがけの3新党が躍進。「55年体制の崩壊」（7/18）。 宮沢内閣総辞職（8/5）。8/9社会・新生・公明・民社・さきがけ・社民連・日本新の7党連立で細川護煕内閣が発足（8/9）。 気象庁が「1954年以来の冷夏」と発表（8/31）。93年産コメ作況指数は80で戦後最悪。政府が緊急輸入決める（9/30）。 第3次行革審最終答申（10/31）。 欧州連合条約（マーストリヒト条約）発効（11/1）。 経済改革研究会（平岩研究会）「規制緩和について（中間報告）」（11/8）。 行政手続法公布（11/12）→翌年10/1施行。 米シアトルで第5回アジア太平洋経済協力閣僚会議（APEC）（11/19）。 閣議、ガット・ウルグアイラウンドの受入れ決定（コメの部分開放）（12/14）。	山形県新庄市で中学1年生が体育館でマットで巻かれ死亡事件（1/13）。 **第23次地方制度調査会小委員会「都市の規模能力に応じた事務委譲を含む都市制度のあり方についての考え方」**（1/28）。 箕面忠魂碑・慰霊祭訴訟で最高裁が箕面市の公費支出を合憲判決（2/16）。 地方分権特例制度実施要領（事務次官会議等申合せ）（4/5）→94年度末で30地域39市町村を指定。 第23次地方制度調査会「広域連合及び中核市に関する答申」（4/19）。 **衆議院・参議院全党一致で「地方分権の推進に関する決議**（6/3、6/4）。 地方自治法改正（地方六団体の意見提出権）（6月）。 第5回ラムサール条約締約国会議が釧路市で開幕、95ヵ国、104のNGOが参加（6/9～16）。公衆衛生審議会地域保健基本問題研究会「地域保健対策の基本的な在り方について」（保健所法の廃止へ）（7/5）。 第3次行革審「最終答申」（地方分権の大綱方針を一年程度を目途に策定）（10/27）。 環境基本法成立。公害対策基本法に替わって環境政策の基本理念や各種施策の総合的計画的推進などを盛り込む（11/12）。
1994	6	北米自由貿易協定（NAFTA）発効（1/1）。 衆院に小選挙区比例代表並立制を導入する政治改革関連法案が成立（1/29）。 政府・連立与党15兆2500億円の「総合経済対策」（2/8）。 「21世紀福祉ビジョン」（社会保障の財源負担のルール化）（3/28）。 参院、子どもの権利条約批准（3/29）。 細川首相、東京佐川急便からの1億円借入	自治省、17年ぶりに地方税減収と発表（1/3）。 保育問題検討会報告書（措置制度の見直しで両論併記）（1/19）。 行政改革推進本部設置（1/21）。 東京都中野区の臨時区議会で教育委員会の準公選制廃止条例成立（1/31）。 自治省プロジェクトチーム「新しい地方行革の推進について」（6/13）。

西暦	年号	政治・経済・社会	地方自治（制度）・社会運動
1991	3	湾岸戦争始まる。米軍主体の多国籍軍、イラク軍に「砂漠の嵐作戦」(1/17)→多国籍軍に90億ドルの追加支出決定（1/24）。 生産緑地法改正（3大都市圏の市街化区域内農地は指定を受けると30年間農業以外に利用できない）（4月）。 東京都知事に現職の鈴木俊一氏が当選、県議選では自民が過去最高の議席（4/7）。 雲仙・普賢岳で大規模火砕流発生、37人死亡、住民が避難（6/3）。 第17回主要先進国首脳会議（ロンドンサミット、7/15〜17）閉会後、ゴルバチョフソ連大統領を招待。 政府が小選挙区比例代表並立制の導入を柱とする政治改革3法案を臨時国会に提出(8/5)→9月廃案確定。 老人保健法改正案成立（自己負担の引上げ）（9/27）。 宮沢喜一内閣が発足（11/5）。 ソウルで第3回APEC。中国・台湾・香港が加盟（11月）。 衆院本会議でPKO協力法可決（12/3）。 オランダ・マーストリヒトのEC首脳会議で、欧州連合創設へ（12/11）。 ソ連最高会議共和国会議がソ連消滅を宣言(12/26)、旧ソ連11共和国が独立国家共同体（CIS）として活動へ（12/30）。	韓国で30年ぶりの地方議会選挙（基礎自治体3月、広域自治体6月） 東京都庁舎落成（3/9）。 岡山県21世妃の地方自治研究会「連邦制の研究報告書」（3月）。 地方自治法改正（機関委任事務の職務執行命令訴訟制度、監査委員、町内会等地域組織等）（3/26）。 行政事務に関する国と地方の関係等の整理及び合理化に関する法律（4/26）。 明日都市懇「市民のくらしからみた明日の大都市」（5月）。 滋賀県信楽高原鉄道で列車正面衝突事故、42人死亡、400人重軽傷（5/14）。 第3次行革審豊かなくらし部会「本当の豊かさをめざして」（6/21）。 福祉8法改正、成立（在宅福祉祉サービスを市町村事務に）（6/22）。 第3次行革審「国際化対応・国民生活重視の行政改革に関する第1次答申（中間報告）」（7/4）。 関西経済連合会意見書「都道府県連合制度に関する提言」（11/12）。 第22次地方制度調査会答申「都道府県連合試案」（11/13）。 第3次行革審第2次答申（地方分権特例制度）（12/12）。
1992	4	共和鉄工のリゾート汚職で自民党の阿部文男元北海道沖縄開発庁長官を逮捕（1/8）。 新潟県知事の金子清陣営への佐川急便グループの3億円提供が明るみに（1/27）→9/9金子知事辞任（佐川急便事件）。 国連カンボジア暫定統治機構（UNTAC）発足（3/15）。 ユーゴスラビアのボスニア・ヘルツェゴビナ共和国、民族衝突で内戦状態へ（4月）。 環境と開発に関する国連会議（地球サミット）がリオデジャネイロで開幕、183ヵ国参加（6/3）。リオ宣言とアジェンダ21を採択（6/14）。 PKO協力修正法案を自公民3党で強行可決、成立（6/15）。 第16回参院通常選挙。自民68で復調、社会22で不振（7/26）。 金丸信自民党副総裁が東京佐川急便から5億円受領を認め辞任（8/27）。9月、東京地検が略式起訴、議員辞職（10/14）。	青森県六ケ所村で国内初の民間ウラン濃縮工場が本格操業開始（3/27）。 地方拠点都市地域の整備及び産業業務施設の再配置の促進に関する法律（地方拠点都市法）公布（6/5）→8/1施行。12月、14地域指定決まる。 第3次行革審「国際化対応・国民生活重視の行政改革に関する第3次答申」（地方分権特例制度＝パイロット自治体制度導入）（6/19）。 都市計画法改正、市町村都市計画マスタープラン導入など（6月）→翌年6/25施行。 学校「週5日制」（毎月第2土曜日）スタート（9/12）。 逗子市長選で米軍住宅反対派の沢光代市議が当選、芦屋市に続き2人目の女性市長（11/8）。 経済同友会「地方活性化への提言」（12月）。 閣議決定「地方分権特例制度について」（12/8）。

西暦	年号	政治・経済・社会	地方自治（制度）・社会運動
1988	63	小松秀煕川崎市助役、リクルート関連株公開前取得、売却で1億2000万の利益を得ていたことが判明（リクルート疑惑の発覚）(6/18)。宮沢蔵相（12/9)、NTT真藤恒会長辞任（12/14）へ。 天皇重病によるイベント中止「自粛」が問題化（9～10月）。 消費税導入を柱とする税制改革6法成立(12/21)。 第2次竹下内閣発足（12/27)。	にも辞職に伴う選挙)。 川鉄公害訴訟で千葉地裁が企業責任を認める判決（11/17)。 神奈川県が外国人の職員採用を7職種から61職種に拡大（12月)。
1989	64 平元	昭和天皇死去（1/7)。元号が平成に。 国の行政機関の土曜閉庁スタート（1/14)。 リクルート疑惑で、前会長江副浩正ら逮捕(2/13)。真藤恒NTT会長逮捕（3/6)。 **消費税スタート**（4/1)。 竹下内閣、政治不信の責任をとって総辞職表明（4/25)。6/3宇野宗佑内閣成立。 中国・天安門広場で民主化要求し100万人以上がデモ（5/18)。6/3天安門事件。 第15回参院選挙。社会大躍進、自民非改選を合わせても過半数割れ（7/23)。宇野首相引責辞任→海部俊樹内閣発足（8/10)。 日米構造協議第1回会合（9/4)。 「ベルリンの壁」崩壊（11/10)。 第1回アジア太平洋経済協力閣僚会議（APEC）がキャンベラで開催（11月)。 国連で子どもの権利条約採択（11/20)。	福祉関係3審議会合同企画分科会「今後の社会福祉のあり方について―意見具申」(3/31)。 自治省、ふるさと市町村圏推進要綱（92年度までに360広域圏のうち114圏域に設定）(6/23)。 関西経済連合会（関経連）が「国と地方の制度改革に関する提言」(6月)。 全国市長会、第二政令指定都市構想（7月)。 総評解散。日本労働組合総連合会（連合）と全国労働組合総連合（全労連）が結成(11/21)。 第2次行革審「国と地方の関係等に関する答申」(12/20)。厚生、自治、大蔵3大臣合意「高齢者保健福祉推進10か年戦略（ゴールドプラン)」策定（12/21)。
1990	2	第39回総選挙、自民安定多数（2/18)。 学習指導要領改定で、小・中・高の入学式での日の丸掲揚、君が代斉唱義務化（4/1)。 日米構造協議。今後10年間で430兆円の公共投資で決着（6/28)。 シンガポールで第2回APEC（7月)。 イラク軍がクウェートに侵攻、全土制圧(8/2)→湾岸戦争へ。 第2次行革審最終答申（9/18)。 東西ドイツが統一（10/3)。 臨時国会に国連平和維持活動（PKO）に参加させるための国連平和協力法案提出（10/16)→自社公民4党幹事長・書記長会談で廃案決める（11/8)。 国会等の移転に関する決議（11/7)。 雲仙普賢岳で200年ぶり噴火活動（11/17)。 海外渡航者が初の1000万人突破。 東京証券取引所大納会の終値、2万3848円71銭。1989年の史上最高値と比べ約4割の値下げ。バブル景気のしぼみ（12月)。	本島等長崎市長「天皇の戦争責任」発言で、短銃で撃たれ重傷（1/16)。 神奈川県逗子市議選挙、米軍住宅建設反対派15人当選で過半数（3/26)。 社会福祉関係8法の改正（6/22)。 神戸高塚高校で登校門限の閉門で女子生徒が頭をはさまれ死亡（7/6)。 第22次地方制度調査会「都区制度の改革に関する答申」(9/22)。 川崎市市民オンブズマン制度発足（10/1)。 日本青年会議所「地方分権へのいざない」(10/7)。 全国知事会「地域政策と府県－戦後において府県の果たしてきた役割と今後の課題」(11月)。 沖縄県知事選で革新統一候補の大田昌秀琉球大名誉教授が当選、12年ぶりの革新県政（11/18)。 行革国民会議「地方主権の提唱」(11/28)。

西暦	年号	政治・経済・社会	地方自治（制度）・社会運動
1986	61	行革審最終答申、町村合併など提唱（6/10）。 衆参同時選挙。自民、史上最高の 304 議席で圧勝（7/6）。 中曽根首相、初の靖国神社公式参拝（8/15）。 社会党第 51 回臨時党大会、土井たか子委員長誕生（9/8）。	東京高裁、厚木基地騒音公害訴訟で、公共性が個人の受忍限度を上回ると住民全面敗訴の判決（4/9）。 中野区長選挙で革新統一候補当選（6/15）。 国土庁大都市圏整備局、「東京湾西部臨海地域開発構想。6～9 月にかけて東京再開発構想、計画相次ぎ発表→地価暴騰へ。
1987	62	国鉄解体民営化、JR 発足（4/1）。 第 2 次行革審発足（4/20）。 経済審「構造調整の指針」（新前川リポート）発表（4/23）。 第 11 回統一地方選挙。売上税問題で自民各地で敗北→議席増（共産 148、公明 53）、減（自民△ 294、社会△ 13、民社△ 13）（4 月）。 朝日新聞阪神支局を右翼が襲撃、記者 1 名死亡（5/3）。 **リゾート法（総合保養地域整備法）公布**（6/9）。 厚生省国民医療総合対策本部「中間報告」。老人医療の抑制を中心に医療費抑制策を打ち出す（6/26）。 **四全総、閣議決定**（6/30）。 第 2 次行革審「当面の行財政改革の推進に関する基本的方策について」（7/14）。 臨時教育審議会最終答申（8/7）。 政府、「緊急土地対策要綱」発表（10/16）。 竹下登内閣発足（11/6）。	札幌市で生活保護申請を断わられた母子世帯で母親が餓死（1/22） 全国町村議長会調べで、全町村の 94.7％が議員の法定定数を下回る。 三宅島、NLP 基地建設への気象観測鉄柱設置をめぐって、島民実力行使、機動隊と衝突（9/1）。 この年、大都市部での底地買い、住民追い出しが大きな社会問題となる。 国民健康保険料未納者への保険証未交付が社会問題となる。 第 1 回全国高齢者大会開かれる（9/1）。 全国民間労働組合連合会（連合）結成（11/20）。同盟はその前日解散。 統一労組懇「階級的ナショナルセンター確立の展望と骨格（案）」発表（7 月）。 日本都市センター「新しい市役所事務機構の方向」（9 月）。 全国知事会、同市長会など地方 6 団体が国民健康保険制度の改悪に反対し、国保全国大会ボイコットを決定（11 月）。
1988	63	**改悪公害健康被害補償法施行。指定地域解除、新たな患者認定をしない**（3/1）。 青函トンネル開業（3/13）。 瀬戸大橋開通（4/10）。 土地区画整理法、都市再開発法改正→「第三者施行」など、民活型しくみに（5 月）。 政府税調、新型間接税導入の答申。 四全総推進のための多極分散型国土形成促進法案を閣議決定（3 月）。 自民税調、生協への課税強化（法人税率 30％引上げ）の方針。 自衛隊潜水艦「なだしお」が横須賀港沖で釣船と衝突（7/24）。 政府、牛肉・オレンジ市場開放政策を正式決定（7 月）。 文部省、生涯教育局を設置（7 月）。 **自民党、税率 3% の消費税導入を柱とする税制改革大綱決定**（6/14）。 **多極分散型国土形成促進法公布**（6/14）。	三宅島村議会選挙。NLP 基地建設反対派 11、賛成派 3 当選（2 月）。 三重県津市・久居町で「水道水源保護条例」制定（2 月）。 高知県窪川町長選で原発反対派中平一男氏が当選（3 月）。 原発反対運動ひろがる。朝日世論調査で反対 46％、賛成 23％。 長野県諏訪広域 6 市町村が諏訪広域住民行政サービスシステム稼働（4/1）。 島根県宍道湖・中海淡水化事業、凍結へ（5 月）。 機関委任事務の「裁判抜き代行」を含む地方自治法改正案 5 度目の継続審議（5 月）。 第 21 次地方制度調査会「地方公共団体への国の権限移譲等についての答申」（5/18）。 関西経済連合会「地方庁」提言（10/24）。 米軍住宅建設を争点に、逗子市長選挙で現職富野暉一郎氏当選（10/30）。前年 10/11

西暦	年号	政治・経済・社会	地方自治（制度）・社会運動
1983	58	政府、行革大綱を決定。71 特殊法人の整理など（5/24）。 新宿、汐留、錦糸町、梅田の国鉄貨物用地の再開発構想出る（6/8）。 第 13 回参院選（6/26）。全国区初の比例。 臨時行政改革推進審議会発足（7/1）。 第 37 回総選挙。自民過半数割れ（12/18）。	**積地域開発促進法公布**（5/16）。 武蔵野市議会、4000 万円退職金を修正（6/2）。 建設省、都市計画・建築規制の緩和を自治体に通達（8/2）→中曽根アーバンルネッサンス。 第 19 次地方制度調査会「広域行政制度のあり方に関する小委員会報告」(11/14)。
1984	59	国鉄「地域別運賃制」値上げ申請（2/3）。 国鉄赤字ローカル線、初の第 3 セクター「三陸鉄道」開業（4/1）。 NHK、衛星テレビ放送開始（5/12）。 国鉄再建監理委員会、初めて分割民営化を提言（8/10）。 臨時教育審議会設置（8/21）。 世田谷電話局地下通信ケーブル火災。8 万 9000 回線不通（11/16）。 首都圏と京阪神でキャプテンサービス開始 (11/30)。	一人ぐらし老人、100 万人を突破と厚生省発表（1/7）。 大東水害訴訟で最高裁差し戻し判決（1/26）。 福岡県春日市、個人情報保護条例可決（7/5）。 世界湖沼環境会議、大津市で（8/27）。 改正健保法（被用者本人 1 割負担）施行（10/11）。 三宅島米軍機夜間発着訓練（NLP）基地建設めぐって反対派寺沢晴男村長誕生（11/15）。 逗子市長選で米軍住宅建設反対市民グループ富野暉一郎氏当選（11/11）。
1985	60	科学万博つくば '85 開幕（3/16〜9/16）。 政府、経済摩擦対策のための包括的対外政策（4/9）。市場開放のための「行動計画」（アクションプログラム）(7/30)。 電電・専売両公社民営化、NTT と JT 誕生 (4/1)。 男女雇用機会均等法成立（5/17）。 「首都圏改造計画」発表（7/10）。 イタリアで世界初の景観法「ガラッソ法」(8/8)。 日航ジャンボ機墜落事故（8/12）。 G5 で、ドル高是正へプラザ合意（9/22）。 政府「当面の行政改革の具体化方策」（行革大綱）決定（9/24）。 国鉄 6 分割・民営化の「国鉄改革のための基本方針」決定（10/11）。	1985 年度政府予算決定。自治体補助金 1 割カット盛る（1 月）。 **自治省、「地方行革大綱」通知**（1/22）。 中野区、準公選第 2 回投票始まる（1/7）。 **行革審「民間活力の発揮推進のための行政改革の在り方」中間報告**（2/12）。 川崎市、在日外国人指紋押捺拒否者を「告発せず」の方針（2/23）。町田市も自治省の告発通達返上（6/7）。 ヨーロッパ評議会閣僚委員会「ヨーロッパ地方自治憲章」(6/27)→1988 年 9/1 発効。 行革審「行政改革の推進方策に関する答申」(7/22)。 国際自治体連合（IULA）が「世界地方自治宣言」(9 月、リオデジャネイロ)。 東京都庁新宿移転決定（10 月）。
1986	61	経済構造調整研究会が「前川リポート」答申（4/7）。 ハレー彗星、地球最接近（4/11）。 臨時教育審議会第 2 次答申（4/23）。 ソ連、チェルノブイリ原発で炉心溶融事故 (4/26)。 第 12 回先進国首脳会議、東京で。首都厳戒体制へ（5/4）。 円高深刻。円相場一時、1 ドル＝159 円 99 銭に（5/12）。	**第 20 次地方制度調査会「機関委任事務に係る当面の措置についての答申」**（2/3）。 東京・中野区で「いじめ」苦に中学生自殺 (2/11)。 **機関委任事務の「裁判抜き代行」を盛った地方自治法改正案、機関委任事務整理合理化一括法案閣議決定**（3/14）。 米軍住宅建設をめぐって逗子市議会解散住民投票成立（3/2）。住宅受け入れ派による市長リコール投票は不成立（3/24）。

西暦	年号	政治・経済・社会	地方自治（制度）・社会運動
1979	54	ダグラス・グラマン汚職発覚（1/8）。 国際石油資本、対日原油供給の削減通告—第2次石油ショック（1/17）。 アメリカ、スリーマイル島原発事故（3/28）。 第9回統一地方選挙。各党、「地方の時代」を政策に。**東京で鈴木俊一知事、大阪で岸昌知事が当選**（4/8）。 第5回先進国首脳会議（6/28）。 新経済社会7ヵ年計画閣議決定（8/10）。 JAPIC＝日本プロジェクト産業協議会設立（11/21）→1983年4/1法人化。 ソ連、アフガニスタン侵攻（12/24）。	義務制養護学校発足（4/1）。 沖縄県、自衛官募集を決定（8月）。 自治省、地方公共団体の“ヤミ給与”の是正と実態調査を通達（8/31）。 環境庁でカラ出張判明（9/21）。以後、KDD密輸事件など相次ぎ、構造汚職、公費天国に対する批判高まる。 第17次地方制度調査会「新しい社会経済情勢に即応した今後の地方行財政のあり方について」答申（9/10）。 琵琶湖富栄養化防止条例成立（10/16）→翌年7/1施行。
1980	55	社公両党、連合政権構想で合意（1/10）。 大平内閣不信任案可決（5/16）。 衆参同日選挙、自民の圧勝に終わる（6/22）。 鈴木善幸内閣成立（7/17）。 米大統領にレーガン氏当選（11/4）。 川崎市の高級住宅地で両親を金属バットで撲殺事件（11/29）。	文部省、中野区の教育委員準公選の実施中止を申入れ（2/29）。 統一労組懇、総評大会で社公合意を盛り込んだ春闘方針案を批判（2/6）。 自治省、“ヤミ給与”支給団体に特別交付税で減額制裁の方針決定（3/7）。 武蔵野市福祉公社設立（12/1）。
1981	56	中国残留孤児47人、初の公式来日（3/2）。 第二次臨時行政調査会発足（3/16）。 神戸で「ポートピア81」開幕（3/20）。 全国革新懇発足（5/26）。 第二臨調、第1次答申（7/10）。 三和銀行茨木支店で、オンラインシステム利用による1億3000万円詐欺事件（9/5）。 日本原電敦賀発電所で放射能もれ（4/18） 住宅・都市整備公団発足（10/1）。	中野区の教育委員準公選の住民投票開始。投票率43％（2/12）。 厚生省、全国のベビーホテル一斉点検（3月）。 高知県窪川町で原発推進派藤戸町長リコール（3/8）。 自由民権100年全国集会（11/21、横浜）。 生活保護「適正化」の123号通知（11/17）。 神戸市地区計画及びまちづくり協定等に関する条例制定（12/23）。
1982	57	第二臨調第2次答申。許認可の整理合理化策（2/10）。 東北新幹線（大宮—盛岡）開業（6/23）。 上越新幹線（大宮—新潟）開業（11/15）。 教科書検定で「侵略」が「進出」に書き換えられたと報道（6/26）。中国政府、「侵略」記述問題で日本批判（7/6）。 第二臨調第3次基本答申（7/30）。 政府「財政非常事態宣言」（9/16）。 第1次中曽根内閣発足（11/27）。	日本商工会議所「新しい国づくりのために」（2月）。 反核・軍縮のための「東京行動」40万6000人が参加（5/23）。国連軍縮特別総会に向けた反核署名、2753万9116人に（5月）。 老人保健法公布（8/17）→1983年2/1施行。 人事院勧告凍結閣議決定（9/24）。 第18次地方制度調査会「地方行財政制度のあり方についての小委員会報告」（11/24）。 全日本民間労組協議会（全民労協）結成（12/14）。
1983	58	老人保健法施行、70歳以上の医療費無料化廃止（2/1）。 第二次臨調「行政改革に関する第5次答申」（3/4）。 日本海中部地震で、秋田などで津波による死者104人（5/26、M7.7）。	横浜で中学生による浮浪者殺人事件（2/12）。 町田市立忠生中学で教師が生徒を刺傷させる事件（2/15）。 第10回統一地方選。武蔵野市4000万円退職金キャンペーン（4/12）。 **テクノポリス育成をめざす高度技術工業集**

西暦	年号	政治・経済・社会	地方自治（制度）・社会運動
1973	48	第 4 次中東戦争勃発（10/6）→第 1 次石油ショック。 **公害健康被害補償法公布**（10/5）。 物価急上昇、前年同月比で、ちり紙 150%、砂糖 51%、牛肉 42% の上昇（12 月）。	熊本地裁、水俣病訴訟で患者側全面勝訴判決（3/20）。 江東区議会、杉並区内のゴミ搬入実力阻止決定（5/19）。 大阪府摂津市、保育所設置費超過負担訴訟（8/25）→1976 年 12/13 敗訴。
1974	49	国土庁設置（6/26）。 第 10 回参院選、与野党伯仲（7/7）。 産業構造審議会、「わが国の産業構造を知識集約型へ転換する」ことを提唱（9/13）。 田中金脈問題追及（10 月）。田中首相退陣表明（11/26）。 三木武夫内閣成立（12/9）。 この年、戦後初のマイナス成長、実質成長率△0.5%、消費者物価上昇率 24.5% 上昇。	「石油危機は千載一遇のチャンス」とのゼネラル石油の文書発覚（2/6）。 名古屋新幹線公害訴訟原告団、国鉄を相手どり提訴（3/30）。 東京特別区長公選制を盛り込んだ地方自治法の改正（6/1）。 原子力船「むつ」放射能もれ事故（9/1）。 統一労組懇発足（12/5）。
1975	50	**第 8 回統一地方選挙。美濃部三選、黒田再選。長洲神奈川県知事誕生。**東京特別区 23 年ぶりの区長公選制（4 月）。 南ベトナム、サイゴン政府陥落（4/30） 沖縄海洋博覧会始まる（7/19～翌年 1/18）。 第 1 回先進国首脳会議（サミット）が仏ランブイエで開催（11/15）。 本四連絡架橋、尾道―今治ルート起工式（12/21）。 財政特例法成立。赤字国債 2 兆 2900 億円。以後赤字国債発行が恒常化（12/24）。	自治省、地方公務員給与のラスパイレス指数を公表（3/8）。 新幹線、岡山－博多間開業（3/10）。 大阪空港公害訴訟控訴審で住民側勝訴（5/30）。 福岡県豊前市、財政再建適用第 1 号（9/25）→～76 年末、竹田市、下松市など 7 団体。 7 大都市自動車排出ガス規制問題調査団報告書（10 月）。 公労協がスト権スト（11/26～12/3）。 武蔵野市、宅地開発指導要綱無視のマンション業者に水道給水ストップ（12/10）
1976	51	ロッキード事件発覚（2/4）。田中前首相逮捕（7/27）。 総理府統計局、65 歳以上人口が 8.1% と発表、高齢化社会への加速示唆（9/14）。 山形県酒田市で大火（10/29）。 防衛費を GNP 1% 以内とすることを閣議決定（11/5）。 福田赳夫内閣成立（12/24）。	初の全国公害被害者団体交流集会、東京で 68 団体（6/6）。 美濃部東京都知事、国に対する財政戦争を宣言（9/27）。 川崎市、全国初の「環境影響評価に関する条例」可決（9/29）→翌年 7/1 施行。 この年、戦後生まれ、人口の半数を超す。
1977	52	ジュネーヴ条約追加議定書採択（6/8） 領海 12 カイリ、漁業水域 200 カイリ時代に入る（7 月）。 行政改革大綱を閣議決定（10/1）。 第三次全国総合開発計画閣議決定（11/4）。	琵琶湖でウログレナ赤潮が大発生（5 月）。 米軍ファントム機、横浜市緑区（現青葉区）の民家に墜落、幼児 2 名死亡（9/27）。 大阪で初のサラ金被害の会結成（10/24）。
1978	53	成田空港開港（5/20）。 **日本都市センター『都市経営の現状と課題』を発表**（6 月）。 宮城県沖地震（6/12、M7.5）。 農林水産省発足（7/5）。 日中平和友好条約調印（8/12）。大平正芳内閣成立（12/7）。	京都府知事選で自民推せん林田悠紀夫氏当選。民主府政終わる（4/9）。 東京都、横浜市など首都圏 5 自治体、「地方の時代シンポジウム」（7/14）。 京都市の市電全廃（9/30）。 **中野区議会、教育委員準公選条例可決**（12/15）。

西暦	年号	政治・経済・社会	地方自治（制度）・社会運動
1969	44	政府、初の「公害白書」(5/23)。 東名高速道全通（5/26)。 新全総（二全総）閣議決定（5/30)。 都市再開発法制定（6/3)。 経済企画庁、日本の国民総生産（GNP）が世界第2位と発表（6/10)。 東京都議選、自民第1党に復活（7/13)。 アポロ11号、人類初の月面着陸（7/21) 佐藤・ニクソン会談（沖縄核付き返還など、11/17)。	都営ギャンブル廃止（1/24)。 **東京都公害防止条例制定。** 広域市町村圏第1次41地域指定（7月)。 国民生活審議会「コミュニティ－生活の場における人間性の回復」の報告書発表（9月)。 千葉県松戸市「すぐやる課」つくる(10/6)。全国に波及。 第13次地方制度調査会「広域市町村圏および地方公共団体の連合に関する答申」(10/15)。 東京都老人医療費無料化制実施（12/1)。
1970	45	大阪千里で日本万国博覧会（3/14～9/13)。 日航よど号ハイジャック事件（3/31)。 過疎地域対策緊急措置法公布（4/24)。 新経済社会発展計画（高福祉・高負担）(5/1)。 国勢調査で、総人口1億人突破（10/1)。 公害国会ひらかれ、公害関連14法制定（12/25)。	市の人口基準を3万人以上とする改正地方自治法公布施行（1972年4月まで。計62市誕生)。 新宿牛込柳町で車の排気ガス鉛汚染表面化（5月)・杉並区で光化学スモッグ（7月)・静岡県田子の浦港でヘドロ追放住民大会(8/11)。全国革新市長会「革新都市づくり綱領―シビルミニマム策定のために」(10月)。
1971	46	第7回統一地方選。大阪で黒田了一氏府知事当選、美濃部都知事再選。川崎・吹田・高松市で革新統一市長誕生（4月)。 沖縄返還協定調印式（6/17)。 環境庁発足（7/1)。 ニクソン、金・ドル交換停止（ドルショック）(8/15)。スミソニアン合意（12/18)。	むつ・小川原開発株式会社発足（3/30)。 地方税法改正（市街化区域内農地の宅地なみ課税）(3/30)。 **中野区議会「区長準公選条例」可決**（6/18)。品川区、練馬区でも準公選実施。 富山地裁、イタイイタイ病訴訟で住民側全面勝訴判決（6/30)。 自治省、全国39地区をモデルコミュニティ指定（～1973年合計83地区）(8月)。 美濃部都知事都議会で「ゴミ戦争宣言」(9/28)。
1972	47	沖縄復帰（5/12)、沖縄県発足（5/15)。 **田中角栄「日本列島改造論」発表**（6/11)。 老人福祉法改正。老人医療費無料化（6/1)→1973年1月実施。 第一次田中内閣成立（7/7)。 自治省、広域市町村圏指定終了（7月)。69年→55、70年→73、71年→117、72年→84、計329。 日中国交回復（9/29)。 中公審、自動車排ガス規制答申（10/3)。 第33回総選挙。自271、社118、共38、公29、民19、無諸16（12/10)。	目黒区マンション建設問題で住民、業者両者より東京地裁へ提訴、日照権問題（1月)。 新幹線、新大阪―岡山間開業（3/15)。 最高裁、日照権、通風権を権利として認める判決（6/27)。 **津地裁、四日市公害裁判で患者側全面勝訴判決**（7/24)。 社会党。労働組合など、神奈川県相模補給廠のベトナム向け戦車輸送を座込み阻止(8/5)。 第15次地方制度調査会「特別区制度の改革に関する答申」(10/26)。 東京で世界大都市会議（11月)。
1973	48	円が変動相場制へ移行（2/14)。 金大中拉致事件発生（8/8)。	東京都新財源構想研究会第1次報告書（1月)。

西暦	年号	政治・経済・社会	地方自治（制度）・社会運動
1962	37	臨時行政調査会発足（2/15）。ばい煙排出規制法制定（6/2）。 **全国総合開発計画閣議決定**（10/5）。 池田首相が「人づくり懇談会」（12/5）。	岡山100万都市構想流産（11月）。 東京でスモッグが問題化（12月）。
1963	38	中小企業近代化促進法公布（3/31）。 飛鳥田一雄氏横浜市長当選（4/17）。 近畿圏整備法公布（7/10）。 **新産都15ヵ所、工業整備特別地区6ヵ所決定**（～7月）。 アメリカ・ケネディ大統領暗殺（11/22）。	北九州市発足（2/10、5市合併）。4/1政令市。 東竜太郎都知事の選挙ポスターのニセ証紙事件（4月）、東京都汚職事件で前都議会議長逮捕（5月）。 第9次地方制度調査会「行政事務の再配分に関する答申」（12/27）。
1964	39	最高裁「東京の区長選任制は合憲」と判決（4月）。 首都および近畿整備関係4法案成立（6月）。 新河川法成立（主要河川の管理権を知事から建設大臣に（6月）→7/10公布。 新潟地震（M7.5）。 佐藤栄作内閣成立（11/9）。 公明党結成（11/17）。	**三島・沼津コンビナート誘致反対運動**（1963～64）→沼津市議会が誘致反対決議（9/30）。 地方交付税法改正（4月、市町村の基準税率を70%→75%に引上げる）。 東京で水不足が深刻化（8月）。 東海道新幹線開通（10/1）。 東京オリンピック開催（10/10～24）。 臨時行政調査会最終答申「行政事務の配分に関する改革意見等」（9/29）。
1965	40	新産業都市建設及び工業整備特別地域整備特別措置法（5/20）。 日韓条約調印（6/22）。 東京都議選で自民3分の1を割り社会党第1党となる（7/23）。 佐藤首相、沖縄訪問。抗議の祖国復帰デモに囲まれ米軍基地内に宿泊（8/19）。 政府、戦後初の赤字国債発行決定（11/19）。	**市町村の合併の特例に関する法律公布・施行**（3/29）。 東京都議会議長選挙汚職事件（3月）→都政刷新・都議会解散・リコール推進本部（5/28）。 地方交付税法改正＝国税3鋭からの繰入率を28.9%→29.5%に（3/31）。 第10次地制調答申（府県合併を提起）。
1966	41	外務省—自治省が「外交問題での地方議会の議決を自粛」するよう通達（3月）。 筑波研究学園都市の用地買収はじまる（5月）。 中央教育審議会「期待される人間像」（10/31）。 「黒い霧」解散（12/27）。	**地方交付税交付率国税3税の32%になる**（4/28）。 交通事故死1万3904人で史上最高に。 川口市、全国初の交通災害共済制度創設（4月）。 成田市議会が成田空港建設反対をくつがえし条件付賛成決議（8/2）。
1967	42	総選挙で、自民党の得票率50%割る（1/29）。**東京都知事選挙で美濃部亮吉候補当選**（4/15）。 **公害対策基本法公布**（8/3）。	武蔵野市議会、児童福祉手当条例を可決（3月）。 **新潟水俣病・四日市ぜんそく患者が汚染企業相手に訴訟**（9/1）。
1968	43	小笠原諸島返還協定調印（4/5）。 富山イタイイタイ病の原因は神岡鉱山のカドミウムと発表（4/5）。 **自民党「都市政策大綱」を発表**（5/26）。 大気汚染防止法・騒音規制法公布（6/10）。 琉球政府主席初の公選で革新統一候補・屋良朝苗氏当選（11/10）。 この年“昭和元禄”の流行語生まれる。	霞が関ビル完成（4/12、初の超高層・柔構造ビル）。 成田空港反対派住民と警官隊衝突（2/26）。 美濃部都知事、朝鮮大学校を認可（4/17）。 新都市計画法公布（6/15、都市計画の主体が都道府県知事および市町村に）。 東京都、シビルミニマム達成を企図する「中期計画1968」発表（12月）。

西暦	年号	政治・経済・社会	地方自治（制度）・社会運動
1956	31	首都圏整備法公布（4/26）→6/9 施行。 都市公園法公布（4/20）→10/15 施行。 沖縄県那覇市長に瀬長亀次郎（人民党）当選（12/26）。 国際連合加盟（12/18）。	地方交付税法改正（国税三税の 25% へ、5 月） →神奈川、長野で県教育委員会が公選廃止に反対し全員辞表提出（3、6 月）。 新教育委員会法（教委公選制廃止）、新市町村建設促進法公布・施行（6/30）。 地方自治法改正（6/12、県と市町村の地位機能の明確化、議会の定例会・常任委員会数の制限など）→9/1 施行。 政令指定都市発足（9/1）。 砂川闘争高まる（8〜10 月）。
1957	32	岸信介内閣成立（2/25）。 特定多目的ダム法（3/31）。 厚生省に国民皆保険推進本部設置（4 月）。 新長期経済計画を閣議決定（12/17）。	**自治労第 1 回自治研全国集会**（4/5、甲府）。 地方交付税交付税率 26% に引上げ（5 月）→（翌 1958 年 5/1 には 27.5% に）。 日教組の勤評反対闘争始まる。9/15 統一行動。 第 4 次地方制度調査会「地方制（＝道州制）」を答申（10/18）。
1958	33	関門国道トンネル竣工（3/9）。 下水道法全面改正（3 月、4/24 施行）。 道路整備緊急措置法（3/31）。 警職法改正案国会上程（10 月）→ 11 月審議未了で流産。 東京タワー完工（12/23）。	自治庁、岩手県など財政再建団体の 9 県に対し、地方公務員給与引下げ勧告→ 9 県拒否→国側は再建債の利子補給停止を通告（4 月）。 日本 PTA 全国協議会、勤評支持を決定（8 月）。 全都道府県に警職法改悪反対県民会議結成される→統一スト突入（11 月、400 万人）。
1959	34	新国民健康保険法施行（1/1）。 安保条約改定阻止国民会議結成（3/28）。 伊勢湾台風（9/26、死者 5000 人超える）。 三井三池炭坑 1277 名の指名解雇（12 月）。 東京地裁、都公安条例違憲判決。	地方交付税交付率 28.5% に引上げ（4 月）。 沖縄県祖国復帰協議会結成（4/28）。 新島村議会、ミサイル試射爆場受入れを議決（12/10）。 この年から翌 60 年にかけて多くの自治体で安保改定反対の決議がなされる。
1960	35	日米新安保条約調印（1/19）。 民主社会党（民社党）結成（1/24）。 安保阻止国民会議の統一行動（6/15）。 池田勇人内閣成立（7/19）。 朝日訴訟で東京地裁、現行生活保護基準は違憲と判決（10/19）。 所得倍増計画閣議決定（12/27）。	地方財政再建促進特別措置法改正（歳入欠陥団体の起債制限と起債対象を建設事業限定）。 **自治庁から昇格、自治省の発足**（7/1）。 新潟市議会はじめ 24 都道府県 145 市町村で「在日朝鮮人帰国協定延長」を議決（7 月）。
1961	36	農業基本法制定（6/12）。 東独、ベルリンの壁構築（8/13）。 新道路整備 5 ヵ年計画を閣議決定（10/27）。 全国一斉中学校学力テスト実施（10/26）。	後進地域の開発に関する公共事業への国庫負担率を引上げ（6 月）。 自治省「地方開発基幹都市」、建設省「広域都市」の建設構想発表（8 月）。 **第 5 回自治研集会で四日市の公害明らかにされる**（10/6〜9、静岡）。
1962	37	東京都人口 1000 万を突破（2/1、世界初の 1000 万都市）。	新産業都市建設促進法公布（5/10）→ 8/1 施行。

西暦	年号	政治・経済・社会	地方自治（制度）・社会運動
1950	25		地方行政調査委員会議「行政事務再配分に関する勧告」(12/22)。
1951	26	公営住宅法公布（6/4)。 サンフランシスコ講和条約、日米安保条約(9/8)→翌年4/28発効。 社会党左右両派に分裂（10/28)。	地方行政簡素化本部発足（9月)。 **地方行政調査委員会議「行政事務再配分に関する第2次勧告（神戸勧告）」**(9/22)。 警察法改正で市町村の約8割が国家警察に編入。 日教組第1回教育研究集会（11/10、日光)。
1952	27	韓国政府、李ライン設定（1/18)。 鳥取市大火（4/17、焼失5228戸)。 血のメーデー事件（5/1)。 破壊活動防止法公布（7/21)。 保安庁（防衛庁の前身）発足（8/1)。	全国知事会、全国市長会、全国町村会、政府に赤字補てん要求（3月)。地方自治法改悪反対連合区民大会（東京、3月)。 全国市長会、府県廃止を決議（5月)。 全国の市町村に教育委員会発足。 **地方制度調査会発足**（8/1)。 義務教育費国庫負担法公布（8/8)。 **地方自治法大幅改正**（8/15、中央集権化、議会権限縮小、特別区長公選制廃止など)。
1953	28	テレビ放送開始（2/1)。吉田内閣不信任案可決（3/14、「バカヤロー解散」)。 池田・ロバートソン会談（自衛力増強を約す）(10/2)。	石川県内灘村で村長はじめ150名が米軍試射場無期限使用反対の座り込み。 **町村合併促進法制定**（9/1、標準人口8000人以上。1956年までに9895市町村が3975に減少）→10/1施行。 第1次地方制度調査会「地方制度の改革に関する答申」(10/16)。 町村合併促進基本計画閣議決定（10/30)。
1954	29	造船疑獄発覚（2/8)。 日米相互防衛援助MSA協定調印（3/8)。 土地区画整理法制定（5/20)。 自民党憲法調査会、「憲法改正案要綱」発表（11/5)。 防衛庁設置、自衛隊発足（7/1)。 新警察法制定（自治体警察廃止）(6/8)→7/1施行。	**全日本自治団体労働組合（自治労）結成大会**（1/29、松江市)。 全国市長会、市議会議長会代表「知事官選実現」の申し入れ（2月)。 教育二法成立（教員の政治活動を制限)。 **地方交付税交付金制度新設**＝国税三税の22%（5/15)。 **地方自治防衛県民大会が各地で開催される**(9〜10月) 第1次地方財政危機。
1955	30	森永ヒ素ミルク事件（6月頃〜) 第1回日本母親大会（6/7、東京) 日本住宅公団法公布（7/8)。日本住宅公団設立（7/25)。 第1回原水爆禁止世界大会（8/6、広島)。 社会党統一大会（10/13)。 保守合同＝自由民主党結成（11/15)。 経済自立5ヵ年計画（12/29)。	関西経済団体連合会、経済同友会、日本商工会議所など道州制、広域自治体化を主張。 地方議会議長会「地方自治法改正案反対」の意見書（5月)。地方六団体、地方財政確立対策協議会結成（6/26)。地方自治擁護全国議員大会（東京、6/26)。 地方自治法改正案流産（8月)。 砂川町の米軍立川基地拡張で町長、町議会あげて反対運動。 **地方財政再建促進特別措置法公布・施行**(12/29)。

西暦	年号	政治・経済・社会	地方自治（制度）・社会運動
1943	18	官庁・工場・人口の疎開方針→都市疎開実施要綱。地方行政協議会法公布。	改正府県制・市町村制実施（地方議会の権限縮小）。東京都制の制定。
1944	19	防空法による疎開命令。	
1945	20	東京大空襲。広島・長崎に原子爆弾。 ポツダム宣言受諾。太平洋戦争終結（8/15）。GHQ が財閥解体指令（11/2）。第 1 次農地改革基準法規（12/29）→翌 1946 年施行。	地方行政協議会廃止、**地方総監府設置**（6/10）。 **全国 8 地方総監府廃止**、地方行政事務局設置（11/7）。
1946	21	GHQ、軍国主義者の公職追放令（1/4）。 食糧メーデー（5/19）。 第 2 次農地改革＝農地調整法改正、自作農創設特別措置法公布（10/21）。 生活保護法公布（9/9）→ 10/1 施行。 **日本国憲法公布（11/3）**。	全国官公職員労働組合連絡協議会（3/17）。 6 大都市への転入の抑制実施（3/9）。 県民税・府県に法定外独立税の課税権。 全国公共団体職員組合連合会結成（6 月）。 日本都市職員労働組合同盟結成（11 月）。 **東京都制・府県制・市制町村制改正**（9/27、首長公選、議会権限拡張、首長の議会解散権など）→ 10/5 施行。
1947	22	公職追放、地方に拡大。 GHQ、町内会隣組廃止指示（4/1）。 新学制開始（4/1）。 日本国憲法施行（5/3）。 教育基本法・学校教育法（3/31）、労働基準法（4/7）、独占禁止法（4/14）、児童福祉法（12/12）、国家公務員法公布（10/21、天皇の官吏から公僕へ）。 内務省解体（12/31）。	全国戦災都市連盟発足（1 月）。 **地方自治法公布**（4/17）→ 5/3 施行。 全官公労「2・1 ゼネスト宣言」→総司令部の命令で中止。地方行政事務局廃止（4/30）。 日本自治団体労働組合総連合（自治労連発足）（11/10）。 警察法制定（12/17、自治体警察の発足）→ 1948 年 3/7 施行。
1948	23	政令 201 号（公務員の争議禁止）（7/31）。 建設省設置（7/10）。 消防法公布（7/24）。 GHQ、経済安定 9 原則発表（12/18）。	地方財政委員会、地方税財政制度改革要綱（2 月）。 **地方財政法**（7/7）。 教育委員会法公布（7/15、教委公選制）。 地方自治法改正（7/20、事務範囲の例示、首長の議会に対する一般拒否権）→ 8/1 施行。 福井市、大阪市、静岡県で公安条例（7 月）。
1949	24	行政機関職員定員法（28 万 5000 人の行政整理）。 ドッジライン（3/7）。 下山事件（7/5）、三鷹事件（7/15）、松川事件（8/17）発生。 中華人民共和国成立（10/1）。	大都市への転入抑制解除。 東京都公安条例反対デモ（5/30）。 **地方自治庁発足**（6/1）。 東京都、全国初の工場公害防止条例（8/13）。 **シャウプ勧告**（8/27）。9/15 全文発表。 全国教育長会議「赤い教員」追放決議（約 1700 名、9 月）。自治労協結成（11/28）。 **地方行政調査委員会議設置**（12/26）。
1950	25	京都府知事選、蜷川虎三氏当選（4/20）。 国土総合開発法公布（5/26）。 朝鮮戦争（6/25～1953 年 7/27） 警察予備隊発足（8/10） **公務員のレッドパージ閣議決定**（9/1）。 第 2 次シャウプ勧告（9/21）。	地方財政平衡交付金法公布・施行（5/30）。 日本労働組合総評議会結成（7/11）。 7/31 新地方税法公布・施行。翌年、シャウプ勧告に基づき市町村民税法人割を新設。 全国知事会に改称（10/11）。 **地方公務員法公布**（12/13）→翌年 2/13 施行。

西暦	年号	政治・経済・社会	地方自治（制度）・社会運動
1923	12	国民精神作興に関する詔書。	郡会廃止。
1924	13	第2次護憲運動おこる→護憲三派内閣（第一次加藤内閣）。	大日本連合青年団結成（各地の青年団の体制的統合をはかる）。 長野県で視学官が自由教育攻撃。
1925	14	**治安維持法制定**。ラジオ放送開始。 **普通選挙法公布**。普選、男子で実現。	全国で治安維持法反対の示威運動高まる。 総同盟分裂、日本労働組合評議会結成。
1926	15 昭1	農民労働党結成、即日解散。 社会民衆党・日本労農党結成。	**府県制・市制町村制改正**（普選の適用）。 **郡長・郡役所廃止**。 **長野市で警察署統合廃止反対県民大会、暴動化**（**長野事件**）。 義務教育費国庫負担増額（翌1927年さらに増額）。
1927	2	金融恐慌。	**日本初の地下鉄、上野—浅草間開通**。
1928	3	**最初の普通選挙**、与党政友会は過半数に達せず。	
1929	4	救護法公布。 浜口内閣の緊縮実行予算。 ニューヨーク・ウォール街で株式大暴落、世界大恐慌始まる（～1933年）。	教員の俸給不払・減俸・馘首全国化。 北方教育社結成、生活綴方運動おこす。 東京市電争議。**地租・営業収益税地方委譲案衆院通過**（**貴族院で廃案**）。
1930	5	金解禁。昭和大恐慌。帝都復興事業完成。 閣議、農漁村救済に融資決定。	日本教育労働者組合結成。大日本連合婦人会結成。
1931	6	満州事変おこる（柳条湖事件）。 金輸出再禁止。	国民国防同盟会結成、鉄兜を前線へ送る献金運動をおこす。
1932	7	満州国建国を宣言。 内務省、国民更生運動を開始。 5.15事件、犬養毅首相暗殺。	内務省の地方財政調整交付金制度要綱案。 地方債許可暫行特例（時局匡救事業のため）。 橘孝三郎ら、自治農民協議会結成（農民救済請願書を議会に提出）。 大阪国防婦人会結成→のち大日本国防婦人会へと発展。
1933	8	国際連盟脱退。京大滝川事件。	農村負債整理組合法。
1936	11	2.26事件。**大蔵大臣・高橋是清暗殺**。	農山漁村経済更生特別助成規則。 臨時町村財政補給金規則（2000万円、翌1937年には1億円）。
1937	12	日華事変おこる。防空法公布。 日独伊防共協定の調印。	地方財政予算緊縮通牒。
1938	13	国家総動員法公布。 産業報国連盟創立。	国民健康保険法公布。 各県に地方工業化委員会。
1939	14	国税遊興飲食税創設。国民徴用令。 米穀配給統制法。	青年学校教育費国庫補助法（青年学校義務制となる）。
1940	15	日独伊三国同盟締結。 大政翼賛会結成。 大日本産業報国会創立。	**部落会・町内会・隣保班・市町村常会整備要綱を府県に通達**。 税制改革と地方分与税制度の成立。 地方連絡協議会設置。
1941	16	東条英機内閣の成立。太平洋戦争開戦。	生活必需物資統制令。
1942	17	戦時大増税発表。食糧管理法公布。行政簡素化実施（29局廃止）。	地方事務所開設。 婦人団体統合→大日本婦人会結成。

西暦	年号	政治・経済・社会	地方自治（制度）・社会運動
1891	24	濃尾地震（M 8.4・死者 9400 人）。	足尾銅山鉱毒問題で田中正造が帝国議会で質問書。
1894	27	日清戦争（～1895 年）。	東京府庁竣工。
1896	29	明治三陸地震津波。	
1897	30	八幡製鉄所設立。1901 年操業開始。	木下尚江ら松本で普通選挙同盟会結成。 片山潜ら労働組合期成会創立。
1898	31	民法全編公布。	
1899	32	農会法制定。全国の農家に加入を義務づける。	横山源之助『日本之下層社会』刊。 複選制廃止。府県制・郡制改正。
1900	33	治安警察法。	市町村立小学校教育費国庫補助法。
1901	34	社会民主党結成・解散。	
1903	36	平民社創立。日比谷公園竣工。	
1904	37	日露戦争（～1905 年）。	第 1 次非常特別税法による地方課税制限。
1905	38	ポーツマス条約調印（日露戦争終結）。	日露講和に反対し、日比谷焼打事件。
1906	39	日本社会党結成。鉄道国有法。	
1908	41		水利組合法公布。地方税制限に関する法律。
1910	43	大逆事件。韓国併合。	
1911	44	工場法公布→1916 年施行。 青鞜社結成。	**改正市制・町村制公布**。 東京市内電車の市営反対市民大会。東京でガス市有反対市民大会。
1912	大 1	第一次護憲運動。東京で憲政擁護大会。 友愛会創立（→1921 年日本労働総同盟）。	東京市電ストライキ（片山潜指導）
1913	2	桂太郎内閣総辞職（大正の政変）。	
1914	3	第一次世界大戦に参戦。二個師団増設問題で衆議院解散。 シーメンス事件。	電灯料値下げ要求市民大会（岐阜）、市電値下げ市民大会（名古屋）、翌 1915 年には東京で電車賃値上げ反対市民大会。 関一、大阪市助役となる。
1916	5		河上肇『貧乏物語』、大阪朝日に連載。翌年 3 月刊行。
1917	6	ロシア革命、ソビエト政権成立。	
1918	7	シベリア出兵。 **米騒動おこる**。原敬内閣成立。	**市町村義務教育費国庫負担法**。 吉野作造ら黎明会結成。
1919	8	軍需工業動員法。都市計画法公布。	大日本労働総同盟友愛会成立。 都市計画法制定。雑誌『改造』創刊。
1920	9	東京・上野で日本初のメーデー。 第 1 回国勢調査。	地方税制限法改正（制限税率拡大）。
1921	10	借地借家法制定。	**市制・町村制の改正**（無産者、小作人の一部に選挙権）。郡制廃止法公布。全国町村会発足。
1922	11	全国水平社結成。日本農民組合結成。 日本共産党非合法下で結成。 原敬首相暗殺。	府県制改正の公布。 帝国農会地租軽減運動開始。東京消費組合設立。「週刊朝日」「サンデー毎日」創刊（マス大衆ジャーナリズム）。
1923	12	関東大震災（M 7.9・死者 99311 人・不明 43476 人）。朝鮮人虐殺。	政友会、**地租委譲建議**。義務教育費国庫負担法改正（国庫負担の増大）。

地方自治関連略年表（1867〜2015）

西暦	年号	政治・経済・社会	地方自治（制度）・社会運動
1867	慶 3	大政奉還、王政復古の大号令。	各地に「ええじゃないか」おこる。
1868	明 1	戊辰戦争（〜1869 年）、五箇条の御誓文。江戸を東京と改称。	
1869	2	東京遷都。版籍奉還。	
1871	4	戸籍法制定。文部省設置。	廃藩置県。
1872	5	学制発布。太陽暦採用。	
1873	6	徴兵令発布。**地租改正条例**。内務省設置（内務卿大久保利通）。	徴兵令反対を中心にした農民一揆が全国で多発する。各地で「地方民会」開かれる。
1874	7	民撰議員設立建白書。警視庁創設。江藤新平ら佐賀の不平士族が県庁を占拠（佐賀の乱）。	板垣退助ら高知で立志社を創設。徴兵令、地租改正、小学校維持費の民間負担などに反対する農民一揆が各地に起こる。地方官会議開催の詔書。
1875	8	第一回地方官会議開かれる。大阪で愛国社設立。	傍聴の各県区戸長ら、公選民会を要求。
1877	10	西南の役。	
1878	11	竹橋事件（近衛砲兵第 1 大隊兵士の反乱）。	**郡区町村編制法・府県会規則・地方税規則**の三新法制定。
1879	12	琉球藩を廃し強制的に沖縄県を置く（琉球処分）。	植木枝盛『民権自由論』。府県会開設。
1880	13	愛国社、国会期成同盟と改称。集会条例制定。刑法・治罪法制定。	区町村会法制定。府県会規則改正。
1881	14	初の全国政党、自由党結成（総理・板垣退助）。明治 14 年の政変。国会開設の詔書。	交詢社「私擬憲法案」発表。植木枝盛「東洋大日本国国憲按」。この頃多摩五日市で「五日市憲法」起草さる。
1882	15	日本銀行設立。東京―新橋間鉄道馬車。松方デフレ（〜1885 年）	福島県会（議長河野広中）、県令三島通庸の道路開さく工事強行に反対決議→福島事件へ。
1884	17	区町村会法改正。戸長官選など自治権の制限（17 年反動）	武相困民党事件、加波山事件、群馬事件、秩父事件。
1885	18	太政官制度廃止し内閣制度創設。第一次伊藤博文内閣（内務大臣山県有朋）。	
1886	19	北海道庁設置。	雨宮製糸の女工ストライキ（日本初のストライキ）。
1887	20	保安条例公布。	モッセ、地方制度編纂綱領作成。
1888	21	枢密院の設置。	**市制町村制公布**（翌年施行）。地方制度編纂委が府県制・郡制両法案を内閣に提出。元老院はこれを返上。山県有朋内相、地方制度調査に渡欧。**東京市区改正条例公布**（初の都市計画法）。
1889	22	**大日本帝国憲法発布**。東海道線全線開通。土地収用法公布。	町村合併すすむ。各地に反対運動。
1890	23	第 1 回総選挙。第 1 回帝国議会の開催。教育勅語。	**府県制・郡制制定**。

〈著者〉
宮本　憲一（みやもと　けんいち）
1930 年、台北市生まれ。名古屋大学経済学部卒業。金沢大学助教授、大阪市立大学教授、立命館大学教授、滋賀大学学長を経て、現在、大阪市立大学名誉教授、滋賀大学名誉教授。
専攻：財政学、環境経済学。

主要著作　『恐るべき公害』共著、岩波新書、1964 年
『社会資本論』有斐閣、1967 年
『日本の環境問題―その政治経済学的考察』有斐閣、1975 年
『財政改革』岩波書店、1977 年
『都市経済論―共同生活条件の政治経済学』（経済学全集 21）筑摩書房、1980 年
『現代資本主義と国家』（現代資本主義分析 4）岩波書店、1981 年
『地方自治の歴史と展望』自治体研究社、1986 年
『日本の環境政策』大月書店、1987 年
『環境経済学』岩波書店、1989 年
『環境と開発』（岩波市民大学 人間の歴史を考える 14）岩波書店、1992 年
『公共政策のすすめ―現代的公共性とは何か』有斐閣、1998 年
『都市政策の思想と現実』有斐閣、1999 年
『日本社会の可能性―維持可能な社会へ』岩波書店、2000 年
『沖縄 21 世紀への挑戦』共編、岩波書店、2001 年
『日本の地方自治　その歴史と未来』自治体研究社、2005 年
『維持可能な社会に向かって』岩波書店、2006 年
『環境経済学　新版』岩波書店、2007 年
『沖縄論―平和・環境・自治の島へ』共編、岩波書店、2010 年
『戦後日本公害史論』岩波書店、2014 年
『自治・平和・環境』自治体研究社、2015 年

『増補版　日本の地方自治 その歴史と未来』

2005 年 4 月 15 日　　初版第 1 刷発行
2008 年 2 月 25 日　　初版第 2 刷発行
2016 年 4 月 10 日　増補版第 1 刷発行

著　者　宮本　憲一
発行者　福島　　譲
発行所　㈱自治体研究社
〒162-8512 新宿区矢来町 123　矢来ビル 4 F
TEL：03･3235･5941／FAX：03･3235･5933
http://www.jichiken.jp/
E-Mail：info@jichiken.jp

ISBN978-4-88037-650-9 C0031　　印刷：トップアート